Dominik Bardow
Trainingslager

CARPATHIA
VERLAG

DOMINIK BARDOW

TRAININGSLAGER

Roman

CARPATHIA VERLAG

Alle Personen, Schauplätze, Firmen und Vereine in
diesem Roman sind frei erfunden. Nach Kenntnis des
Autors (der sich echt gut im Profifußball auskennt)
und des Lektors (der super recherchieren kann) hat
sich auch die beschriebene Handlung niemals so oder
so ähnlich zugetragen. Autor und Lektor würden sich
wünschen, dass das auch so bleibt.

Erstausgabe
1. Auflage 2023
©2023 Carpathia Verlag GmbH, Berlin
Umschlaggestaltung: Andy Conrad, www.andy-conrad.de
Gesetzt aus der Linux Libertine und der Social Gothic
Druck & Bindung: SalierGroup GmbH, Eisfeld

Printed in Germany

ISBN 978-3-98630-020-3

www.carpathia-verlag.de

Für Lina und Bruno

»Ich tue so, als schriebe ich über Fußball, aber ich schreibe, wie immer, über die Zeit, die verrinnt.«

Jean-Philippe Toussaint

»Ich denke, man lässt das alles nochmal Paroli laufen.«

Horst Hrubesch

Tag 1
Nachmittags

Scheiße. Der Geruch war unverkennbar. Dung, um genau zu sein. Warmer Mist in der Sonne, die demnach hoch am Himmel stand. Dumpfes Glockengeläut, vereinzelte Muh-Rufe vor dem Fenster. Also Kühe. Vermutlich. Sicher sein konnte er sich da nicht.

Landleben lag Holle Schneise nicht. Er war im wunderschönen Ruhrgebiet aufgewachsen, mit Schloten statt Scheunen, und lebte im lauten Berlin, voller Baustellen statt Bauernhöfen. Er kannte nur ein einziges Tier: einen Kater. Seinen Kater.

Der Schmerz rumorte im Kopf. Da half nur: Augen zu und durchschlafen. Aber wie sollte das gehen, bei dem Muhen? Wenn es wenigstens das Rattern einer U-Bahn wäre oder das Grölen eines Punks. Aber hier war nicht Berlin, hier war …

Ja, wo zur Hölle war Holle? An dieser Stelle eine Randnotiz: Niemand nannte Holger Schneise »Holger«. Nicht mal er selbst. Und in Gedanken sprach Holle nur von

9

sich in dritter Person, also so: ein Holle Schneise dachte an einen Holle Schneise. Eine Spätfolge des zu häufigen Anhörens von Fußballerphrasen.

Mühsam sperrte also ein Holle Schneise seine Augen auf. Über der Welt lag Nebel. In Unschärfe zeichneten sich Objekte ab: geblümte Bettdecke, ein Holzschrank. Schräge Zimmerdecke. Überall Holz, kitschig ohne Ende. Ganz klar nicht Kreuzberg.

Schneise schlief oft in der U-Bahn ein und wachte am Arsch der Heide auf. Doch dann wurde er von Kontrolleuren geweckt, nicht von Kühen. Und sich einfach so in ein fremdes Bett zu legen, wäre selbst für ihn ein neuer Tiefpunkt gewesen.

Er drehte sich panisch zur Seite. Da lag niemand. Er atmete auf. Im schlimmsten Fall hätte er mit einem Rind gerechnet. Holle war schon neben Schlimmerem aufgewacht. Aber noch nie an einem so seltsamen Ort. Was war das hier?

Er könnte aufstehen und nachsehen. Das wäre fast zu einfach. Und dennoch zu schwer. Sein Kater war nicht fertig mit ihm. Holle atmete gegen den Schmerz an. Und gegen die Übelkeit. Ein Aufstoßen folgte und verriet im Abgang: Obstler.

Aha! Er befand sich also ... in Österreich!

Holle holte tief Luft. Landluft. Nein, schlimmer: Bergluft. Kein Hauch von Abgas oder anderen Anzeichen von Kultur. Er befand sich an einem Ort, der jeden Ansatz abendländischer Aufklärung seit jeher an sich abperlen ließ: in den Alpen.

Schneise folgerte: Wenn er sich im Hochsommer in diesem ihm verhassten Hochgebirge aufhielt, konnte das nur zwei Gründe haben. Entweder Stau nach Italien. Oder aber Trainingslager. Ihm fiel alles ein. Er war hier wegen ihr. Der dicken Bertha.

Die Erkenntnis wäre leichter zu verkraften gewesen, wenn es sich bei Bertha, wie der Name vermuten ließe, um eine Kuh handeln würde, aber das war nur im weitesten Sinne richtig. Bei Bertha HSC handelte es sich um einen Fußballverein. Den größten Berlins gar, gegründet vor 120 Jahren, allerdings in Brandenburg, und benannt nach der Lieblingskuh des Gründers. Um dem Verein nach Eingemeindung in die Stadt mehr Relevanz zu verleihen, wurde noch HSC hinzugefügt: für HauptStadtClub.

Trotz verordneter Weltstädterei blieb der Klub tranig wie ein grasendes Rindvieh, daher der Spitzname »dicke Bertha«. Dass später ein berühmtes Geschütz so hieß, verhalf dem Verein kurzfristig zu mehr Popularität und einer Kanone im Klublogo.

Imagemäßig blieb Bertha aber so grau, wie es die Kombination der Vereinsfarben Schwarz und Weiß schon früh vermuten ließ. Bertha hätte dennoch schrulliger Kultverein sein können, aber der Anspruch in der Führungsetage lautete leider stets, als HauptStadtClub ganz nach oben zu gehören. Was dann nie so klappte.

Zu Heimspielen blieb die Tropen-Arena meist halb leer. Dabei hatte man, nachdem kein Grundstück in Berlin mehr frei war, viel Hoffnung in diesen Neubau in Brandenburg gesetzt. Doch der benachbarte Freizeitpark zog deutlich mehr Besucher an. Die Rückkehr ins Umland kratzte dazu am HauptStadtClub-Image.

Der Verein hatte dennoch so viele Fans, dass sich jede Zeitung in Berlin genötigt sah, täglich über Bertha zu berichten. So auch der *Bote*, ein Boulevardblatt alter Schule, für das Holle Schneise die Ehre hatte, seit fast zwanzig Jahren über Fußball zu schreiben. Und über Bertha.

Selbst die Saisonvorbereitung interessierte Fans so sehr, dass Zeitungen Reporter mit ins Trainingslager schickten. Viele Vereine fuhren im Sommer traditionell in die Berge. Die Abgeschiedenheit der Alpen bot alle Annehmlichkeiten. Hier konnten sich die sonst so abgelenkten Kicker völlig konzentrieren. Eine Woche lang nichts – außer Bertha HSC.

Holle wurde übel. Verzweifelt griff er auf den Nachttisch, doch die Flasche Obstler war leer. Er erinnerte sich dunkel: Die hatte er gegen Mittag geleert, zur Feier seiner Ankunft. Und eines neuen Rekordes. In fünf Stunden war sein Granada die 800 Kilometer von Berlin bis nach Österreich gerast.

Schneise hatte es eben eilig hinter sich bringen wollen. Als könne er eine ganze Woche hastig herunterschlucken wie den Wodka in seinem Flachmann, der gerade ebenfalls leer war. Natürlich war er nicht so wahnsinnig, dass er ab Abfahrt Schnaps trank, bei durchgehend Tempo 220. Nein, es waren nur acht Bier gewesen.

Seine Gastgeberin, die vermutlich melken oder mähen war, hatte ihm zur Begrüßung eine Flasche feinen Fusels an die Treppe gestellt, die hoch zur Kammer führte. Auf der Karte stand schnörkelig: *Willkommen in Irrding! Genießen Sie's Ihren Aufenthalt!* Holle hatte das Papier zerrissen und die Flasche noch auf dem Absatz entkorkt, ein »Willkommen am Arsch« brummend.

Die süßlichen Fruchtaromen hatten Holle am Mittag sanft in komatösen Schlaf gestreichelt. Das Erwachen war umso härter. Der Nachteil am tagsüber Trinken: auch tagsüber ausnüchtern.

Aber Holle musste jetzt aufstehen. Bertha kam sicher gleich an. Die Mannschaft bezog ihr Quartier. Das war natürlich nicht hier, auf einem biederen Bauernhof, der Zimmer an Zeitungsschreiber mit knapper Kasse vermietete. Die Starkicker residierten standesgemäß auf einem Schloss.

Das *Hotel Palais* thronte auf einer Anhöhe über Irrding. Natürlich bezahlte Bertha das Schloss nicht. Auch den Flug nach Graz zahlte ein Sponsor: leider ein Billigflieger. Nach einigen Wackel-Flügen samt verschüttetem Kaffee, kotzenden Mittelstürmern und desinteressierten Stewardessen hatte Schneise beschlossen, nur noch mit dem Auto anzureisen.

Berthas Flug war gegen ein Uhr gelandet, die Busfahrt von Graz hierher dauerte zwei Stunden. Gegen drei müssten sie in Irrding eintreffen. Holle griff nach rechts zum Urzeit-Knochen, den er Handy schimpfte; es zeigte immerhin die Zeit.

Also, die Mannschaft kam um drei an ... Jetzt war es 15:22 Uhr. Holles Körper klappte hoch wie ein Flugzeugsitz. Er musste los. Hektisch die Hose hochziehend hopste er ins Badezimmer.

Ein Blick in den Spiegel machte ihm das ganze Elend seiner Situation deutlich, aktuell wie generell. Holle erblickte einen Mann Mitte 40, der aussah wie Ende 50. Wenn die Ringe unter den Augen reden könnten, würden sie lieber schweigen.

Das Gebiss verriet regen Gebrauch von Kolonialwaren. Sein kantiges Gesicht mit stark gespannter Haut wurde umflossen von Haaren undefinierbarer Farbe, die nach Schuppenshampoo dürsteten. Für Hygiene hatte ein Holle Schneise kaum Zeit.

Er biss kurz auf die Zahnbürste und duschte mit Deodorant. Zum Finish setzte er eine Hornbrille auf. Sie sollte ihrem Träger eine gewisse Finesse verleihen. Tatsächlich sah Schneise aus wie ein intellektuelles Nagetier. Er bleckte zufrieden die Zähne. Look gelungen, würde ich sagen, sagte er sich.

Angezogen war er ja. Fehlte nur noch ein Accessoire, das einzige Kleidungsstück, auf das Holle Schneise wirklich Wert legte: eine Kopfbedeckung. In diesem Fall eine karierte Schiebermütze. Die passte hervorragend zum Trenchcoat, den er überwarf wie ein Superheldencape.

Er trat die Tür auf, obwohl da eine Klinke gewesen wäre. Und schreckte zurück. Ihm sprang grässliches Idyll in die entzündeten Augen. Den Balkon schmückten Geranien in Weiß und Rot, auf der Wiese grasten seine muhenden Nachbarn.

Geradezu verlief ein Kiesweg zur Landstraße, am Horizont erstreckte sich vor dem Reporter ein majestätisches Panorama aus schneebetupften Gipfelketten, das ihm als eingefleischtem Berliner einen Schauer einjagte. Holle hatte nur Augen für eines: seinen guten alten Granada.

Der parkte quer über Kiesweg und Kuhwiese. Ein Wunder, dass sein Fahrer ihn überhaupt noch zum Halten bekommen hatte, angesichts von Tachostand und

Pegel. Der Granada hatte alles überlebt. Er war wie Holle: ein Unikat aus anderen Zeiten.

Schneise hatte sich sofort in die babyblaue Blechbüchse verliebt, als er sie vor Jahren bei einem Schrotthändler vor sich hin rosten sah. Er hatte ein Herz für Auslaufmodelle mit Ecken und Kanten. Er wusste nicht, wieso. Vielleicht waren es die nachgerüsteten 160 PS. Definitiv waren es die 160 PS.

Schneise fragte sich, ob er schon wieder fahren konnte. Der Wagen widersprach nicht. Also alles in Ordnung. Er fummelte den Schlüssel aus der Trenchcoat-Tasche, öffnete die Tür und wich erstmal einem Schwall Dosen, Bechern und Flaschen aus. Holle wühlte im Müll. Irgendwo musste sie sein ... Da war sie! Eine alte CD, auf der krakelig gekritzelt *Trance 98* stand. Der dumpfe Kopfschmerz, den der Bass des monotonen Techno-Klangteppichs hervorrief, verdrängte den stechenden Kater sofort. Jepp, er war wieder fahrbereit. Also auf zum Hotel.

Mit einem Tritt aufs Gaspedal, unter Volleinschlag des Lenkrades wendend, brauste Holle vom Hof. Als der Granada in die Landstraße einbog, hielt er mit Vollgas auf die Berge zu. Das Panorama klebte wie ein Schmierfilm an der Frontscheibe.

Irrding lag in einem Tal, das von oben aussah, als habe es ein Riese mitten in die Alpen gelatscht. Die unberührte Landschaft mit grünen Hügeln und kristallklaren Seen lade, so versprachen Tourismus-Broschüren, zum Entschleunigen ein.

Ein Albtraum für Menschen wie Holle Schneise. Betongebäude, Baustellen und Verkehrslärm, das entspannte ihn; selbst das Geschrei der Geisteskranken am Straßenrand, die riefen, das Ende sei nahe. Ein beruhigender Gedanke, wie Holle fand. Die Alpenidylle hingegen produzierte Stresshormone bei ihm. Die spitzen Kirchtürme sahen für ihn gefährlich aus, die Blumenkästen vor den Balkonen bedrohlich. Hier lauerten Spießbürger in jedem Winkel. Und in manchem Keller Kinder.

Das Einzige, was Schneise an Irrding schätzte, stand still und finster in der Ferne – der Grimmig. Am Rande des Tales ruhte er: groß und grau im Sonnenschein wie ein Monolith der schlechten Laune. Mit 2400 Metern Höhe hatte er die Gegend im Blick, gleichzeitig strahlte er eine gewisse Gleichgültigkeit aus, als ginge ihn der ganze Scheiß rundherum gar nichts an. Holle hatte gelesen, er sei der höchste alleinstehende Berg Europas. Wer dachte sich ernsthaft solche Superlative aus?

In alten Sagen hieß es, hoch oben auf dem Grimmig verberge sich ein Tor und hinter dem befände sich eine Höhle mit Zapfen aus purem Gold. Doch wer den Schatz erreichen wolle, müsse zuerst einen See durchqueren, der Menschen erblinden lasse. Das war natürlich alles Bullshit, aber dem Grimmig war alles recht, solange es ihm die Touristen vom Leib hielt. All die Legenden, dass er ein Herz aus Gold habe: Der Berg wusste es besser. Schneise verstand das sofort, ohne Worte. Die beiden Einzelgänger verband eine Düsternis, die seine Seele wärmte.

Es gab Zeiten, da hatte Holles Herz höhergeschlagen und fast ohne Aussetzer, wenn er über Fußballvereine berichtete. Als er sich noch regelrecht gefreut hatte, den Spieler-Stars im Sommer näherzukommen. Was war er doch für ein Idiot gewesen.

Holle fand es vermessen, dass die Berliner hier residierten wie Royal Madrid. Ihr letzter Titel rührte aus einer Epoche, als die Fotos noch Berthas Trikotfarbe hatten: Schwarz-Weiß. Der Verein wurde seitdem von einigen zwielichtigen Gestalten gelenkt, die stets Großtaten ankündigten, und denen es am Ende gelang, mit Bertha bis in die Amateur-Liga abzustürzen.

Vor ihm am Horizont zeichnete sich das *Hotel Palais* ab. Die weißen Türme der Schlossanlage reckten sich zum Himmel, als wollten sie den Bergen trotzen. Aber so hoch war die Anhöhe nun auch nicht. Dafür fehlte es dem Etablissement sonst an wenig: Es war Golf-, Romantik- und Sportresort in einem. Das Schlosshotel umfasste Junior-, Komfort-, Superior-, Panorama- und Präsidentensuiten. Wobei letztere dem Präsidenten des Vereins vorbehalten war und die Juniorsuiten den Kickern.

Der Klub schaffte die Rückkehr in die Bundesliga, erreichte sogar den Europapokal. Allerdings unter kolossalen Kosten: irrwitzige Gehälter, Transferflops, Trainerwechsel, teure Abstiege und noch teurere Wiederaufstiege summierten sich zu einem Schuldenberg, der etwa so hoch war wie der Gebirgszug, der das Irrtal umfing und den Hotelhügel winzig wirken ließ.

Der Mannschaftsbus stand schon dort. Der schwarzweiße Luxusliner parkte auf einem großen Kiesbett auf der untersten Ebene der seltsam verschachtelten Schlossanlage.

Hier hätte man eine herrliche Aussicht auf das Tal gehabt. Doch das *Hotel Palais* ging nach Westen, so hatten die Gäste den Grimmig im Blick. Oder besser: Der Berg hatte sie im Blick.

So wie die Presse die Profis. Holle wuchtete seinen Granada gekonnt in eine viel zu enge Parklücke und sah sie bereits alle aufgereiht am Bus stehen. Wie ein müdes Wolfsrudel im Zoologischen Garten, das auf die tägliche Fütterung wartete.

Als da waren: Timur Lang, Reporter bei der *BUMS*-Zeitung. Rolf Haberer vom *Lokalanzeiger*. Und Maximilian Jakobi von der *Berliner Allgemeinen*. Die üblichen Verdächtigen also. Gemeinsam lungerten sie oft beim Bertha-Training herum und warteten darauf, dass irgendetwas Interessantes passierte.

Abseits des Bundesliga-Rummels, wenn das Flutlicht ausging, war die Arbeit eines Vereinsreporters wenig glanzvoll: Da, wo Fernsehkameras meist fehlten, schlug die Stunde der Schreiberlinge. Große Momente des Herumhänge-Journalimus.

Diesmal waren aber auch andere Medien hier. Holle sah Susanne Redlich von der *Berlinwelle*, die an ihrem Radiomikro herumschraubte. Offenbar hielt sie bewusst Abstand von diesem rüpeligen Reporterpulk aus mittelalten Cis-Männern, deren schlimmstes Exemplar fraglos Holle Schneise war. Etwas weiter parkte ein Bulli mit Satellitenschüssel am Dach. Offenbar war eine Live-Schalte für *Pay News Live SD* geplant, was sollte ein Sportnachrichtensender sonst senden? Holle erblickte sogar junge Knilche mit bunten Iro-Frisuren, die sich aufbauten und Aufgeregtes in Handykameras laberten: Videoblogger, die neueste Epidemie, offenbar unheilbar.

Schneise beschloss, all die Amateure zu ignorieren und zur guten, alten Zeitungsmischpoke zu gehen, deren Teil er wohl oder übel war. Eine Schicksalsgemeinschaft aus Getriebenen, immer auf der Suche nach der nächsten großen Story, meist aber nur ketterauchend herumstehend und sich gegenseitig schlechte Witze erzählend. Die übelsten kamen oft von Holle.

»Guten Tag, die Damen«, raunte Schneise in die Runde. Widerwillig begab sich der *Bote*-Reporter an seinen Stammplatz: Linksaußen in der Reihe, direkt neben Jakobi, weit weg von Rechtsaußen Lang, *BUMS*-Konkurrent des *Boten*.

»Holle, auch schon hier?«, sagte Lang und grinste sinister unter seiner Baseballkappe. Zumindest vermutete Holle das, denn Lang war so klein gewachsen, dass man sein Gesicht selten sah. »Harte Nacht gehabt?«, fragte der *BUMS*-Reporter.

Holle Schneise beschloss, die Bemerkung gekonnt zu ignorieren, und zündete sich eine Beobachtungs-Fluppe an. »Hab' ich was verpasst?«, blies er als Frage aus.

Haberer blickte gar nicht erst von seinem Notizblock auf, als stünden dort Fakten, die nur er als echter Experte verstehen würde.

Es war ein seltsames Verhältnis, das Schneise mit den Reporterkollegen pflegte: Einerseits waren sie Konkurrenten, arbeiteten für verschiedene Zeitungen, mussten sich also gegenseitig ausstechen. Mit schnelleren, heißeren Infos. Nur waren andererseits die Infos oft belanglos: Wer war verletzt, wer angeschlagen, wer konnte am Wochenende spielen? Da konnte man sich genauso gut aushelfen. Saßen doch alle im selben Boot oder standen zumindest auf demselben Parkplatz herum.

»Spieler sind schon alle raus, Holle.« Jakobi legte ihm tröstend die Hand auf die Schulter. Als er die

Schuppenspur auf Schneises Schulter bemerkte, wischte der weißhaarige Reporterveteran die Pfote flugs am eigenen Leinenjackett ab.

»Waren doch eher da«, wusste Haberer, wie immer bestens informiert. »Hast wohl wieder mal alles verpasst, Holle.«

Erst da fiel Schneise auf, dass die Bustür offen stand. Alle Stars waren also schon ausgestiegen und ins Hotel stolziert. Hardt, Stern, Schnell, Jimmi, Castro, all diese klangvollen Namen, die außerhalb des Fußballs kaum jemand kannte und über die Bertha-Fans doch alles wissen wollten.

Der *Bote*-Mann verfluchte seine Verschlafenheit. Am Suff konnte es nicht gelegen haben – aber das Nickerchen danach war unnötig gewesen. Holle Schneise war sich sicher, dass seine Vorgesetzten dafür vollstes Verständnis haben würden.

TaG 1: SPäTnachmiTTaGs

Die Sonne über den Alpen war bereits im Sinkflug begriffen wie aktuell die Reporterkarriere eines Holle Schneise. Aber noch stand das Ding da oben am Himmel und strahlte, also war es noch nicht zu spät für einen Bericht im *Boten*.

Wenn es einen Meister im Improvisieren von Geschichten gab, dann war es Holle. Er würde schon an ein paar Infos kommen. Egal, musste er eben Jakobi fragen, ob alle Spieler dabei waren, irgendwer fehlte oder jemand an der Bustür umgeknickt war.

Doch offenbar hatten sich die Kollegen einen Scherz erlaubt, denn der Bus war mitnichten leer. Es kam noch jemand heraus. Zu Schneises Schrecken war es Jörg Patzke. Er blieb in der Tür stehen und funkelte vernichtend in Richtung Reporter. Patzke war Pressesprecher bei Bertha HSC. Der rundliche, behäbige, jedoch gleichzeitig griesgrämige Riese ähnelte auf verblüffende Art Bärito, dem zotteligen Vereinsmaskottchen.

Mürrisch watschelte der Patzkebär herüber zur Medienmeute. »Tach, die Kollegen ...«, knurrte er, womit er klarstellte: Wir sind keine Kollegen. Der Einzige in der Runde, den der Pressebär nicht voller Verachtung anblickte, war Rolf Haberer.

Die beiden Männer hatten früher zusammen beim *Lokalanzeiger* gearbeitet. Patzke hatte damals derart wohlwollend über Bertha berichtet, dass der Verein gar nicht anders konnte, als ihn auch gleich offiziell zum Pressesprecher zu machen.

Holle hingegen würdigte Patzke keines Blickes. Dabei waren sie einst auch Kollegen, hatten zusammen am Platz gelauert. Lange her. »Wir wollen uns doch an die Regeln halten«, brummte Patzke und ermahnte, Abstand zum Bus zu wahren.

Plötzlich zogen Wolken auf. Der Himmel über dem *Hotel Palais* war gerade noch strahlend blau gewesen, doch mit einem Moment schien es, als hätte ein schwarzes Loch die Sonne geschluckt. Holle fröstelte es, Jakobi knöpfte sein Jackett zu. Nur Haberer nickte kundig.

Denn es verließ den Bus: Martin Laake. Der Geschäftsführer war beim farblosen Bundesligisten Bertha die blasse Eminenz im Hintergrund. Der Architekt dreier

Abstiege, aber auch anschließender Aufstiege. Der Manager war schwarz gekleidet, sein Teint so weiß, dass Vampire dagegen gebräunt wirkten.

Laake schien sich meist zu ducken vor der Presse, doch war er lang und hager. Das führte dazu, dass er etwas gebückt ging. Krummer Laake, so sein Spitzname, auch wegen einiger krummer Deals auf dem Transfermarkt. Holle fiel auf, dass Laake gebückten Hauptes alles besser im Blick zu haben schien.

Die Reporter reckten ihre Aufnahmegeräte zum Manager, riefen ihm Fragen hinterher: »Herr Laake, wie wollen Sie diesmal die Klasse halten?«, »Herr Laake, ist es nicht zu heiß hier für eine geordnete Vorbereitung?«, »Herr Laake, hält Ihr Lichtschutzfaktor das aus?« Die letzte Frage kam von Holle.

»Ich muss doch bitten, die Kollegen«, sagte Patzke. Was er meinte: Es sei doch offensichtlich, dass der Verantwortliche des Vereins hier keine Fragen zum Verein beantworten werde.

Der Manager machte sich schnell davon. Kaum hatte er das Hotel betreten, schien die Sonne auf einmal wieder. Die Welt wirkte nun so freundlich und bunt. So hätte sie sein können.

»Die Herren, es gibt hier nichts mehr zu sehen«, stellte der Pressesprecher stellvertretend für die Presse fest. Anders ausgedrückt: Feierabend, verzieht euch.

»Hatte ja mal wieder viel zu sagen«, höhnte Holle und nickte seinen Kollegen zu.

Doch die standen nicht mehr neben ihm. Schneise schaute sich um und erkannte, dass alle Reporter zu ihren Autos eilten, dort aufgeregt telefonierten oder

Laptops aufklappten und noch im Stehen begannen zu tippen. Was war in sie gefahren?

Ein Jüngling mit Gelfrisur baute sich vor einer Kamera auf und stotterte einen Aufsager: »Hier ist *Pay News Live SD.* Ich melde mich aus Irrding in Österreich, wo Bundesligist Bertha HSC soeben sein Trainingsquartier bezogen hat ...«

Hatten alle den Verstand verloren? Wo war hier die Nachricht?

Holles Urzeit-Knochen klingelte. Widerwillig zog er den brummenden Brocken aus der Manteltasche. Auf der Anzeige stand, schwarz auf orange, der Anrufer, einst besoffen abgespeichert als *ArScHgeIGe.* Der Chef! Wider besseren Wissens nahm Holle den Anruf an.

»Schneeeiiiseee!!!«, schrie eine Stimme, so laut, dass Holle den Hörer vom Ohr hielt. »Wo zur Hölle bleibt mein Bericht?« Als Sportressortleiter beim *Boten* war Stephan Tretmann auch Schneises Chef. Vor allem aber war er unfassbar nervig. Am besten ignorierte man die Quäkstimme einfach. Oft wusste Tretmann eine halbe Stunde später schon nicht mehr, was ihm vorhin die allerwichtigste Story auf der Welt gewesen war.

»Bericht?«, fragte Schneise zurück, mit dem routinierten Widerwillen eines Chefreporters.

»Na, Bertha ist doch gerade angekommen«, säuselte Tretmann. Der kackfreundliche Ton war deutlich gefährlicher als das gewohnte Geschrei. »Läuft doch überall über die Ticker. Wir müssen ein Update nachlegen.«

»Was denn für ein Update?«, blaffte Holle. »Dass die aus einem Bus gestiegen sind? Komm schon, das ist doch albern!«

»Holle, du weißt schon, von wo ich anrufe?« Tretmanns Stimme klang gepresst – wie bei Geiseln, deren Entführer mithörten. Im Hintergrund herrschte aufgeregtes Gemurmel, ein Geklapper von Tastaturen, dazu Gebrabbel von Nachrichtensprechern auf Fernsehschirmen.

»Ach du Kacke, bist du etwa im Newsroom?!?«

Schneise war schon einmal dort gewesen im obersten Stock des *Bote*-Verlagsgebäudes. Er dachte mit Schrecken daran zurück. Man saß dort eng an eng in der Content-Galeere. Statt Trommeln trieb die dort Rackernden das Rattern der Nachrichtenticker an. Und statt Peitschen knallten einem die Chefs Klickzahlen um die Ohren.

Wenn Tretmann vom Sport hoch in den Newsroom zitiert wurde, wurde es eng für sein Ressort. Dann musste er bald bessere Zahlen liefern. Bilderstrecken mit halbnackten Cheerleadern reichten dann nicht mehr.

»Holle, ich bitte dich, wir brauchen *Con–tent*!«, flehte sein Vorgesetzter am anderen Ende der Leitung fast. Wenn er um etwas bat, musste es schlimm sein.

»Ihr kriegt morgen einen Bericht, vom ersten Training«, versprach Schneise. Er hoffte, das würde ihm einen freien Abend und etwas Zeit zum Ausnüchtern bescheren. Außerdem hatte Holle ja die Ankunft des Teams souverän verschlafen.

Nun ging die Stimme an Schneises Ohr von einem normalen Gesprächsbrüllen zu echtem Schreien über. Holle hätte Tretmanns Organ auch ohne Handy über die Alpen hallen hören. »Hör mal zu, du Vollfriseur: Die Klickzahlen sind im Keller, die Chefredaktion hat mich an den Eiern, die Sportredaktion steht vor der Fusion mit den Verkehrsnachrichten. Entweder du bringst mir eine Knallerstory oder du sitzt künftig hier oben im Newsroom und bastelst Bilderstrecken, bis du keine Cheerleader-Ärsche mehr sehen kannst. *Capisce?*« Es klickte im Knochen. Tretmann hatte offenbar aufgelegt.

Die Warnung hatte gesessen. Schneise wusste, was die Stunde geschlagen hatte: Er brauchte einen Scoop. Keine verletzten Linksverteidiger oder Transfergerüchte über Nachwuchsspieler aus Nordmazedonien. Nein, er brauchte einen echten Knüller. Aber woher nehmen, wenn nicht stehlen?

Das war es: stehlen!

Holle ging hinüber zum Granada und öffnete den Kofferraum. Mit einem Ruck zog er etwas aus dem Gerümpel, das aussah wie ein Grabstein. Er setzte sich auf die Kofferraumkante, seine Beine sackten unter dem Gewicht des Geräts zusammen.

Der *Bote* wollte Innovationsführer am Berliner Medienmarkt sein, aber die Technik stammte aus dem letzten Jahrhundert. Der Schlepptop wog wohl gut und gerne 15 Kilo, dafür hielt der Akku bestimmt eine halbe Stunde. Das reichte Schneise.

Nach zehn Minuten und fünf Zigaretten erblickte der Reporter den Startbildschirm, ein Modem quälte sich mit letzter Kraft dem World Wide Web entgegen. Dann sah er eine Auflistung aller Nachrichten aller Portale, die über Bertha HSC berichteten. Praktisch, dieses Internet. Irgendwo sollte ja eine Meldung sein, die er klauen konnte.

Hm, nichts ... Überall das Gleiche. Abgeschriebene Gerüchte, gecopypastete Pressemitteilungen des

Vereins. Überschriften wie: *10 Gründe, warum Bertha nicht gleich wieder absteigt. Nummer neun wird Sie überraschen, Nummer zehn deprimieren.*

Holle klappte den Schlepptop zu und die Kippenschachtel auf. Den Käse konnte man sich echt sparen, dachte er rauchend. Richtige Storys, die kriegte man eben nur, wenn man noch selbst hinsah, nicht einfach von anderen abschrieb oder zusammenfasste, was eh schon alle wussten. Man musste sich an den Ort des Geschehens begeben und mit den entscheidenden Leuten sprechen. Nur leider sprachen die nicht mit Schneise.

Zumindest nicht die Verantwortlichen bei Bertha. Er war dem Verein zu kritisch. Dabei machte er sich nur über die dicke Bertha lustig. Er erinnerte sich, wie er einmal einen Baum am Trainingsplatz interviewt hatte, weil die Stürmer oft mehr ihn trafen als das Tor direkt davor. Es folgten ein Wutanruf von Jörg Patzke und wochenlanger Tinnitus im Reportergehör.

Humor half Holle, sich das ganze Elend einigermaßen erträglich zu halten. Seit zwanzig Jahren immer dasselbe ...

Schneise schwor sich: Wenn er noch einen Fußball-Profi sagen hörte, er werde »im Training Vollgas geben« oder »sich auf dem Platz nicht verstecken«, würde Holle sich im Granada verstecken und Vollgas geben, auf irgendeinen Abgrund zu ...

Er hockte sich hinters Steuer und seufzte etwas zu laut.

Es gab immerhin einen, der ihn verstand. Der genauso flach war wie Holles Witze. Der Reporter zauberte ihn aus der Innentasche seines Trenchcoats. Das Fläschchen funkelte in der Abendsonne. Ein Boxenstopp vorhin hatte den Flachmann frisch gefüllt. War Alkohol hier wirklich die Lösung?

Egal, Holle hatte schon angesetzt. Und fühlte sich sofort besser. Stark einen sitzen, alle Termine vergessen haben. Das war seine Definition von Reporterglück, dachte er noch, als der reaktivierte Restalkohol ihn in sanfte Träume zwirbelte.

Während er zwischen die Sitze sank, hob Holle zugleich ab. Majestätisch wie ein trunkener Adler schwebte er über dem Irrtal. Von hier hatte er alles im Blick: die Berge, die Wälder und Felder. Seinen Gasthof, ja ganz Irrding: den Ort, die Anhöhe, das Schlosshotel. Parkplatz mit Bus, sein Auto. Es schien alles so friedvoll und gar nicht mehr beschissen.

Dann sah er etwas: Ein Umriss bewegte sich am Hinterausgang des Hotels. Offenbar war er zu faul, in die Sonne zu treten. Das konnte nur Jimmi sein. Was machte der denn hier alleine?

Schneise wusste selbst im Schlaf: José Iago Marcelo de Máximo Ingênuo, kurz Jimmi genannt, war Spielmacher bei Bertha HSC. Der Brasilianer hatte die Berliner mit 20 Toren und 18 Assists fast im Alleingang zum Aufstieg geschossen. Der Mittelfeldregisseur galt als genial – auf dem Rasen.

Den Kopf aus der Tür streckend, blinzelte Jimmi ins Licht, den Mund weit offen. Er trug eine umgedrehte Baseballkappe und Badelatschen. Der Kindmann mit Bauchansatz sah eher aus wie ein Rio-Tourist als wie ein Samba-Kicker vom Zuckerhut. Also, austrainiert ging anders. Doch sobald Jimmi seine

Latschen gegen Fußballschuhe tauschte, wirkte er wie ausgewechselt.

In der ersten Saison in Berlin war er noch durch deutlichere Gewichtsprobleme aufgefallen und als Rechtsverteidiger mit Orientierungsschwierigkeiten, der irrtümlich die linke Seite beackerte. Doch in Saison zwei, in Liga zwei, lief es besser. Jimmi fabrizierte Traumtore mit seinem linken Zauberfuß und Laufwerte, die immerhin als akzeptabel galten. So mutierte er zum Idol aller Bertha-Fans. Vor allem Kinder liebten den 27-Jährigen abgöttisch, weil er aussah wie das Plüsch-Maskottchen im Fanshop.

Verzeihung, den 28-Jährigen: Jimmi hatte ja heute Geburtstag.

Herzlichen Glückwunsch, kleiner Fresssack, dachte Holle in seiner adlerhaften Anmut. Er gönnte plötzlich jedem alles, auch Jimmi, der hier wohl nur nach etwas Essbarem suchte. Am Hotelausgang stand ein Snackautomat, der ihn magisch anzog.

Da fiel Holle ein weiterer Wagen auf, der über den Parkplatz schlich wie ein Panther. Das Gefährt war vollkommen schwarz, mit abgedunkelten Scheiben. Auffällig unauffällige Karre, allerdings klobig wie ein Panzer. Ein überdimensionierter Geländewagen, wie ihn grüne Großstädter zum Biomarkt fuhren.

Völlig lautlos bewegte sich dieser Panzerpanther auf den Hoteleingang zu. Musste ein Elektromotor sein, stellte Adler Holle angewidert fest. Und noch etwas: Er fuhr auf Jimmi zu! Schneise beschlich ein eher ungutes Gefühl. Lauf, kleiner dicker Freund, lauf! Doch der Snacksuchende hörte ihn nicht.

Der Wagen hielt vor Jimmi, die dunkle Scheibe fuhr herunter. Holle sah Metall aufblitzen. War das ein Messer? Fand hier ein Attentat auf Berthas besten Spieler statt?

Es war … es war … ein Tortenheber! Zu einer Geburtstagstorte: schwarz-weiße Sahne, Schicht auf Schicht, mit Kerzen darauf. Jimmi grinste wie ein Kind, schnitt das Naschwerk an, schob ein großes Stück in seinen Mund und lächelte verschmiert.

Es war also doch ein Attentat: ein Attentat auf sein Sportlergewicht.

Da war doch die Story! Der Spielmacher mit Moppel-Ich ließ heimlich Süßkram liefern. Fit für die Saison – Pustekuchen! Holle sah die Titelseite vor sich: Ein Foto von Jimmi mit Sahne-Mund und überraschtem Gesicht, darunter in dicken Lettern: *Verschlemmt Bertha-Star HIER den Klassenerhalt?*

In diesem Moment ging die Autotür auf und Jimmi verschwand.

Alles war so schnell gegangen, dass Holle es von oben kaum erkennen konnte. War Jimmi eingestiegen oder in den Wagen gezogen worden? Der *Bote*-Adler kam herabgesegelt, bereit einzugreifen, er schrie: »Neeeeiiiin! Meine Stooooryyyyy!!«

Der Reporter erwachte in einer Lache aus Sabber und Schweiß. Seltsamer Traum, alles wirkte so real. Ruckartig klappte Schneise den Fahrersitz hoch und schaute aus seinem Fenster. Da war wirklich ein Geländewagen! Er parkte am Hotelausgang. Kaum hatte Schneise das schwarze Ungetüm erblickt, ließ es den Motor aufheulen – wenn es denn kein Elektroauto gewesen wäre. So surrte der Wagen nur leise davon.

Das konnte Holle nicht zulassen. Er nahm die Verfolgung auf. Etwas stank gewaltig, nicht nur die Luft in Schneises Auto. Der Granada führte vor, wie sich ein echter Motor anzuhören hatte. Er stieß eine schwarze Wolke aus, die Räder drehten durch – und kamen nicht vom Fleck. Der Wagen saß auf dem Kiesbett fest.

Schneise sah dem SUV verzweifelt hinterher. Durch die dunkle Heckscheibe erkannte er noch einen Umriss, der eine sahnige Kuchenhand ausstreckte, als würde sie winken: Jimmi! Der Spieler, seine Story! Sie waren wirklich da drin, dachte Schneise. Er sah beides im Panzerwagen vom Parkplatz fahren.

TaG 1: aBenDs

Verdammt! Schneise saß noch immer in seinem Wagen, wie ein verhinderter Stalker. Rund um das Hotel dämmerte es schon.

Hatte Holle nur geträumt? Wurde Jimmi entführt oder war er freiwillig geflohen? Und war Holle jemals ein Adler gewesen? Fragen über Fragen, sein Kopf schwindelte ihm etwas. Sein Gedächtnis auch? Warum hatten seine Räder blockiert?

Schneise riss die Tür auf, lief um seinen Granada herum und schaute darunter nach. Auch das noch! Der Schlepptop lag vor einem der Reifen. Holle hatte den Klotz dort liegen lassen.

Der Reporter sank zu Boden. Er lehnte sich ans Heck, zündete eine Ziese an, blies den Frust aus. Holle rauchte vor Wut. Warum passierte das nur ihm? Eine Story fiel vor seine Füße, aber er stellte sich selbst ein Bein, statt sie aufzuheben. Der Scoop wäre exklusiv gewesen, keiner hatte die Entführung gesehen – außer dem *Boten*. Er sah hinüber zum *Hotel Palais*.

Holle hätte den Verein über das Vergehen verständigen können. Doch bei dem Gedanken, der Bertha einen Gefallen zu tun, drehte sich ihm der Magen noch mehr um, als es ohnehin schon tat. Er könnte die Polizei alarmieren oder, noch vernünftiger, die Redaktion. Aber wer würde schon einem Säufer glauben? Schneise traute sich ja selbst nicht ganz.

Hatte er sich die Szene nur eingebildet? Er fingerte seinen Knochen aus der Manteltasche. Selbst wenn er gewusst hätte, ob das Ding Fotos macht: Man hätte nichts erkannt. Ohne Beweise gab es keine Story. Was war wirklich passiert?

Machte Jimmi nur eine Spritztour, blieb er dauerhaft fort? Wenn Bertha wirklich der beste Spieler fehlte, würde das bald irgendwem auffallen. Nur wem und wann? Wenn es erst alle bemerkt hätten, wäre Holles Vorsprung in Luft verpufft.

Es wurde allmählich Abend in Irrding. Lila Wolken legten sich sanft aufs Tal wie steirische Bauern zu ihren Schafen. Der Horizont schluckte die sinkende Sonne, bis die Berggipfel orange und rot glommen. Der Grimmig stand wie in Flammen.

Wunderschön und bedrohlich zugleich. Dem Alpenglühen konnte Schneise trotz Vorglühen aber nicht viel abgewinnen. Er hing finsteren Gedanken nach. Nahmen die Berge die Sonne gefangen? Oder büxte sie jede Nacht aus, um aus den Alpen zu entkommen?

Zumindest der Sache mit Jimmi würde er auf den Grund gehen. Schneise schwor, unter jedem Stein in Irrding nachzuschauen, ob sich darunter nicht ein Brasilianer verbarg. Der Reporter würde keine Sekunde ruhen, bis er seine Knallerstory hatte.

Zufrieden mit seiner Zuversicht nickte er dem Grimmig zu, der darauf nicht reagierte. Holle wusste bereits, wo er die Suche beginnen würde. Geschickt fingerte er den Flachmann aus der Innentasche und schraubte den Deckel auf.

Irrding war überschaubar. Wer zu schnell fuhr, verpasste es. Also schaltete Holle am Ortseingang auf Tempo 70 herunter. Fast alle Häuser hatten die hölzernen Läden zugeklappt, es dämmerte ja bereits. Was hätte Holle nur für einen schönen Berliner Späti gegeben. Hatte denn gar nichts mehr offen? Wenn Jimmi wirklich nur Abwechslung suchte: Wo bitte hier?

Das ganze Tal schien in drückendem Abendblau zu versinken. Warum hatte Holle in einer so lauen Sommernacht, die man so herrlich hätte drinnen verbringen können, nichts Besseres zu tun, als herumzufahren und verschwundene Fußballer zu suchen? Warum hatte er generell nichts Besseres vor? Die letzten 20 Jahre hatte Schneise sein Leben und seine Leber diesem Beruf gewidmet, eine Ehe darüber zugrunde gehen sehen. Und wofür?

Wieder mal ein Trainingslager in Österreich. Diese Dörfer sahen ja alle gleich aus. Genau das war nun

Holles Vorteil. Er wusste, wohin ausgebüxte Fußballer auf Entertainmentjagd sich gern verzogen. War auch nicht schwer, wenn es nur eine Kneipe im Ort gab. Jimmi bildete da sicher keine Ausnahme. Auch wenn Alkohol ihn wohl weniger lockte als etwas Essbares. Vorausgesetzt, der Star floh freiwillig. Und vorausgesetzt, Holle hatte sich den ganzen Vorgang nicht bloß eingebildet.

Leider hatte wie gesagt alles zu in Irrding. Halt, hier brannte noch Licht: *Gasthof Hackl* stand an einer Blockhüttenkonstruktion am Ortsausgang. Holle hielt mit einer Vollbremsung an. Und stellte sich quer, auf diese Art zwei Behindertenparkplätze vor der Hütte belegend.

Das Innere des Hacklhofes wäre mit »rustikal« zu soft umschrieben. An hölzernen Wänden hingen Geweihe und Tierköpfe, als wären sie Teil der Speisekarte. Holle sah viel grünen Filz, konische Hüte mit Vogelfedern und alte Männer mit gezwirbelten Schnurrbärten. Die Einheimischen ähnelten einander, als habe man lange im gleichen Genpool geplanscht.

Jimmi befand sich definitiv nicht darunter. Der Brasilianer wäre aufgefallen wie ein Meerschweinchen im Kartoffelsalat. Die Irrdinger saßen unter sich und tuschelten in Bierhumpen, wo ihre Gedanken zumindest besser aufgehoben schienen als im Internet.

Mitten in dem Inzestfest saßen Haberer, Jakobi und Lang. Was machten seine drei Reporterkollegen hier, fragte sich Holle. Dann erinnerte er sich: Sie waren im Gasthof untergebracht. Ihre Zeitungen hatten ein Budget – im Gegensatz zum *Boten*.

Die anderen Berliner Pressefuzzis fremdelten genauso wie er, sie hatten einen eigenen Tisch bezogen, verständlicherweise. Sie blickten sich verschwörerisch um, also: wie jeder hier. Worüber sprachen sie wohl? Wussten sie womöglich von Jimmi?

Es gab nur eine Möglichkeit, das herauszufinden – und an etwas Trinkbares zu kommen. Denn alle Plätze im Laden waren schon belegt. Schneise bekam nur vom Zusehen großen Durst. Also gesellte er sich zu den Kollegen, ohne eingeladen worden zu sein.

Er fiel in den freien Stuhl. »Was könnt ihr denn empfehlen?«, fragte er laut, um die plötzliche Stille zu brechen.

»Woanders zu essen«, antwortete Jakobi und klopfte Holle lachend auf den Rücken.

»Die Würste sind ganz gut«, sagte Haberer und sein Doppelkinn nickte.

»Frag nur nicht, was drin ist«, sagte Lang lächelnd.

Da kam schon der Wirt an den Tisch. Er trug eine bekleckerte Lederschürze, sein Gang war gebeugt, sein Gesicht blutleer. Er ähnelte eher einem Totengräber als einem Kellner, aber offenbar handelte es sich um den Eigentümer des Hacklhofs. Zumindest hing sein gräuliches Gesicht als Foto an der Wand.

»Woas doarf's sein, da Herr?«, sagte der Wirt, der sich als Josef Hackl vorstellte, während sein Blick fragte, was ein Piefke hier wolle. Aber das bildete Schneise sich sicher ein.

»Ich habe Gutes über die Würste gehört«, sagte Holle und nickte Richtung Haberer.

Auf dem Gesicht von Hackl formte sich eine Art Lächeln, das Schneise schwer deuten konnte. »Goanz frisch«, sagte er und notierte die Bestellung.

»Und ein großes Bier ... äh, Krügerl.«

Der Wirt nickte und schlich dahin wie ein schwindender Schatten.

»Sympathisches Kerlchen«, stellte Holle fest und steckte seine Kippe in den Mund.

»Nicht hier drin«, sagte Haberer und deutete auf ein Schild: *Wenn Sie's net rauchen würden, sehr verbunden.*

Schneise steckte die Kippe hinters Ohr. »Schönes Scheißkaff«, sagte er, absichtlich etwas zu laut.

»Ach Holle, freu' dich doch, hier zu sein«, sagte Jakobi großväterlich-gönnerhaft, lehnte sich zurück und holte tief Luft.

Alle ahnten, was jetzt kommen würde: eine Anekdote. Jeder am Tisch nahm jetzt schnell einen großen Schluck Bier.

»Ich weiß noch, wie ich in mein erstes Trainingslager fuhr. 1978 war das.« Mit dem Gestus eines großen Erzählers holte Jakobi aus, in eine Zeit, als eine Woche Sportschule Malente wie die weite Welt wirkte für den Sportreporter aus der DDR, der zur Feindbeobachtung über West-Fußball berichten durfte, um die Bevölkerung über die dortigen Zustände abzuschrecken.

Bei Jakobi hatte es nicht funktioniert. Er verband Bertha mit Freiheit. »Ist doch schön hier«, sagte er und nippte selig am Krügerl. Jakobi hatte etliche Spieler, Trainer und Vorstände erlebt. Das härtete ab. Bald war er Rentner und ihm alles egal. »Herr Ober, noch einen Obstler!«, rief er zum Hacklwirt und korrigierte, mit einem Grinsen: »Machen Sie vier draus, guter Mann.« Man musste Maximilian Jakobi einfach mögen.

Schneise entspannte sich. Offenbar wusste niemand von Jimmi.

Veteran Jakobi schnappte dem Wirt die Schnäpse vom Tablett. »Wer weiß, wie lange wir noch so zusammensitzen«, seufzte er. In den Augen lag eine Traurigkeit, die alle verstummen ließ. »Lasst uns anstoßen«, rief er laut, »auf die Zeit zusammen!«

Gläser klirrten, Rachen brannten, Zungen wurden lockerer.

Sie begannen, über früher zu sprechen. Jenes Früher, als sich Vereine und Spieler noch nicht in Hotelburgen abschotteten. Jakobi erinnerte daran, wie sie geholfen hatten, betrunkene Profis in Teppiche gewickelt aus Foyers und zurück zu schmuggeln.

»Und dann hat uns der Wolschke erwischt«, erinnerte sich Haberer, mit Tränen in den Augen.

Alle mussten lachen.

»Mach nochmal den Wolschke, Maxi!«, rief Lang aufgekratzt.

Sie hatten ihn alle noch erlebt: Manfred Wolschke, den alten Bertha-Patriarchen, 15 Jahre Manager und Macher des Vereins.

»Wos soll dos?«, sagte Jakobi plötzlich mit einer Stimme, die drei Oktaven tiefer klang als die eigene. »Wossen Sie, Herr Jokobi, ein goter Jornalost lässt auch mol ein poor Fokten weg und schroibt lieber mol wenoger ols er woiß.«

Es gab nun kein Halten mehr in der Runde. Holle hielt sich den Bauch vor Lachen. Die gute Stimmung schien ansteckend. Lang erinnerte sich, wie Wolschke oft wochenlang nicht mit kritischen Reportern sprach und sie dann zum Bier einlud.

»Wie er einem das Menü erklärt hat«, rief Haberer und klopfte sich auf die Schenkel.

Jakobi hielt eine imaginäre Speisekarte fest. »Es gobt hier oin Wold Country Chickon, dos ost oin woldes Londhohn.«

Holle lag fast unterm Tisch. Für einen kurzen Moment fühlte er sich wieder wie früher: Als die Reporter der anderen Zeitungen eher Kollegen waren als Konkurrenten. Als er tatsächlich noch ein bisschen Fan dieses Sports war. Als er den Fußball geliebt hatte.

Melancholisch schaute Schneise auf den Boden seines leeren Schnapsglases. Mit einem müden Winken bestellte er beim Wirt vier weitere. Und was immer die anderen trinken wollten.

TaG 2
MORGeNS

Scheiße. Schon wieder. Kuhglocken, Kopfschmerzen, Kater. Holle Schneise bekam seine verkleisterten Augen kaum auf. Diesmal hatte er nicht einmal die Läden zugemacht, weswegen seine Augenlider versuchten, das Licht fernzuhalten. Vergeblich. Eine Mischung aus Reue und Restalkohol rumorte in ihm. Ein verhängnisvoller Cocktail. Vor allem auf nüchternen Magen.

Er drehte sich im Bett herum, bevor es sein Magen tun konnte. Warum nur wieder? Holle hatte doch große Pläne gehabt, wollte suchen, wühlen, graben. Nach Jimmi, dem angeblich entführten Fußballer. Hatte er ihn noch gefunden gestern?

Nein. Stattdessen war er abgestürzt. Hatte tief in Gläsern nach Hinweisen geschaut, sich abfüllen und unter den Tisch trinken lassen. Oder war es umgekehrt gewesen? Wer hatte hier wen ausgefragt? Was hatte er den Kollegen erzählt?

Er erinnerte sich. Keiner hatte etwas durchblicken lassen, außer einer beunruhigenden Trinkfestigkeit. Holle war wankend geflohen. War mit dem Wagen im Bergland herumgeirrt und wie durch ein Wunder noch zum Hof gelangt, wo er bis eben tief geschlafen hatte.

Nun war der Informationsvorsprung dahin. Wie sonst Bertha hatte er im Gefühl des sicheren Sieges den knappen Vorsprung verspielt. Wenn seine Kollegen von Jimmi wüssten, würde die Story der Entführung überall stehen. Überall außer im *Boten*.

Holle sah sich auf alle Ewigkeit im Newsroom angekettet. Als Klickvieh, um Content abgemolken wie Kühe hier im Stall. Es gab Aktivisten, die demonstrierten gegen Massentierhaltung. Aber was war denn mit Massenmenschhaltung in Großraumbüros?

Die Kuhglocken vor seinem Fenster klangen, als würden sie Schneises Schande anprangern. Doch das Geräusch piepste eher. Erst jetzt fiel ihm auf: Es handelte sich um einen Weckton. Immerhin hatte er noch daran gedacht, den Knochen zu stellen. Das Morgentraining der Mannschaft begann schon um 9:30 Uhr. Ein Pflichttermin. Womöglich waren dort weitere Hinweise zu ergattern, zumindest schuldete Schneise seinem Chef einen Bericht. Vielleicht könnte ihn etwas Content besänftigen.

Er schnappte sich das Handy und sah die Anzeige: 10 Uhr. Mist. Wo die Technik funktionierte, versagte der Mensch.

In solchen Momenten kam ihm eine Tugend zugute, die Holle mit dem Management von Bertha verband: Die Fähigkeit, sich auch die allergrößte Dummheit blitzschnell selbst zu verzeihen. Und in völliger Verblendung die Schuld woanders zu suchen.

Warum musste der Verein sein Training auch so früh ansetzen? So! Das fühlte sich doch gleich viel besser an. Zudem hatte die Redaktion bisher nicht angerufen. Das hieß, es war noch nichts herausgekommen. Zum Glück auch aus Holles Magen nicht.

Er nahm einen Schluck Obstler vom Nachttisch. Jeder, der behauptete, einen Kater mit Kontern zu bekämpfen, sei dumm, musste noch keinen Tag Trainingslager nüchtern durchstehen.

Mit der Geschmeidigkeit einer beschwipsten Gämse schwang sich Schneise aus dem Bett. Aalgleich schlüpfte er in Trenchcoat und Stiefel. Und suchte sich sodann einen neuen Hut aus. Die gestrige Schiebermütze hatte ausgedient. Stattdessen zog er ein echtes Schätzchen aus dem Köfferchen: einen hellen Strohhut, auf dessen Krempe *Thai Whiskie* stand. Ein Mitbringsel aus einem Urlaub, an den sich Holle nicht mehr erinnern konnte. Musste herrlich gewesen sein.

Beschwingt stolperte er die Treppe hinunter und erbrach sich fast ins Blumenbeet. Vor ihm stand die Bäuerin, eine alte Frau mit Kittel und Kopftuch.

»Grüaß Gott, Herr Holger«, sagte sie, in Verkennung der korrekten Abfolge von Vor- und Nachnamen.

Schneise versuchte, sich stehend tot zu stellen.

»Wenn ich's Sie wegen da Rechnung oansprechen könnt ...«, setzte seine Gastgeberin an.

»Geht an die Redaktion«, rief Holle, der sich aus seiner Schockstarre blitzschnell in Bewegung gesetzt hatte und geradewegs in den Granada glitt.

»Soso«, sagte die Landwirtin mäßig begeistert. Als ahnte sie, dass die Redaktion sie an Schneise zurückverweisen würde. »Und wenn Sie's vielleicht net doas Auto immer quer in da Einfahrt ...«

»Ja, ja, freilich«, versicherte Holle und rief: »Küss die Hand, schöne Frau, ihre Augen sind's so blau.«

Statt die Fäuste in die Hüften zu stemmen, faltete die alte Frau nun die Hände vor dem Herzen. »Ach, Sie sind's ein Schatz.«

Komplimente konnte Schneise. Er ballerte flugs vom Hof.

Fast wäre er zum Schlosshotel gerast. Dann fiel ihm ein: Der Trainingsplatz lag innerorts. Die Edelherberge verfügte zwar über erstklassige Golfgreens, von einem Fußballplatz war die Anlage dagegen weit entfernt. Die Mannschaft musste tagsüber mit dem Bus ins Tal tingeln, zum Gelände des örtlichen Sportvereins. Holle hätte vom Hof aus laufen können. Aber warum laufen, wenn man auch Auto fahren konnte? Schon schleuderte er den Granada in eine Einfahrt am Rande der Landstraße und stoppte ihn staubend neben zwei Flachbauten.

Das eine Gebäude war eine Stocksporthalle, was für Holle spannender klang als das Fußball-Vereinsheim direkt daneben. Hinter einer Hecke hatte man eine Holztribüne gebaut, hinter der sich wiederum ein Rasenplatz verbarg. Ein diskreter Ort für Vereine, die gerne im Geheimtraining an Spielzügen und taktischen Finessen feilten. Und was immer Bertha hier tat.

Der Vormittag war sonnig, der Grimmig schien heute hellgrau.

Der Reporter ging zum vergitterten Durchgang, der zu Tribüne und Trainingsplatz führte. Am Zaun klebten Logos von Teams, die hier trainiert hatten: AC Rom, Royal Madrid, Borussia Gelsenkirchen. Große Namen, verblasste Farben. Daneben noch frisch: die markante Bertha-Kanone mit dem abgeknickten Rohr.

Viele Vereine weilten im Sommer in Österreich, als Klassiker galten Schladming, Schruns und Zell am See. Irrding eher nicht. Auch Bertha hatte bislang einen Bogen darum gemacht – bis ein Angebot kam, das man nicht ablehnen konnte: Alles war gratis. Und am Ende sah es hier so aus wie überall. Rasen und Berge. Holle hätte sich in diesen Orten blind orientieren können.

Offenbar war der HauptStadtClub aber der erste Erstligist, der sich seit längerer Zeit im Irrtal blicken ließ. Auf einem Anschlag wurde das Testspiel in ein paar Tagen angepriesen: Bertha HSC gegen Sputnik Moskau, einen großen russischen Erstligisten. Holle freute sich schon jetzt nicht darauf.

Auf dem Rasenplatz, durch niedrige Werbebanden abgetrennt, sah Schneise dann endlich eine Fußballmannschaft trainieren. Oder besser gesagt: 27 Bertha-Spieler lümmelten in schwarzen Shirts in der Sonne herum. Die meisten Kicker starrten müde ins Land, kratzten sich gelangweilt im Schritt und spuckten auf den Rasen. In Sachen Arbeitseifer, das konnte man konstatieren, war Holle Schneise definitiv an den richtigen Verein geraten.

Natürlich kannte er all die Bertha-Stars. Wie Leon Stern: Niemand stand so elegant herum wie der schöne Defensivmann mit den verträumten Augen, ein menschliches Teenie-Poster. Ein Fest für die Fotografen, die am Spielfeldrand lauerten.

Sie knipsten auch den Rest: Angelo Möller, Nachwuchstalent mit Zahnspange, kurz vor dem Durchbruch. Torsten Hardt, ein Torwart-Irrer, dessen Riesenkiefer nach Stürmern schnappte. Außenverteidiger Philipp Schnell, der stets zu langsam lief, damit man die Tattoos auf Schenkeln und Armen gut erkannte. Schneise sah auch Kevin-Jerome Czerwinski, den Stürmerbullen, wie er schnaubend im Rasen scharrte. Luis Andrés Castro, den schüchternen Chilenen, der nur auf seine Füße blickte. Und Kjell-Bjarne Lindholm, den nettesten Mittelfeldzerstörer der Welt. Der Schwede winkte auch als Einziger zu Holle herüber.

Jimmi hingegen war nirgendwo zu erkennen. Er fehlte heute. Holles Herz schlug schneller. Hatte das jemand bemerkt? Natürlich fiel das auf, der Brasilianer war hier der Star. Aber gab es eine Erklärung für sein Fehlen? Wenn ja, welche?

Mühsam erklomm der *Bote*-Mann die Holztribüne, vorbei an einer Gruppe aus zwanzig Bertha-Fans, die dem Team offenbar aus Berlin hinterhergereist waren und morgens schon Dosenbier tranken.

»Amateure!«, zischte Schneise leise und nippte am Flachmann.

Die Fans schwenkten Fahnen und hatten morgens bereits Fahne. Viele hatten Kanonen auf den nackten Oberkörper tätowiert. Schneise erkannte Kurt Kibitz. Er nickte dem treuesten aller Bertha-Fans zu, aber mied es, mit ihm ins Gespräch zu kommen.

Ganz oben auf der Tribüne hockten die Pressefuzzis. Am nächsten zu Holle hin saß Jörg Patzke, als

Sprachrohr des Klubs nicht ansprechbar. Der bärige Mediendirektor hielt hinter einer getönten Brille mitten im Sommer Winterschlaf; nur die Zigarette im Mund deutete an, dass er noch atmete.

»Dir auch Guten Morgen«, sagte Holle und schob sich vorbei.

Die Reporterkollegen weiter hinten wirkten deutlich wacher. Rolf Haberer beugte seinen Bauch über einen winzigen Laptop. Er tickerte offenbar das Training für den *Lokalanzeiger*-Blog. Schneise stellte erleichtert fest, dass Haberer nicht gerade wirkte, als säße er an einer Riesen-Story. Investigativ-Rolf fingerte ein Fernglas aus den Untiefen seiner Cargo-Hose und spähte aus, wie viele Spieler da »Fünf gegen zwei« spielten.

Timur Lang hielt es nicht lange oben, er lauerte lieber am Platz. Der *BUMS*-Reporter mit Baseballkappe baggerte gierig, hielt Spielern die Hand zum Abklatschen hin, rief Witzchen hinterher und lachte zu laut über die Antworten der Profis.

Einzig Maximilian Jakobi lehnte entspannt an der Tribünenwand. Die *Berliner Allgemeine* war die einzige Zeitung, die dem *Boten* beim Nachrichtenwert noch hinterherhinkte. Jakobi war ein alter Hase, er hatte einfach zu viel Routine für News.

»Ja, schau einer an! Grüß dich, Holle, hähähä«, rief Jakobi. Holle freute sich, Maxi zu sehen. Der alte Jakobi war der Einzige hier, der noch nicht völlig verrückt war. Nur senil.

»Was habe ich verpasst?«, fragte Holle, die Augen reibend. »Irgendetwas Ungewöhnliches?« Verstohlen linste er hinüber, zum Kaffeebecher in Jakobis Hand.

»Nicht viel. Aufwärmen. Der übliche Quatsch. Geht schon eine Stunde so. Aber warte mal, gleich nimmt Greensi sie ran.« Er deutete zum Platz.

Jocken Greensman war ein Coaching-Guru, blond bezopft dazu. Er trug stets ein perlweißes Lächeln im sprühbraunen Gesicht und grundsätzlich nur weiß: Hemd, Hose und Turnschuhe, alles eng anliegend. Allein die Falten um seine Augen verrieten, dass die berufsjugendliche Frohnatur schon über fünfzig war. Der Ex-Profi war nach der Karriere nach Kanada ausgewandert, wo der Sachse sich nordamerikanischen Machergeist aneignete, neben neuem Akzent und geänderter Schreibweise seines Namens. Auf dem Platz stand Greensman meist am Rand und wippte auf der Stelle, als höre er ein Lied, das nur er hören konnte. Die Detailarbeit überließ er seinen Assistenten. Nun jedoch war sein Geduldsfaden gerissen. Er unterbrach das Training.

»Mönner, guys, sso gäht das net, y'know!«, rief Greensman. Seine Stimme schlug solche Purzelbäume, dass sich einige der Spieler ein Grinsen verkniffen. »Mit mehr *Laff to sse Detäl, pliiies!*« Greensman zeigte, wie er das früher als Spieler gemacht hatte. Seine Ballbehandlung sah nicht eleganter aus, dafür war er umso hektischer. »Like ziss, like mi«, rief er.

Jochen Grünemann, wie er ursprünglich hieß, hatte eine ganze Weltkarriere auf Wuseligkeit errichtet. So hektisch sollte auch der Spielstil werden, er forderte schnelles Umschalten. Zumindest würden das die TV-Zuschauer tun, da war sich Schneise sicher. Aber wer widersprach Greensi? Die Assistenten sicher nicht. Sie hörten beim Ausbruch ihres Gurus einfach nur nickend zu.

»Iahr müsst die rächtigä Mindset höben«, redete sich Greensman in Rage. Mit zappelnden Beinen sprang er wie ein Hund um den Ball herum, schimpfte wie ein sächselnder Spatz in Amerika. »Wir müssen die *Failer* beim *Gaigner enforcen*, mit Öggressividäd!«, forderte er.

Was für ein Blender, dachte Holle nur. Wer fiel darauf herein?

Bei den Spielern wirkte es. Sie klatschten in die Hände. Fortan spielten sich die Fußballer die Bälle schneller und energischer zu, dafür ungenauer und holpriger. Greensman nickte, Arme verschränkt, ein Bein auf einem Ball stehend.

»Das werden sie wohl beherzigen«, sagte Jakobi und nippte kennerisch an seinem Kaffee. »Bis zur ersten Niederlage.«

Es war eine Sensation gewesen, als Greensman die dicke Dame in der zweiten Liga übernahm. Er wolle Bertha HSC zu einem »Bick Klapp för Bick Blähers« formen, hatte er verkündet.

Er hatte den Aufstieg zwar geschafft, aber wie wollte er Spieler wie Jimmi bundesligatauglich bekommen, fragte die Presse. Klar, in Liga zwei war der moppelige Brasilianer ein Star, in Liga eins eher gefundenes Fressen für Verteidiger.

Ach ja, Jimmi. Den suchte Schneise ja. »Wo ist denn Jimmi?«, fragte er seine Kollegen. Auch ihnen musste ja auffallen, dass Berthas Bester fehlte. Wobei es schon mal vorkam, dass sich Jimmi in der Hitze dort versteckte, wohin Schatten fiel.

»Keine Ahnung«, brummte Jakobi routiniert. »Schon seltsam.«

»Ist in der Kabine geblieben«, rief Haberer herüber. »Liest denn keiner meinen Liveblog?« Er tippte traurig am Ticker weiter. »Laut meinen Quellen hat er Patellasehne«, seufzte er.

»Meinst wohl Nutellazähne«, erwiderte Holle. Keiner lachte.

Zumindest hatte er herausbekommen, dass noch niemand über das Verschwinden von Jimmi berichtet hatte. Entweder war nichts bekannt oder aber die Konkurrenz recherchierte noch Details. Womöglich irrte Holle sich einfach. Oder wurde langsam irre. Er musste wohl, so altmodisch es auch schien, erst einmal die Fakten checken. Also ging er direkt zu Haberers Quelle.

»Hallo Pätzken, was ist denn mit Jimmi?«

Patzke erwachte und mopperte los, was denn die Presse hier die Pressearbeit störe.

Schneise bot ihm eine Fluppe an.

Patzke lehnte ab, mit Verweis auf die Kippe im Mundwinkel. Er sah Holle nicht an, blickte Richtung Platz und sagte: »Noch in der Kabine. Fühlte sich nicht wohl. Magen.«

»Aha«, brummte Schneise. Er wusste zwar nicht, was oder wo die Patellasehne war, aber ganz sicher lag sie nirgendwo im Magen-Darm-Bereich.

»Hat wohl was Falsches gegessen«, sagte Patzke und blies den Rauch aus.

Schneise dachte an die Sahnetorte. »Kann er heute Nachmittag wieder trainieren?«, fragte er. »Oder droht Jimmi etwa, länger auszufallen?«

Patzke schaute ihn nun direkt an. Dass Holle hartnäckig nachhakte, schien ihm nicht zu passen. Was fiel Journalisten nur ein, immer so blöd nachzufragen? Dann blitzte etwas in Patzkes Blick auf: ein Ausweg. Sein Blick ging nun starr geradeaus, er sprach fast mechanisch. »Wenn es etwas mitzuteilen gibt, werden wir es mitteilen. Wir als Verein beteiligen uns an keinerlei Spekulationen.«

Bertha blockte Fragen ab, also schien alles normal zu sein. Aber Holles Instinkt sagte, dass etwas faul war. Die anderen Reporter störten sich nicht daran. Schneise sah sie in der Sonne dösen wie Löwen. Sie hatten den Fakt, dass Jimmi fehlte, vermeldet. Damit war der Fall für sie erledigt.

Gut für mich, dachte Schneise. Fragte sich nur, wo Timur Lang steckte. Falls die *BUMS* jemanden im Verein erpress... befragte, um Infos zu erhalten, würde es noch eng für Holle. Er sah Lang am Spielfeldrand mit einem Paparazzo diskutieren.

Die *BUMS* brauchte offenbar ein gutes Bild für ihre Story, die Holle sich ausmalen konnte: *JETZT RASTET GREENSI AUS! Wutrede an Mannschaft – Was er fordert – Ob er zurücktritt – Lesen Sie alles bei BUMS Plus.* Holle war an Wichtigerem dran.

Doch dann klingelte der Urzeitknochen. Der Chef, das spürte er an der Heftigkeit der Vibrationen. Er drückte auf die grüne Hörertaste und hielt den Knochen weit weg vom Ohr.

»Hooooolleeeeee!!«, plärrte die Stimme am anderen Ende.

In Gedanken konnte Schneise den ganzen Dialog durchsprechen. Es fing meist an mit Empörung. »Warum hat die Konkurrenz dieses und jenes und wir nicht?«

Für Lob rief kein Chef an. Das größte Kompliment war, wenn man ihn einmal in Ruhe ließ.

»*Green-si ras-tet aus*«, las Tretmann vor wie ein Förderschüler. »Und wo war der *Bote* da, fragt sich da doch unser Leser!«

Holle glaubte nicht, dass sich jemals ein *Bote*-Leser diese Frage gestellt hatte. Er glaubte ohnehin nicht, dass sich die Leser ihrer Zeitung noch viele Fragen stellten im Leben. »Also ganz ehrlich, es war eher normale Trainingslautstärke«, murmelte Holle ohne Hoffnung, dass Argumente hier verfingen.

»Wen interessiert, wie es wirklich war!?«, schrie Tretmann. Die Onliner mussten den Sportchef richtig rundgemacht haben für eine verpasste Chance auf Klicks. Irgendwohin musste er den Druck weitergeben und die Richtung war klar: nach unten.

»Jetzt hör mal auf mit dem Klickfänger-Quatsch«, schneiste Holle plötzlich in den Hörer, und war stolz auf den eigenen Schneid. »Ich bin zufällig einer großen Story auf der Spur.« Das hatte gesessen. Das Einzige, was ein Vorgesetzter noch lieber hörte, als dass er Recht hatte, war, dass er Recht bekommen würde, wiederum vor seinen Vorgesetzten.

»Gro-ße Sto-ry?«, stammelte Tretmann nun.

Holle hatte sein Interesse. Er grinste innerlich wie äußerlich. Wie er das Ding gedreht hatte! Es gab nur ein Problem: Er hatte im engeren Sinne keine Story. Nicht mal im weiteren Sinne des Wortes. Für gute Ansätze gab es bei Stephan Tretmann keinen Applaus.

»Jim-mi«, stotterte Schneise und wusste, er sollte sicherer klingen, »ist entführt worden.«

»Entführt?!«

Holle überlegte: Außer alkoholisierten Adlerträumen hatte er nichts außer dem Gefühl, dass ihn der Pressesprecher belog. Und das hatte er immer. »Offiziell fehlt Jimmi mit Magen. Aber ich denke, er ist nicht mal im Mannschaftsquartier.«

Holle ging in die Knie, als hätte ihn das Gewicht dieser Notlüge in den Magen geboxt. Wahrscheinlich saß Jimmi jetzt in seinem Hotelzimmer, futterte Kartoffelchips und rief, wenn Betreuer an die Tür klopften: »Magen isse noch schlecht!« Warum glaubte Holle das aber nicht?

»Da war ein Wagen gestern«, platzte es aus ihm hervor. Als würde hier eine jüngere, vorlautere Version von ihm sprechen. »Der hat Jimmi gepackt und mitgenommen.« Fuck. Fuck. Fuck. Ganz dünnes Eis.

»Willst du mich verarschen?«, fragte Tretmann. Berechtigter Einwand. »Woher weißt du das? Hast du es sicher gesehen? Gibt's Zeugen? Bilder?«

Holle hatte nichts davon. »Ich habe ... eine Quelle«, sagte Schneise im Brustton der Verzweiflung. Er schaute sich um. Sein Blick wanderte über den Rasenplatz und die Holztribüne. Über Fußballer, Trainer, Journalisten und besoffene Fans. Irgendwer hier musste doch etwas mitbekommen haben. Und wenn es nur der Grimmig war.

»Ok«, sagte sein Chef. »Also kann ich die Story einplanen: *Brasilianer büxt aus! Wo ist der Star? Holt ihn da raus!*«

Schneise sah die Schlagzeile vor sich, überall im Internet, während der Spielmacher schon beim

Nachmittagstraining über den Platz schlich. »Warte vielleicht noch zwei Tage«, sagte er. »Ich muss da einige letzte Details überprüfen.« Schweiß stieg ihm auf die Stirn. Der Strohhut vermochte die Suppe nicht aufzusaugen. Er steckte jetzt knietief drin.

»Oookaaayy, ich sage noch nicht der Chefredaktion Bescheid«, sagte Tretmann langsam. Er fügte hinzu: »Holle, wenn du mich bei der Nummer blamierst, dann war es das mit Reporterleben. Dann schreibst du die Todesanzeigen. Als Erstes deine eigene.« Tretmann legte auf.

Holles Mund war staubtrocken. Das war kein Kater mehr, das war ein Desaster. Es würde ja nichts Neues sein, dass der *Bote* danebenlag mit Storys, für Titel wie *War Hitlers Hund ein Sex-Alien?* war das Blatt bekannt. Man wird ja noch Fragen stellen dürfen. Doch die Nummer hier würde dem *Boten* mächtig auf die Füße fallen.

Vor allem Holle. Tatsachenbehauptungen hatten den Nachteil, dass es zur Behauptung Tatsachen geben musste.

Sein Knochen vibrierte wieder. SMS von Scheffe: *Und wir brauchen Bilder, sagt die Fotoredaktion.* Jetzt war Holle richtig am Arsch.

Plötzlich hatte Schneise das dringende Bedürfnis, etwas zu trinken, und zwar viel davon. Er wusste nicht, ob es das Verlangen nach Flüssigem oder nach Informationen war, das ihn zur bechernden Bertha-Fraktion am Spielfeldrand führte. Aber mitunter wussten die Fans über Bertha eben doch mehr als er.

Die Kollegen staunten, dass Holle tatsächlich die Zaungäste am Trainingsplatz befragte. Das taten sonst nur verzweifelte Fernsehteams, die O-Töne brauchten und nicht wussten, wen sie noch interviewen sollten. Klopfenden Herzens und schwer schluckend ging Schneise auf die tätowierten Stiernacken zu.

Es gab natürlich Bertha-Fans, die waren ganz normale Leute: Familienväter, Studentinnen, Schulkinder. Von denen fuhr aber niemand mit ins Trainingslager. Denn: Sie hatten ein Leben. Wer seinen Sommerurlaub opferte, um seinen Verein trainieren zu sehen, hatte definitiv sonst nichts zu tun.

Doch jene Exemplare, die Bertha dieses Jahr nach Irrding begleiteten, wären selbst am Ballermann blöd aufgefallen. Sie hatten mehr Sätze auf ihre voluminösen Oberkörper und Bäuche tätowiert, als sie in ihrem Zustand sprechen konnten. »Ba-Bo-Bäh, Bertha Ha-Es-Zäh«, riefen sie, Arme ausgestreckt, in der einen Hand die Zigarette, in der anderen eine Dose. Einige trugen Deutschland-Schlapphüte plus Sonnenbrillen.

Die Mittagssonne ballerte, also ballerten die Jungs auch. Fußball als Vorwand zu verwenden, um sich hemmungslos abzuschädeln: Holle empfand Verachtung dafür und überlegte, Bier aus einem Eimer zu stehlen, in dem Dosen schwammen.

Da erblickte er erneut Kurt Kibitz. Er hatte auch Bier in der Hand, aber passte eigentlich kaum her: Der Fliesenleger aus Friedrichsfelde hatte echtes Einkommen und Verpflichtungen im Berufsleben. Und begleitete Bertha dennoch überall hin.

»Kniet nieder, wenn die Hauptstadt kommt!«, sangen die vielen Schlapphüte voller Stolz, worauf auch immer. Kibitz stimmte ein, hatte aber als Einziger noch nicht blankgezogen. Er trug stolz Jeanskutte mit Aufnähern, Schnauz und Adiletten.

Schneise ging auf die Stiernacken zu. Er wusste nicht, ob sie wussten, wer er war, was eine Zeitung war oder ob sie ihn aus Prinzip aufmischen würden, weil er nicht mitsang. Er musste es wohl herausfinden. Sonst fand er Jimmi nie.

»Juten Tach, Holle«, grüßte Kibitz und nahm den Kumpanen so die Option, ihn mit Fragen und Fäusten auseinanderzunehmen. Enttäuscht wandten sie sich ihren Dosen zu. »He-ja Ha-Es-Zäh!«

»Grüß dich, Kurt«, knirschten Schneises Zähne. Normalerweise hätte Holle Gespräche mit Kibitz um jeden Preis vermieden.

Mit Grauen dachte er an die jährliche Mitgliederversammlung. Bertha hielt sie meist in tristen Kongresszentren ab und servierte dort Bockwurst aus Eimern. Kibitz liebte das Event. Endlos wurde da die Bilanz der Tischtennissparte diskutiert. Im schummrigen Saal fiel Reporter Holle meist ins Wachkoma, außer Kibitz saß neben ihm. Dann erfuhr er alles über die wahren Vereinsskandale: die Parkplatzsituation bei Spielen der zweiten Mannschaft, Mittelstürmermangel in der F-Jugend. Seitdem zuckte Schneises Augenlid, wenn Kibitz ihm nahte.

In diesem Augenblick vollführte es gerade einen Breakdance. Doch er hatte keine andere Wahl. Womöglich wusste der Edelfan mehr. Holle ahnte: Wenn außer ihm gestern jemand bis abends am Teamhotel abgehangen hatte, dann Kibitz. Warum auch immer.

»Kurt, altes Haus«, kumpelte Holle sich heran, woraufhin Kibitz skeptisch zurückwich. »Ja sorry, der Hinweis zu den Bockwurstpreisen. Ich hätte ja zurückgerufen. Aber der Stress ... du verstehst.« Holle wusste: Ausreden waren immer nur so dumm wie das Gegenüber. Also war die Plausibilität hier hinreichend belegt.

»Keen Problem, Holle, dit kenn ick«, sagte der Fan-Urlauber.

»Hör mal, du warst nicht zufällig gestern am Hotel, nachdem die Mannschaft schon angekommen ist?«, fragte Holle subtil.

»Meenste, als de dann endlich ooch mal uffjetaucht bist?«, entgegnete Kibitz und stupste Schneise in die Seite. »Warst ja janz besoffen, wie de da in deener Karre rumjelegen hast. Hast nich mal jehört, dass ick ans Fenster jeklopft habe.«

Interessant, dachte Holle. Er erinnerte sich nur vage, dass in seinem Traum auch ein sprechendes Borstenschwein vorkam. »Jaaa ... war eine lange Anreise«, konterte er elegant. Er legte Kibitz die Hand auf die Schulter und zog ihn heran. »Hör mal, hast du auch Jimmi gesehen, wenn du noch da warst?«

Kunstpäuslerisch nippte der Bertha-Fan an seiner Bierdose. »Na Klärchen, ick wollt' ihm ja zum Jeburtstach gratulian«, sagte Kibitz, als wäre das ein Grund, Sommerabende auf Parkplätzen zu verbringen. »Aba er is' dann ja abjehauen.«

Holle traute seinen Ohren nicht. »Du hast den Wagen auch gesehen?« Schneise brauchte nun dringend etwas Beruhigendes. Also griff er in den Eimer mit Bier. Die Fans murrten leise.

»Ja, een SUV, schönet Modell«, sagte Kibitz, der nachweislich schlechten Geschmack besaß. »Die hatten eene

Torte für Jimmi. Die war so juut, da isser wohl gleich mit einjestiegen, wa.«

Holles linkes Augenlid tanzte Lambada. Er nahm einen Schluck Bier, um nicht zu schreien. Wie konnte man es normal finden, wenn ein Fußballer aus dem Hotel abhaute? Ach ja, wahre Fans standen stets zu ihren Stars. Treue bis zum Schluss und so. »Konntest du etwas erkennen? Den Fahrer? Das Nummernschild?« Holle versuchte seine Aufregung zu verbergen, indem er das Bier in einem Zug leerte.

Kurt Kibitz schüttelte den Kopf. »Nee, nüscht ... Aber vielleicht erkennste ja wat auf die Fotos.«

Holle hätte ihm am liebsten die Dose an der Stirn zerdrückt. Warum hatte er denn nicht gleich gesagt, dass es Bilder gab? »Könnte ich ... die mal sehen?« Er fasste Kibitz fest am Arm. Der Arm war überraschend glibberig. Holle ließ lieber los.

»Ja ... dit jinge ...«, sagte Kibitz, als er sich gefasst hatte. »Sie sind uff'm Kamera-Chip. Ick kannse dir schicken, wa.«

Schneise setzte ein Lächeln auf, das er für charmant hielt. »Also, es wäre sehr nett, wenn du das einrichten könntest.«

»Und... wat hätt' icke davon?«, fragte Kibitz zögernd.

»Die Bockwurststory. Ganz groß im *Boten*.« Ein böser Bluff.

»Also jut, gleich heut nach'm Training, wenn wa im Hotel sind«, sagte Kibitz.

»Danke, Kurt«, sagte Holle grinsend und tippte den Zeigefinger an den Strohhut. »Meine Herren: Ba-Bo-Bäh«, verabschiedete er sich und die Stiernacken grölten zurück: »Ber-tha Ha-Es-Zäh!« Die Reflexe funktionierten also noch.

Holle stieg die Treppen zur Tribüne hoch. Sein Herz schlug sehr schnell, und das nicht nur wegen arg verengter Gefäße. Mit Kibitz als Zeugen und den passenden Fotos dazu hatte er seinen Knüller. Das Dosenbier im Magen gluckerte vor Glück.

Selbst falls Jimmi sich mittags zurück ins Hotel schlich: Der Star-Spielmacher hatte nachweislich mindestens eine Trainingseinheit geschwänzt. Ob Entführung oder Spritztour zum nächsten Süßwarenladen – der Blätterwald würde rauschen. *Der Fall Jimmi: Suspendiert Bertha den Schlemmer-Star?* Alle müssten sie sich auf den *Boten* beziehen, eine solche Demütigung der Konkurrenz war der Triumph jeden Reporters.

Alles, was Holle jetzt noch brauchte, war eine Reaktion des Vereins. Empörte Bertha sich, stritt man wieder alles ab? Dabei musste er mit Vorsicht vorgehen, die Verantwortlichen erst kurz vor Veröffentlichung konfrontieren.

Praktischerweise verteilte Patzke auf der Tribüne gerade Interviewtermine. Der Pressesprecher hatte ein kleines Büchlein, aus dem er vorlas, welcher Journalist welchen Spieler zugeteilt bekam. Natürlich konnte man Wünsche äußern. So wie man sich wünschen durfte, im Lotto zu gewinnen oder den Papst zu treffen. Tatsächlich hatten die Profis oft keine Lust auf Interviews. Ab und zu ein Hochglanzfoto auf Instagram, das reichte doch. Aber Trainer, die mussten noch wirklich reden. Darauf baute Holle. Wo Klubführungen gerne abtauchten, mussten Coaches eben alles alleine kommentieren.

Genervt schaute er auf die Schlange aus Reportern, die vor Patzke standen wie die Kirchgänger vor der Kommunion. Holle erblickte, neben TV, Radio und Print, sogar einige Nachrichtenagenturen, und, Tatsache: Hans-Günther Spitzauer. Der weißhaarige Mann mit Achtziger-Jahre-Krawatte war ein Urgestein des Sportjournalismus, beim Sportmagazin *ticker.* »Ich würde dann den Trainer sprechen«, näselte er.

Natürlich bekam er den Termin. Jeder sprach mit dem *ticker.* Das Magazin berichtete schon ewig über Fußball, es war eine Institution, obwohl es sich mittlerweile mehr auf Liveticker verlegte. Mit dem *ticker* sprach man für die guten Geschichten, mit der *BUMS*, um die bösen zu verhindern. An manchen Medien kam eben keiner vorbei.

Am *Boten* schon. Schneise fluchte. Wen sollte er nun fragen? Timur Lang bekam einen Termin mit Tattooverteidiger Schnell, ein TV-Team durfte Leon Stern von allen Seiten ausleuchten. Andere Zeitungen mussten sich anstellen. Ganz hinten Holle.

Als er dann dran war, grinste Patzke. Er genoss das wie ein Schalterbeamter, der Anträge ablehnte. Der Mediendirektor versuchte, die Mundwinkel nicht allzu sehr zucken zu lassen.

»Trainer ist weg? Wen kriege ich?«, fragte Holle schneisig. Er hätte Patzke gern das blöde Buch aus der Hand gerissen.

»Ich hätte da noch Kevin-Jerome für dich«, säuselte Patzke.

Holle hielt den Atem an. »Czerwinski?«, entfuhr es ihm. Absolut niemand wollte Kevin-Jerome Czerwinski interviewen. Gerüchte gingen um, der Stürmer könne gar nicht sprechen. »Das ist nicht dein Ernst!«, blaffte er den Pressebären an.

»Alle anderen sind belegt«, sagte Patzke und malte schnell Striche in seinem Büchlein. »Du kannst heute auch den Termin aussetzen, das steht dir frei.«

Schneise hätte ihm gerne ... Er hielt inne. Die Story mit Jimmi war noch nicht sicher. Er brauchte einen Plan B für heute, um die Redaktion ruhigzustellen. Etwas Einfaches. Jemand Einfaches. »Okay, dann Czerwinski«, sagte er, süffisant eine Ziese anzündend. Wie er sich rächen würde, wenn die Jimmi-Story herauskäme!

Patzke notierte den Termin grinsend und sagte: »Dann in einer Stunde am Hotel. Und komm ja pünktlich. Die Spieler brauchen ihren Mittagsschlaf.« Zufrieden stapfte der Wärter aus dem Gehege, Fütterung war vorüber.

Holle sah zum Rasen hinab, den die Mannschaft nun verließ. 27 Profis mit Bällen unter dem Arm und kaum Schweiß im Gesicht. Die Spieler stapften zum Bus, wo Eltern mit kleinen Kindern warteten. Offenbar Einheimische, die auf Autogramme hofften.

Die älteren Profis wie Kjell-Bjarne Lindholm blieben stehen, kritzelten geduldig ihre Namen auf Trikots anderer Vereine. Viele der jüngeren Kicker wie Czerwinski oder Angelo Möller marschierten einfach vorbei, die Kinder ließen Stifte und Köpfe hängen. Kaum saßen sie im Bus, setzten sie sehr große Sonnenbrillen auf und sehr kleine Kopfhörer oder umgekehrt.

Schneise schüttelte den Kopf. Wo nahmen diese Arschgeigen nur ihre Arroganz her? Der Fußball wurde ihm immer fremder. Es war wie bei einem Kind, dem jeder sagte, es sei doch so toll. Irgendwann war es völlig verzogen. Wegen viel zu viel Liebe.

Geknickt knickte er sich in seinen Granada. Doch so leicht ließ ein Holle Schneise sich nicht unterkriegen. Die ganze Hinhalterei hatte etwas in ihm gepackt, das tief zwischen Raucherlunge und Leberzirrhose begraben lag: seinen Stolz. Denen würde er es zeigen. Holle würde alles herauskriegen: Wohin Jimmi verschwunden war – und zumindest eine verwertbare Aussage von Czerwinski. Er würde keine Sekunde ruhen, bis …

Sein Magen knurrte. Plötzlich fiel ihm ein, dass er ja noch gar nichts gegessen hatte.

TaG 2: mITTaGS

Holle Schneise beschloss, das Interview mit Kevin-Jerome Czerwinski nicht vorzubereiten. Dumme Fragen, auf die keine Antworten kamen, konnte er sich auch spontan überlegen. Ihn beunruhigte eher der Inhalt seiner Innereien, der zu diesem Zeitpunkt rein flüssiger Natur war. Er musste etwas essen.

Also raste der Reporter nach Irrding. Irgendwo in diesem Dorf sollte doch Nahrung aufzutreiben sein, die man nicht selbst ernten oder erlegen musste. Die Steiermark rauschte im Schnelldurchlauf vorbei. Wiesen, Wälder, Hütten, Häuser. Der Hacklwirt hatte zu, warum auch immer, zur Mittagszeit.

Holle fuhr schon wieder aus dem Ort heraus, eine Anhöhe hinauf, ein Gefälle hinunter, da sah er ein Schild in roter Schrift: *Gitti's Gaststube.* Darunter stand noch: *Hier lässt sich's »gediegen« einkehren.* Genau Schneises Ding.

Der schamlose Einsatz von Anführungszeichen und Neonröhren war zwar fragwürdig, doch Holle hatte Hunger und kaum Zeit. Das Interview begann in gut 50 Minuten. Der Granada glitt sanft in die Parklücke, als habe er nie woanders gesteckt.

Trotz weißer Fassade haftete dem Laden etwas Sündhaftes an. Womöglich die blinkende Leuchtreklame? Schneise schritt zum Eingang und klingelte. Nichts geschah.

Dann rumpelte es hinter der Holztür, ein Schlitz ging auf. Zwei überschminkte Augen blickten ihn müde und skeptisch an. »Was Sie wollen?« Der Akzent war so schwer wie die Parfümwolke, die Holle entgegenschlug.

»Ich würde gern Mittag ess... einkehren«, verbesserte sich der Reporter. »Was hätten's anzubieten?« Er versuchte es im Stammesdialekt. Es öffnete ihm die Tür.

Vor ihm stand ein Weibsbild im wahrsten Sinne des Wortes. 1,60 Meter in der Höhe mal 1,60 Meter in der Breite, ein perfektes Quadrat. Sie trug eine Bluse aus geblümtem Nichts, die viel durchscheinen ließ, vor allem schlechten Geschmack. Ihre Schminke war derart dick, dass die rubinrote Haarpracht dagegen fast natürlich wirkte. Ihr Alter war undefinierbar, zwischen 50 und 500 etwa.

»Schaaatzi«, hauchte sie Schneise rauchig an, »kommst du rein und machst du dir gemütlich.«

Holle mochte sie direkt.

»Kannst du sagen Gitti zu mir«, sagte sie, während sie zur Theke watschelte, tief im Inneren dieses ... Ja, was war das hier, fragte sich Schneise, als er die plüschige Einrichtung dieses Etablissements musterte.

Holle setzte sich auf einen Hocker und sah sich um: An den Wänden hingen Porzellanfigürchen und Karnevalsmasken herum. Sein Blick blieb an einem Foto in Schwarz-Weiß hängen. Es zeigte eine Frau, die vor Männern auf der Theke tanzte.

»Sind das Sie... äh, du?«, fragte er, zugleich verstört und fasziniert.

»Ist lange her«, sagte Gitti, während sie ihm ungefragt ein Pils zapfte.

»Och, so lang nun auch wieder nicht«, sagte Holle und legte ein nikotingelbes Lächeln auf.

Gitti drehte sich verschämt über die eigene Schulter. Wie zur Belohnung schob sie ihm ein Tulpenglas hin, natürlich mit Papierblume am Stiel. Er mochte alles hier, sofort. »Was dich treibt her, Schatzi?«, fragte Gitti. Sie setze sich auf einen Hocker, schlug mit Mühe die Schenkel übereinander und zündete sich eine Kippe an, bevor sie Holle auch eine anbot.

Schneise tippte auf die eigene Brusttasche und zog selbst eine. Schweigend rauchten sie sich an. Konnte er der Dame vertrauen? In diesem Ort schien jeder jeden zu kennen und Holle kannte keinen. Er konnte dringend Freunde gebrauchen. Und alleine rauchte es sich schlechter.

»Ich bin Reporter«, sagte er lässig. Klang schon mal gut. Respektabel. Relevant.

Gittis Gesicht hatte es offenbar lange aufgegeben, Gefühle zu artikulieren. Sie saß da wie ein puffmutternder Buddha. »Bist du da wegen Bertha?«, fragte sie, als sei das klar.

Ihr ... Wasauchimmerdashierwar... lag abgelegen, doch sie wusste über alles im Ort Bescheid. Womöglich kehrten hier auch Einheimische ein und schütteten ihr ihr Herz über billigem Bier aus. Unwahrscheinlich, dass diese voluminöse Waldelfe sich für Fußball interessierte. Holle nickte inhalierend.

»War lange keine Mannschaft mehr hier«, sagte sie und ließ den Blick übers Plüsch schweifen. Holle fragte sich, ob sie den Ort Irrding meinte oder ihr Etablissement. Vermutlich: beides.

»Laufen die Geschäfte nicht so?« Schneise beschloss, direkt indiskret zu werden. Was hatte er zu verlieren? Sein Bier war fast alle. Anderseits: Er hatte noch Hunger auf ...

Gitti drückte mit dickem Daumen eine Fluppe aus. Sie raffte sich auf und rumpelte in eine Kammer, offenbar eine Art Küche. Sie fragte nicht, was er wollte. Sie wusste es schon. »Früher viele Kunden«, sagte sie durch die offene Tür. »Touristen, Politiker, Profis aus Fußball.« Mit einem Teller undefinierbaren Etwas kehrte sie zurück, stellte die Pampe ab und sah Schneise in die Augen. »Presseleute, einige.«

Schneise senkte den Blick: aus Verlegenheit, aus Hunger und vor allem aus Neugier. Was tischte diese Frau ihm da auf? Gitti stieß einen langen Seufzer aus und zündete sich noch eine Zigarette an, wie um die verlorene Luft wieder reinzuholen.

Gulasch. Holle war sich fast sicher. Der Fleischbrei war überraschend schmackhaft, wenn auch nicht annähernd frisch. Er löffelte begierig.

»Ort interessiert im Sommer keine Sau«, sagte Gitti hart, und setzte ein mildes Lächeln auf, als wolle sie ihre kalten Worte aufwärmen wie ein Essen. »Aber jetzt ist wieder große Fußball zu Gast ... Bertha HSC aus Bundesliga, Deutschland«, sagte sie und lächelte schief.

Holle blickte auf sein leeres Getränk. Ob sie wohl wusste, wie Bertha die letzten Jahre abgeschnitten hatte? Er wollte keine Träume zerstören. Mehr konnte er nicht für sie tun. Außer zahlen, bitte. Er nickte höflich, schob den Teller weg, erhob sich zur Tür.

»Kommst du wieder und wir quatschen ein wenig, ja?« Sie tätschelte seinen Arm, woraufhin Holle eine bemutterte Behaglichkeit ergriff. Er deutete vage an, dass dieser Cowboy sein Pferd bald wieder hier am Saloon anbinden würde.

Auf der Türschwelle fiel ihm etwas ein, das er in einer Fernsehserie gesehen hatte und nun einmal nachmachen wollte. »Eine Frage hätte ich noch an Sie«, murmelte er, drehte sich herum und rempelte Gitti beinah um.

»Sagst du es mir, Schatzi.«

»Hast du zufällig einen schwarzen Geländewagen in der Gegend gesehen? Womöglich mit Passagier auf der Rückbank?« Holle Schneise kam sich bei der Frage reichlich albern vor.

Auf einmal zog ihn Gitti tief zu sich herunter. Sie zischte ihm ins Ohr: »Pass auf, mit wem du dich anlegst.« Dann ließ sie ihn los, strich ihm den Trenchcoat glatt und säuselte: »Schöne Tag, Schatzi. Kommst du bald wieder bei mir, ja?«

Als er wieder, von Frischluft gequält, in der Mittagssonne stand, stellte Holle fest, dass es ihm in der Plüschgruft gar nicht schlecht gefiel. Auch wenn die übergriffige Gitti ihm einen Schrecken einjagte: Er wusste nun einiges mehr.

Dem Ort ging es offenbar nicht so gut, wie er tat. Er hatte es geahnt, nun kannte er Details aus flüssiger Quelle. Und womöglich wusste diese Walküre mehr über die Hintergründe der Entführung. Er musste hier wohl bald wieder einkehren.

Schneise schritt zum Granada. Es war Zeit für das Interview, danach wollte er Kibitz wegen der Fotos treffen. Er näherte sich seinem Scoop schluffigen Schrittes. Die Welt wirkte ein wenig freundlicher: der goldene Rahmen, so nannte er es, wenn alles weichgezeichnet war, sogar die verdammte Wirklichkeit.

Eine Viertelstunde später erreichte ihn diese Realität oder umgekehrt: Schneise parkte wieder am *Hotel Palais*. Missmutig saß er am Lenkrad und las die einzige Interviewfrage durch, die er schräg in den Notizblock gekritzelt hatte: *Warum???*

Gute Frage. Die er leider nicht stellen durfte. Vor allem nicht sich selbst, sonst würde es nicht lange weitergehen.

Er schälte sich aus seinem Sitz und rumpelte den Kiesweg hinauf. Womöglich war Fußball auch einfach nicht mehr seine Welt, dachte er, als er die funkelnde Luxusherberge betrat.

Durch die bekronleuchtete Lobby kam Holle in den Garten. Hier standen Plastikstühle herum wie auf einem Campingplatz. Jemand hatte sie fein säuberlich in Dreiergruppen gestellt. Jeweils ein Stuhl für den Interviewer, einer für den Interviewten und einer für den Aufpasser, der sich gern dazusetzte. Pressebär Patzke schlich unruhig hin und her wie die gespannte Gastgeberin einer Gartenparty.

Einige der Kollegen saßen schon mitten in ihren Interviews, woran Holle ablesen konnte, dass er mal wieder zu spät war. Maximilian Jakobi tätschelte Mittelfeldmann Kjell-Bjarne Lindholm großväterlich das Knie. Rolf Haberer ließ sich vielsagend von Torwarttitan Torsten Hardt anschweigen. *BUMS*-Reporter Timur Lang ließ sich von Philipp Schnell seine Tattoos zeigen. »Und warum genau *bist* du der Delfin?«, hörte Schneise ihn fragen.

Patzke eilte von Stuhl zu Stuhl, lehnte sich in Gespräche, nickte bei jeder anbiedernden Warum-bist-du-einso-toller-Fußballer-Frage und grätschte in alles hinein, was kritisch klang.

In der einzig freien Stuhlgruppe des Ensembles erblickte Holle das, wonach er sich sehnte: ein ruhiges Plätzchen! Czerwinski war nirgends zu sehen. Herrlich! Er setzte sich. Womöglich, dachte er restverkatert, könnte er kurz die Augen …

In dem Augenblick zitterte der Boden. Holle hoffte auf ein Erdbeben, doch er ahnte: Es nahte Kevin-Jerome Czerwinski. Der Stürmer hatte muskulöse Beine wie ein Tyrannosaurus Rex, allerdings auch entsprechende Arm- und Gehirnproportionen. Der Gartenstuhl knarzte unter seiner Last. Missmutig verschränkte er die Ärmchen, während der Kiefer malmte. An seinem Hals prangte das bunt tätowierte Bild einer stark geschminkten Blondine mit Kurzhaarschnitt: seine Mutter.

Der Stürmer schnaubte, wohl ein Zeichen, das er bereit zum Interview war. Holle kratzte sich am Kinn. Was sollte er ihn nur fragen? Czerwinski war offenkundig nicht daran interessiert zu sprechen. Konnte er es überhaupt? Holle wusste, was zu tun war: investigative Einschleimerei. Er schluckte allen Stolz hinunter. Immerhin war *er* Profi.

»Kevin-Jerome«, säuselte Schneise, als wären die beiden Sandkastenkumpels gewesen, »du hast ja eine fantastische Zweitligasaison gespielt.« Fünf Tore in 33 Spielen, wahrlich kein Grund, die Weltfußballerwahl zu überdenken, dachte er. Aber nun gut. »Was hast du dir für diese Bundesliga-Saison vorgenommen?« Eine Frage wie aus dem Poesiealbum des Sportjournalismus.

»Ja gut, ich sach mal«, formulierte Czerwinski wie in Zeitlupe, und hielt noch einmal sinnierend inne, »Tore.« Zufrieden mit der Antwort lehnte sich sein klobiger Körper zurück.

Holle schnaufte. Das könnte ein harter Klotz werden. Zum einen war Czerwinski offenbar unwillig oder unfähig, ganze Sätze zu bilden, zum anderen pochte der Kater weiter an Schneises Schläfen. Ein Mittagsbier war eben zu wenig.

Immerhin hatte Patzke es sich gespart, als Aufpasser beim Gespräch zu sitzen. Was sollte Czerwinski schon ausplaudern?

Na gut, dann half Holle nur die gute alte Suggestivfrage. Also ausformulierte Antworten, als Frage formuliert. Die mussten Spieler nur bejahen oder verneinen. Später konnte der Journalist daraus so etwas wie ein Gespräch konstruieren.

»Kevin-Jerome«, setzte Holle an, »würdest du sagen, dass Bertha HSC das Zeug hat, die Bundesliga aufzumischen?«

Schneise sah, wie es im Saurierhirn arbeitete. Da ratterten rostige Schrauben, in einem Uhrwerk mit wenigen Zahnrädern. »J...aaa«, sagte Czerwinski schließlich. Holle nickte. Das Interview war gerettet. In der fertigen Version würde sich das so lesen:

BOTE: Herr Czerwinski, welche Erwartungen hegen Sie für die kommende Bundesliga-Spielzeit? Kann Bertha HSC bestehen?

CZERWINSKI: Ich würde mich zu der Prognose hinreißen lassen, dass wir über die Qualität verfügen, um in der Beletage des deutschen Fußballs nicht nur mitzuhalten, sondern regelrecht mitzukicken. Nach meinem Dafürhalten: Ja, wir können die Liga aufmischen!

Der letzte Satz würde natürlich die Überschrift des ganzseitigen Interviews werden, dessen Text für *Bote*-Leser womöglich etwas hochgestochen daherkam, aber zwischen den großflächigen Czerwinski-Bildern ohnehin untergehen würde. Wer las denn schon ernsthaft mehr als die Überschrift? Schneise lächelte zufrieden. Er hatte eine verwertbare Aussage aus Czerwinski herausgekitzelt. Im Prinzip war er fertig. Dann überkam Holle der Übermut: Vielleicht ging da noch mehr?

Was könnte er noch fragen? »Warum? Waaruum?!?!«? Nicht jetzt. Dann fiel es ihm ein: Jimmi. Womöglich wusste Czerwinski ja mehr über seinen magenkranken Mitspieler oder generell mehr, als man ihm zutraute. Unwahrscheinlich, aber nicht unmöglich.

»Kevin-Jerome, ist es nicht seltsam, dass Jimmi angeblich mit Magenproblemen beim Training fehlt, sich jedoch in Wirklichkeit gar nicht mehr im

Mannschaftshotel aufhält? Versucht der Verein etwa, sein Verschwinden zu vertuschen?«

Die Stille nach der Frage schien länger zu dauern denn je. Die Nüstern des Stürmerbullen blähten sich im Sekundentakt. Als versuchte eine innere Wegfahrsperre, eine Antwort zu verhindern. Als wüsste Czerwinski, dass er schweigen müsste.

Komm schon, Kevin! Du kannst es, dachte Holle und beugte sich vor. Er hatte Angst, der rot angelaufene Czerwinski kippe gleich um.

Da sah Schneise Unheil nahen: Jörg Patzke tapste auf sie zu. Mit dem Eintreffen des Presseverhinderers wäre es vorbei mit der offenen Plauderei. Mach schon, Junge: Sag was! Schnell!!

In Czerwinskis Augen sah Holle so etwas wie ein Leuchten. Als wäre da ein einsamer Wanderer, der tief in der Schlucht mit der Lampe ein Signal gab: Hallo Leute, ich bin noch da!

»Jaaa...«

»Na, die Herrschaften.« Patzchke grätschte in die Antwort wie ein brachialer Verteidiger in einen wunderschönen Spielzug. »Ich fürchte, die Zeit ist rum.«

Holle schaute auf die Uhr. Tatsächlich. Drei Antworten in 20 Minuten. Kevin machte Fortschritte. Gerade wurde es spannend. Patzke musste das gespürt haben.

»Den Rest klären wir dann in der Autorisierung«, sagte der Medienbär und warf Holle einen Blick zu, der sagen sollte: Glaub ja nicht, dass ich auch nur ein Komma so stehen lasse.

Schneise schob grinsend eine Fluppe in den Mundwinkel. Ihm konnte das alles egal sein: Er war an etwas

Größerem dran. Die Jimmi-Story, die er sich, wenn er ehrlich war, weitgehend aus den nikotingelben Fingern gesogen hatte, schien sich zu einem echten Knüller zu entwickeln.

Er verabschiedete sich mit einem Grinsen von Czerwinski. »Schönen Gruß an die Frau Mama.«

Der Stürmer schnaubte, als wolle er den Reporter niedertrampeln. Patzke fasste ihm an die Schulter. Er schien zu sagen: Warte, den kaufen wir uns noch.

Im selbstgefälligen Schaukelschritt nickte Holle Schneise den Journalisten-Kollegen zu, die nun ebenfalls mit ihren Interviews fertig waren und brav den Garten räumten, um die kostbaren Kicker ihrem Mittagsschlaf zu überlassen.

»Kommst du mit essen, Holle?«, fragte Jakobi kollegial, während er einen alten Lederranzen schulterte.

Mit wohligem Grausen dachte Schneises an Gittis Gulaschpampe, die nun in seinem Magen rumorte. »Nein danke, ich habe gut gegessen«, log er, woraufhin Jakobi schulterzuckend zum Parkplatz lief.

Schneise ließ sich Zeit für noch zwei, drei Zigaretten im Schatten einer Linde und schlurfte dann Richtung Granada. Als die anderen Wagen vom Kiesbett gerollt waren, kramte der *Bote*-Reporter aus seinem Kofferraum sein klobiges Geheimnis: den Schlepptop, den er ächzend auf die Rückbank wuchtete.

Holle setzte sich und klappte das Technik-Ungetüm auf. Um nicht mit dem Modem eine halbe Stunde auf Internet zu warten, verband er sich mit dem Hotelnetzwerk *Palais-GAST*. Hastig stimmte er zu, alle Daten zu teilen, mit wem auch immer.

Endlich konnte er sein Mailfach öffnen, das klemmte wie eine Schreibtischschublade. Womöglich, weil er es selten nutzte. Holle hielt den Atem an, als er die Nachricht sah, auf die er gewartet hatte. Sie stammte von *berthaboy1893zwei@aol.com*.

1893, das Gründungsjahr des Vereins, war offenbar besetzt, als Kurt Kibitz seinen Account angelegt hatte. Holle ließ sich davon nicht ablenken und steuerte direkt den Anhang an.

Leider hatte der Edelfan wahllos die komplette Speicherkarte aus der Kamera kopiert: Da waren Bilder von Teilnehmern der Gruppenfahrt, die sich bei Abfahrt zuprosteten und bei Ankunft übergaben. Auf einigen Fotos trank jemand Bier aus Kibitz' Bauchnabel.

Schneise scrollte schnell weiter. Da war es! Die Fotos von Jimmi, wie er das Hotel verließ! Kibitz hatte alles Bild für Bild festgehalten, fast wie ein Daumenkino. Man sah, wie der Spielmacher mit offenem Mund in die Sonne blinzelte, wie vor ihm der schwarze SUV hielt. Holle zoomte heran an den Wagen.

Die Scheiben waren getönt, sodass nicht auszumachen war, wer am Steuer saß. Aber er erkannte das Kennzeichen: G für Graz. Graz war zwei Autostunden entfernt. Womöglich ein Mietwagen? Holle würde das Kennzeichen notieren, nahm er sich noch vor.

Kibitz hatte es gut gemeint mit seinen Aufnahmen. In einem Paparazzo-Stakkato sah man, wie Jimmi sich nach rechts und links umblickte, bevor er mehrere Happen Torte in den Mund schob. Dann kam eine schwarz behandschuhte Hand aus der offenen Tür. Es sah aus, als wäre der Spieler in den Wagen gezogen worden!

Leider waren die letzten Fotos auf der Speicherkarte äußerst unscharf. Man sah hauptsächlich mehr von Kibitz' Bauchnabel.

Wenigstens waren die vorherigen Bilder verwertbar: Schneise stellte sich die Titelseite des *Boten* vor. In großen Lettern die Zeile: *Bertha-Brasilianer aus Trainingslager entführt!*

Die Frage war: Warum verheimlichte Bertha dieses Verbrechen? Wollte man den Spieler nicht gefährden oder war sein Fehlen dem Verein ganz recht? Das würde Holle schon noch herauskriegen.

TaG 2: nachmittags

Schneise freute sich schon auf seine Story, als er hinter sich ein Quietschen vernahm. Er kannte sich mit Autoreifen aus, daher wusste er gleich: Ein Sportwagen hielt hinter ihm. Vermutlich ein Lamborghini. In Knallrot. Würde er schätzen.

Er schaute über seine Schulter und erkannte einen roten Flitzer ohne Verdeck – mit einem waschechten Schmierlappen am Steuer. Das Sonnenlicht reflektierte in seiner Spiegelbrille, seinem Glitschhaar, seinem Goldkettchen. Es handelte sich glasklar um: Mario Ferrari, Jimmis Agenten.

Was machte der Spielerberater hier? Wenn der Italo-Schweizer mit Vorliebe für aufgeknöpfte Hemden nun im Trainingslager auftauchte, dann war das zumindest suspekt. Was Holle aber weit mehr beschäftigte: Wer war die Schönheit neben Mario?

Dem *Bote*-Reporter wurde leicht flatterig in der Magengegend. Die Venus vom Beifahrersitz strahlte Anmut und Stärke aus, als habe jemand eine Ballerina mit einem Türsteher gekreuzt: Sie hatte Augen wie eine Katze und den Kiefer eines Pferdes. Ihre gepressten Lippen verrieten eine Verachtung für ihre Umgebung, wie sie nur wahrhaft schöne Menschen empfanden. Arroganz konnte sie sich ebenso leisten wie ein enges Kleid. Ihr blond getöntes Haar schimmerte wie eine Shampoowerbung.

Was für eine Frau! Eine, die drei Ligen über Holle spielte. Dennoch gab er seine Deckung auf und kroch aus dem Granada.

Wendig wie ein Wiesel wand er sich aus der Tür, strich sich dann Trenchcoat und Strohhut zurecht. Er war nassgeschwitzt. Vermutlich nur der Stress. Er war einer großen Story auf der Spur. Und hatte nun die Chance, Jimmis Agenten zu befragen – oder sich vor einer Traumfrau zum Affen zu machen.

Es half der Transpiration nicht, dass er bei 30 Grad Mantel trug. So schneidig wie ihm möglich schritt Holle Schneise auf den Sportwagen zu, fingerte eine Zigarette hinterm Ohr hervor ... Ach nee, anderes Ohr. Immer noch lässig. Jetzt anzünden.

Ferrari, der bis eben mit Knopf im Ohr telefoniert hatte, schien Schneise erst jetzt zu bemerken. »Saaalüüü Holle!«, rief er, während er beide Arme ausstreckte, als wolle er einen alten Freund umarmen. Nur dass er so sitzen blieb.

Der Italo-Eidgenosse hielt sich selbst für den gewieftesten Spielerberater der großen weiten Fußballwelt.

Dabei hatte Ferrari nur einen prominenten Klienten unter Vertrag: Jimmi. Für seinen Star setzte er sich umso mehr ein, auch verbal. Ferrari war der geschwätzigste Schweizer, den Holle kannte. Ständig rief er an und erzählte von angeblichen Angeboten.

»Maaariiiooo!«, flötete Schneises versoffener Reibeisentenor zurück.

Die Frau auf dem Beifahrersitz wirkte irritiert, dass ihr begüterter Begleiter mit diesem Obdachlosen sprach. In ihrem knallroten Kleid war sie perfekt auf den Sportwagen abgestimmt. Trotzdem blitzte da ein gewisser Spott in ihren tiefblauen Augen, als sei das ganze Gehabe nur ironisch gemeint. Zumindest hoffte Holle das. Konzentration jetzt!

»Ferrari, alter Italiener«, sagte Holle politisch unkorrekt, im Bemühen um Verbrüderung, selbst wenn Mario Schweizer war. »Was machst du denn hier? Bist du wegen Jimmi gekommen?«

Ferraris Grinsen verschwand schlagartig im Stoppelbart. Er hätte ertappt ausgesehen, wäre die Brille nicht verspiegelt. »Ja, ich muss mal schauen, was er hab-e«, sagte Mario. Interessant, unter Nervosität wurde sein wirrer Italo-Akzent schwächer. »Mit Magen-Darm-e isse nicht zu spaßen.« Der Lügenschweiß war bis hierhin zu riechen, dachte Holle. Er überdeckte sogar sein eigenes, schneisesches Odeur.

»Dann geh mal lieber nach ihm suchen«, sagte Holle, und deutete an, dass Mario andeutete, dass Jimmi nicht da war.

Warum spielten Journalist und Agent nur dieses Spielchen? Na gut, Spielchen waren das Geschäftsmodell eines Beraters. Wie oft erzählte Ferrari ungefragt, dass Royal Madrid an Jimmi interessiert sei? Deren Trainer sei ja großer Fan des Brasilianers. Schneise zweifelte, dass Ciro Andreotti je von Jimmi gehört hatte. Aber es hielt den Klienten im Gespräch.

Aber warum tauchte Mario nun am Schlosshotel auf und deckte Jimmis Verschwinden, indem er einen besorgten Krankenbesuch vorgab? Seltsam. Aber Berater hatten ja stets das Beste für ihre Klienten im Sinn. Zumindest wenn es dafür Prozente gab.

»Ja, ich gehe dann mal lieber... nache-sehen«, sagte Mario. Der Agent kletterte aus der Karosse und tat im Laufen so, als würde er einen Anruf auf dem Ohr empfangen. Ferrari brabbelte wirres Spanisch vor sich hin: »¿Jimmi? ¡Si! ¡Arriba!«

Der Portier am Hoteleingang ließ den fremden Besucher einfach passieren, denn der Agent trug teure Klamotten.

Seine Begleitung ließ er im Wagen zurück wie den Schlüssel für den Parkservice. Aber so erfüllte sich Holles Hoffnung: Er war endlich allein mit der unbekannten Schönen. Schneise legte sich bereits seinen Charme zurecht, als sie übernahm.

»Glauben Sie ihm etwa auch nur ein einziges Wort?«, sagte sie und verdrehte die eisigen Augen.

Sie fingerte aus ihrem Handtäschchen eine zahnstocherdünne Zigarette, die Holle als Attrappe identifizierte. Dennoch zückte er sein Feuerzeug. Er flammte ihr entgegen. Sie beugte sich zu ihm herüber.

»Natürlich nicht«, sagte Schneise, mit aller Abgeklärtheit, die sein im Kopf verbliebenes Blut hergab. Holle hätte zu gern gewusst, was in ihrem hübschen Köpfchen vor sich ging. Solche Frauen sortierte er sonst schnell ein. Sie schienen an drei Dingen interessiert: Männern, Geld und Männern mit Geld.

Diese Dame war anders. Hoffte Holle. Denn er hatte kein Geld. Nur weil sie im Lamborghini saß, musste sie ja keinen Luxus lieben.

»Mein Name ist Schneise, Holger Schneise«, sagte Holle, seiner Sache etwas zu sicher. Ihr Gesichtsausdruck hätte ihm klarmachen sollen, dass da bei ihr nichts klingelte. Dennoch fügte er noch hinzu: »Fußballreporter beim *Berliner Boten*.«

In Holles Welt war Sportjournalist ein respektabler Beruf. Er hing eindeutig zu viel mit Männern mittleren Alters ab. Sonst wäre ihm aufgefallen, dass ihr folgendes Lächeln zu lange und ratlos wirkte. Als hätte sie keine Ahnung, wovon er redete.

»Ich bin ... Amira Brösel«, sagte sie, ihr Haar zurückwerfend. Da Holle nicht reagierte, warf sie es nochmal. Und nochmal. »Die Influencerin?«, raunte sie schließlich genervt.

Nichts. Man hörte Vögel zwitschern. Der Reporter starrte geradeaus.

»Die Verlobte von Jimmi?«, sagte sie nach peinlicher Stille.

Auf einmal regte sich etwas in Schneise. Anders als der Rest der Welt ignorierte er das Privatleben von Profifußballern. Welche Autos sie fuhren, welche Frauen sie trafen – ihm egal. Aber so blitzschnell, wie er es konnte, wenn er nicht gerade soff, analysierte er die Lage. Das war Jimmis Zukünftige? Was machte sie hier? Wusste sie womöglich mehr über die Entführung? Er musste sie ausquetschen, aber sehr subtil.

»Jimmi ist verschwunden«, sagte Holle, während er lässig eine Zigarette anzündete, die auf magische Art in seinen Mund gelangt war. »Sie wissen nicht zufällig, wohin?« Er blies zufrieden den Rauch aus. Subtilität geglückt.

Amira Brösel schnippte ihre Zigarettenattrappe aus dem Auto. »Wenn ich wüsste, wo Jimmi steckt, wäre ich wohl kaum hier«, zischte sie und rollte ihre Augen von Berg zu Tal und zurück. »Er geht seit gestern nicht ans Handy. Ungewöhnlich für ihn.«

Holle beugte sich einfühlsam vor, woraufhin sie zurückwich. Er hatte sie offenbar falsch eingeschätzt. »Sie sorgen sich?«

Sie nickte gequält. »Ja... Ohne ihn geht die Kreditkarte nicht. Ich brauche seine PIN. Das war so peinlich in der Boutique.«

Holle fragte sich, ob es ein Vorurteil war, dass Vorurteile stets Vorurteile waren. Egal, er musste ihr weiter folgen.

Die angehende Spielerfrau berichtete, sie habe sogleich den Agenten angerufen, der nichts gewusst habe, aber ihr anbot, mit von Berlin in die Berge zu fahren, er führe ohnehin hin. Sie habe kein Auto, da schien Ferraris Lamborghini attraktiv. »Die halbe Hinfahrt hat Mario versucht, beim Schalten mein Knie anzugrabbeln«, sagte Amira. »Als ich ihm einen Ellbogen gegeben habe, hat er dann geschaltet und es gelassen.«

Holle nickte beeindruckt. Die Frau wusste sich durchzusetzen.

»Ehrlich gesagt schien er mir nicht sehr besorgt, dass Jimmi weg ist«, sagte sie. »Der Verein hat mich auch abgewimmelt.«

»Das kommt vor«, murmelte Holle und dachte: bei der Presse. Ansonsten zeigte Bertha den Brasilianer bereitwillig vor.

Jimmi besaß als einziger Star immerhin etwas Strahlkraft, auch wenn ihn keiner verstand. Obwohl er zwei Jahre in Berlin lebte und davor in der Schweiz, war sein Deutsch limitiert. Dolmetscher scheiterten daran, den Dialekt zu interpretieren.

Er kam aus einer abgelegenen Gegend in Brasilien und selbst dort sorgte sein Portugiesisch für Verwirrung. Der Junge hatte früh gelernt, sich mit den Füßen auszudrücken. Holle fragte sich, wie Amira mit ihm kommunizierte. Und vermutete: nonverbal.

»Um ehrlich zu sein«, setzte Amira an, und auf einmal hörte Holle in ihrer Stimme fast etwas Verletzliches, »mache ich mir wirklich Sorgen.« Ihr Augenaufschlag schien zu ihm zu sagen: *Hilf mir, Holle!*

Oder: *Lass mich in Ruhe!* Schneise war schlecht darin, vielsagende Blicke zu deuten. Der Reporter nahm einfach die für sich günstigste Bedeutung an, in dem Fall: *Spiel deine Karten richtig, dann sehen wir weiter.* Das genügte ihm.

»Womöglich kann ich Ihnen behilflich sein«, sagte Holle und zauberte noch eine Schachtel aus einer Manteltasche hervor; manchmal wusste er selbst nicht, wo er überall Ziesen hatte. »Ich verfüge über Informationen, dass Jimmi das Hotel in einem schwarzen SUV mit Grazer Kennzeichen verlassen hat.«

Zufrieden blies er den Rauch aus. Wie beiläufig er das herübergebracht hatte! Wie ein früher Bond-Darsteller. »Informationen?«, wiederholte sie, die Augen lasziv rollend.

»Kommen Sie mit, Fräulein«, sagte Holle. Die Kippe lässig im Mundwinkel wippend, lief er hinüber zum Granada. Und hustete heimlich ins Mantelfutter, weil er sich verschluckt hatte.

Amira folgte ihm. Als er die Tür zu seiner Rostlaube aufriss, rümpfte sie die Nase. Womöglich, weil Holle nach etwas griff, das für sie aussehen musste wie ein Gullideckel.

Das Anschalten schien Stunden zu dauern, mit unbeholfenem Schweigen und Blicken auf den Boden beiderseits gefüllt.

Schließlich grunzte der Möchtegern-Geheimagent zufrieden, als er auf dem Bildschirm etwas gefunden hatte, was er ihr zeigen wollte. Plötzlich erschlafften seine überspannten Mundwinkel, was ihn wirken ließ wie einen traurigen Hund.

»Es ist weg«, murmelte Holle, erst leise, dann immer lauter. »Das kann nicht sein. Das kann verdammt nochmal nicht sein.«

Amira stemmte die Hände in die Hüften. Die hilfesuchende Kleinmädchenattitüde verzog sich, ihre Stirn kräuselte sich.

»Hier war eine E-Mail, mit Fotos«, stammelte Holle. »Aber sie ist weg. Fehlt einfach im Posteingang. Als ob jemand meinen Computer gehackt hätte oder so.« Schneise stand der Schweiß auf der Stirn, suppte Nacken und Rücken hinunter.

»Weil Sie vielleicht nie eine bekommen haben?«, unterstellte Amira. »Ich glaube, Sie verschwenden meine Zeit.« Sie winkte mit French Nails und stilettostiefelte vom Wagen weg.

Holle ließ den Schlepptopp mit einem Rumms auf den Rücksitz fallen und dackelte hinterher. »Sie müssen mir glauben, da waren Bilder, von Jimmi, einem SUV, einer Sahnetorte ...« Es war Zeit für verzweifelte Versuche. »Wer immer im Auto saß: Es sah aus, als wurde Jimmi da in etwas hineingezogen. Entweder ist er abgehauen, wofür ihm der Rauswurf droht. Oder er wurde entführt und Gott weiß, was ihm da passiert.«

Amiras Schritte wurden langsamer. Sie drehte sich um, zuerst Hüfte, dann Schulter und Kopf.

Schneise sah sie an wie ein Straßenköter mit drei Beinen. »Ich könnte herumfragen«, bot er an und lächelte schief. Entschuldigend-ermutigend streckte Holle die Hände aus. »Wir stehen auf der gleichen Seite. Außer uns beiden glaubt keiner, dass Jimmi wirklich entführt wurde«, versicherte er.

Amira blinzelte den Lumpenreporter an. Hinter ihm sank schon die Sonne. Es wurde Abend im Tal. Nach der Hitze des Tages schoss von den Bergen ein kühler Wind herab.

Mit seinem Versager-Charme musste Holle so hilfreich wirken wie ein Schlauchboot in der Wüste. Aber immerhin saßen sie im selben.

Amira schaute zum *Hotel Palais*, das Mario Ferrari verschluckt hatte. Dann zum Sportwagen, beim Anblick des Schaltknüppels erschauderte sie. Ihr schien schlagartig kalt im knappen Kleid.

»Okay, was schlagen Sie denn vor, was wir jetzt machen?«

»Das einzig Vernünftige«, sagte Holle Schneise und grinste.

TaG 2: aBeNDS

Amira wusste nicht, wie sie an diesen Ort geraten waren. Überall hingen Holztafeln mit Tierknochen, tote Trophäen. Das musste sie dringend mit der Gruppe »Kill people, not animals« teilen, die auf Instagram Fleischfresser vorführte.

Aber sie wagte nicht, ihr handtaschengroßes Handy aus der Handtasche zu holen. Denn die Gäste hier starrten sie an! Hatten die noch keinen Ausschnitt bis zum Bauchnabel gesehen? Oder sieben Zentimeter lange French Nails? Hinterwäldler!

Amira verachtete diese Steinzeithöhle vom ersten Moment an, in dem der Reporter sie hierhergeschleppt hatte. Eine Blockhütte im Ortskern von Irrding, in der einen kein Kellner gesittet seatete. Dieser Schuppen war so etwas von nicht *exklusiv*.

Das erkannte sie schon an den Klamotten: Die meisten Gäste trugen Leder, und zwar nicht das glänzende, schwarze Leder für Fetisch-Partys im KitKat-Club, nein, raues, braunes Leder, verarbeitet zu kurzen Hosen mit Trägern und albernen Hüten.

Die Frauen hatten sich in tischdeckige Karokleider gezwängt, mit denen sie ihren Vorbau nach vorne pushten, anstatt sich die Brüste machen zu lassen, wie es anständige Ladys taten. Dem Grinsen ihres Gegenübers nach zu urteilen gefiel es ihm.

»Schon gewählt?«, fragte er. Dieser Schneise schaute sie oft und zu lange an.

»Ich habe keinen Hunger«, sagte Amira, die Karte zuklappend.

Sie sah sich um: Alles und jeder hier war abstoßend. Vor allem dieser schmierige Journalist, der für etwas arbeitete, was er eine »Zeitung« nannte. Trotzdem war sie mit ihm mitgekommen. Warum nur? Nun gut, sie hatte kein Hotel und kein Gefährt. Das waren zwei Gründe, aber ausreichende?

Amira war zu zielstrebig für Herumgeirre in Irrding. Daher machte sie dieser Schneise fast wahnsinnig. Anstatt Jimmi zu suchen, hatte der Typ gleich eine Gaststätte angesteuert. Immerhin hatte sie ihm den Alkohol am Steuer abnehmen können.

Zum Glück stellte sich dieser Hacklhof auch als Hotel heraus. Da seien Kollegen untergekommen, hatte der Reporter geraunt, nachdem er erfolglos versucht hatte, sie für eine Stube auf seinem Bauernhof zu begeistern. Für wen hielt der Kerl sich?

Dann hatte sein Chef angerufen. Seitdem wusste sie auch, dass er »Holle« genannt wurde. Bisweilen wurde es auch geschrien.

Dieser Holle Schneise also (was für ein Name!), hatte sich dann wortreich im Wagen verrenkt, um seinem Vorgesetzten zu erklären, warum es doch noch dauere mit einer gewissen Story. Offenbar meinte er Jimmi. Dafür habe er ein Interview mit einem Czerwinski. Spitzenstatements habe der rausgehauen. Komme gleich morgen, nach der Autorisierung. Für heute könne er einen Text übers erste Training liefern. Den klapperte Schneise lieblos in zehn Minuten auf dem Kofferraum herunter.

Entkräftet hatte der Reporter dann den Gasthof angesteuert und noch im Setzen ein Bier bestellt. Seitdem saß er da und grinste sie debil an. Er machte keine Anstalten, nach einem Zimmer zu fragen. Oder ob es ihr denn hier überhaupt gefiel.

»Wie haben Sie Jimmi eigentlich kennengelernt?«, fragte er stattdessen und lehnte sich zurück. Seine Lehne knarzte.

»Ach, das war bei so einer Misswahl«, erzählte sie, als sei es völlig normal, sich im Bikini auf der Bühne zu begegnen. Natürlich seien Misswahlen übelst sexistisch. Aber es winkten Geld und Ruhm. Und reiche Typen im Publikum. Sie habe, müsse Holle wissen, keine leichte Kindheit gehabt. Aufgewachsen im Reihenhaus, hatte sie nur einen Hund bekommen, kein Pony.

Eine Misswahl war ihre Chance, dem Mittelmaß zu entkommen. Sich als Powerfrau zu beweisen. Oder einen Typen zu angeln.

Denn im Publikum filmten nicht nur Familienväter mit Kamera. Da saß auch Jimmi. Er tat es Amira auf den ersten Blick an: Goldene Kappe, goldene Schuhe, goldene Uhr, goldene Zähne. Der Typ hatte offenbar Geld und Geschmack, zumindest Amiras. Sie gewann damals zwar nicht den Wettbewerb, aber sein Herz.

Naja, sie sei damals schon etwas naiv gewesen mit 18 Jahren. Heute war sie 20 und wollte keine typische Spielerfrau sein. Gut, sie hatte die Schule kurz vor dem Abi geschmissen, war in Jimmis Loft gezogen und hatte lange keinen Job im engeren Sinne. Außer, bei Spielen auf der Tribüne zu hocken.

Natürlich sei es nett, mit Jimmi bei Galas aufzutauchen und danach in der *Gala*.

Doch irgendwann sei sie sich nutzlos vorgekommen, so als reines Anhängsel. Die Leute sollten die wahre Amira Brösel kennenlernen, die Frau hinter der Frau eines Fußballers! Wie stylish sie war! Und trotzdem bodenständig – ob auf Ibizas Boden oder Dubais.

Sie versuchte sich als Fashion-Bloggerin, Möbelmarkt-Model, Life Coach und als Schmuckdesignerin, leider alles erfolglos.

Sie verdiene aber eigenes Geld, als Instagram-Influencerin erhalte sie Shampoo-Promotions, zumindest Gratisproben. Vor Jimmi habe sie zwanzig Follower gehabt, jetzt immerhin 2000. Hauptsächlich fotografiere sie dort ihn und sich an Stränden. Aber sie spreche auch ernste Themen an, Tierschutz und so …

Holle schreckte hoch. Er musste über ihrer Erzählung eingenickt sein. Er vergaß oft, wie langweilig das Leben der Reichen und Schönen, aber im Geiste Armen war. Da lobte sich Schneise den Sportjournalismus. Fußballern hinterherzulaufen für Interviewtermine statt Dates, das war ehrliches Handwerk.

Klingt, als suchst du eine Aufgabe, Mädchen, dachte Holle und erkannte die erste Gemeinsamkeit. Schneise glitt ab in Tagträume: Er und Amira am Strand, wie sie Tiere schützten, Delfinen den Rücken eincremten und danach sich gegenseitig ...

»Was wollen wir nun machen?«. Amira rüttelte an dem Reporter. »Wegen Jimmi, meine ich«, setzte sie nach.

Schneise wurde wieder aus allen Träumen gerissen. »Ja gut, äh«, beantwortete er die Frage souverän und hatte sich bald gefangen. »Der Fall ist klar: Wir müssen Kurt Kibitz finden. Und den schwarzen SUV. Und Jimmi natürlich auch, am Ende.«

Amira sah ihn fassungslos an. »Ja, das ist klar. Aber wie?«

Helles Köpfchen, dachte Holle, und überlegte. Kibitz hatte die Fotos gemacht, die Jimmi beim Einsteigen zeigten. Holle hatte sich das Nummernschild nicht gemerkt, außer dem G für Graz. Womöglich hatte Kibitz die Bilder noch in der Kamera? So sinnierte Holle, ohne eine Antwort zu geben, eindeutig zu lange.

»Woher kommen Sie eigentlich, Herr... Schneise?«, riss ihn Amira aus seinen Gedanken. Selbst Holle merkte, dass ihre Höflichkeit nur aufgesetzt war. Vielleicht wollte sie auch nur herausfinden, was für einer er war.

»Nenn mich Holle.«

»Aha.«

»Ja.«

»Und was ist jetzt der Plan?« Amira wirkte ungeduldig.

»Die Wahrheit liegt auf dem Platz!« Wie um seinen Worten Nachhall zu verleihen, schwieg Schneise. Im Fußball war es wichtig, Plattitüden wie große Weisheiten wirken zu lassen.

»Was soll das denn heißen?«, bemerkte Amira zu Recht. Der Reporter war irritiert. Phrasen halfen bei ihr nicht. »Ich muss ja morgen wieder beim Training herumstehen. Da kann ich mich in der Mannschaft und bei den Betreuern umhören. Irgendwer weiß bestimmt mehr.« Holle hustete zufrieden.

»Und was mache ich?«, fragte Amira. Offenbar hatte sie keine Lust, hier wieder nur das Anhängsel zu spielen. »Soll ich etwa am Hotelpool abhängen?«, quiekte sie forsch.

Holle sah sie lange und konzentriert an. Tatsächlich hatte sie mit der Bemerkung seinen Respekt gewonnen. »Genau das solltest du tun«, sagte er und grinste hollisch. Er klärte sie über seinen Plan auf: »Ich selbst komme nicht ins Hotel, um Berthas Verantwortliche zu befragen. Aber es hat ja seine Vorteile, schön und ... unverdächtig zu sein: Man kommt überall herein, ohne dass jemand viele Fragen stellt.«

Amira nickte, als habe sie erstmals eine Qualität an Holle entdeckt: Sein Verstand war scharf. Solange er nicht soff.

Zur Feier dieses klaren Plans bestellte er ihnen zwei Klare.

»Ich werde mich auch im Ort umhören«, sagte Amira bestimmt. »Hier wirkt jeder und alles sehr verdächtig auf mich.« Sie nickte mit dem Kopf schräg hinter sich.

Über den Träger ihres Kleides sah Schneise, wie sie drei Männer vom Nachbartisch anstarrten. Einer trug eine Lederschürze und hatte einen Tennisarm mit Beule am Ellbogen. Der zweite trug Jägerhut mit Feder und eine Polizeimarke am Filzjäckchen. Und der Dritte war braungebrannt und lächelte ein viel zu weißes Zahn-pastalächeln, während er Amira wie irre angaffte.

Ihr schauderte es, auch äußerlich. Holle funkelte die Gaffer finster an, was sie als Gruß verstanden und ihm zuprosteten.

»Wir bleiben wachsam«, sagte er, während er die Schnapsgläser vom Tablett eines Kellners entführte. Schwappend stellte er die fruchtige Flüssigkeit zwischen Amira und sich. »Dann weiß ja jeder, was er zu tun hat«, rief er vergnügt und hob sein Glas.

Zögernd tat Amira es ihm gleich. »Auf eine erfolgreiche Zusammenarbeit«, murmelte sie und nippte, wo Schneise kippte.

Während Holle das Feuer im Rachen letzte Zweifel ausbrannte, erhob sich Amira sehr plötzlich und kreidebleich. »Ich werde mal nach freien Zimmern fragen«, sagte sie noch, dann rannte sie los, in Richtung Toilette statt zur Rezeption.

»Alles klar, ich hole dich morgen früh hier ab«, rief Holle ihr hinterher, ohne wirklich zu registrieren, wohin sie ging.

Er blieb happy zurück. Es mochte der erneute Rausch sein. Oder dass eine schöne Frau tatsächlich mit ihm gesprochen hatte. Aber er fing an, den Laden zu mögen. Er sah sich lange um. Der Raum um ihn war herrlich voll mit leeren Gesichtern.

Im Grunde war der Hacklhof der Traum eines jeden Trinkers: Es lenkte hier kein unnötiges Niveau vom Wesentlichen ab. Schneise fühlte sich zum ersten Mal froh, in Irrding zu sein.

Tag 3
Morgens

Es war der Himmel auf Irrding. Die Sonne lachte, die Kühe frohlockten, selbst der Grimmig schien zu grinsen. Holle Schneise war schon früh wach und hatte heute keinen Kater. Vielleicht war er auch einfach noch besoffen. Herrlich.

Er lag belustigt im Bett und fragte sich, warum er so gute Laune hatte. Er erinnerte sich an den Abend beim Hacklwirt. Obstler, Bier, nochmal Obstler. Es war eskaliert. Nur der blaue Himmel wusste, wann und wie er noch heimgekommen war.

Schneise erinnerte sich, wie überrascht er war, als sich die Fremden vom Nachbartisch irgendwann zu ihm gesetzt hatten. Die einladende Besoffenheit des Flachlanddeutschen hatte die Einheimischen offenbar bestärkt, die Verbrüderung zu suchen.

Schneise versuchte sich noch zu entsinnen, wie sie hießen. Er hatte den Dialekt kaum verstanden. Dann fiel es ihm ein. Was er in diesem Dreckskaff treibe, hatte

Holle den Hellsten unter ihnen gefragt. »I' bin da Bürgermeister von Iaading.«

Schneise versank vor Scham im Bettlaken. Heinz-Hubert Faschl, so hieß er, hatte es dem Reporter nicht übel genommen und Holle sein strahlendstes Lächeln geschenkt. Und Faschls Zähne waren sehr weiß im Kontrast zum tiefbraunen Solariumgesicht.

Er habe ein Herz für Leute, die kein Blatt vor den Mund nähmen, hatte Faschl gesagt, nachdem er sich mit seinem Humpen neben Holle gesetzt hatte. Er dürfe doch? Man sei hier unter Freunden und könne offen reden. Schneise erinnerte sich nicht, ja gesagt zu haben. In der Tat, fuhr Faschl fort, sei sein so schönes Döarfl mittlerweile vor die Hunde gekommen. Das sei jedoch den Verfehlungen des »link'n G'sindls« in der Regierung zuzuschreiben, die zu viel fremdes Volk ins Land lasse.

Zu späterer Stunde hatte Holle sich gefragt, wen Faschl damit meinte. In seinen über 24 Stunden in Irrding hatte der Reporter kaum einen Menschen gesehen, der nicht bioaustriakisch oder sonstwie bergbäuerisch aussah.

Es gebe da schon Subjekte, hatte Faschl vielsagend angedeutet. Und vage von einem Etablissement an der Bundesstraße gesprochen, das Holle als *Gitti's Gaststube* identifizierte. Hatte sie etwa Faschl gemeint, als sie ihn eindringlich warnte: Pass auf, mit wem du dich hier anlegst?

Schneise hatte beschlossen, die Verbrüderung vorerst nicht zu beenden. Er benötigte ja nach wie vor gute Geschichten. Womöglich wusste dieser Alpenautokrat mehr über im Ort verkehrende Geländewagen. Oder gab zumindest noch einen aus.

»Bringst uns no a Tablettl, Seppl«, hatte Faschl gönnerhaft gesagt, und stolz ausgeführt: Der Seppl, das sei noch ein aufrechter Mitbürger. Den kenne er schon seit Ewigkeiten. Meinte er den Totengräberwirt mit Lederschürze? Meinte er.

Josef Hackl, erklärte man ihm, hatte die Metzgerei seiner Eltern ausgebaut zu einer Mischung aus Wirtshaus, Hotel, Tierschutz-Refugium und Erlebnis-Schlachthof. Von der EU erhielt er Fördermittel für die Zucht bedrohter Wildtiere. Gleichzeitig waren die Würste des Wirts stets sehr frisch.

»Mei Bub is au a Tschornalist«, hatte Hackl stolz erzählt und ausgeführt, dass sein Sohn bei der *Austria* arbeitete, einer rechtspopulistischen Zeitung, wie Schneise wusste. Die Bestattermiene strahlte düster. Holle trank und schwieg.

Der dritte in der Runde war Adolf, genannt »Adi«, Hirscher. Ein gemütlicher Typ. Allein das Gewicht seines monströsen Zwirbelschnurrbarts drückte seinen Kartoffelkörper zu Boden. Passenderweise war der Adi hier der einzige Polizist im Ort.

Er sei aber früher Alpenjäger bei der Gebirgstruppe gewesen. Zudem unterhalte er nebenbei noch einen Jagdbedarfsladen.

»Da Seppl liafert mia Geweihe und i' ihm di Beile«, sagte Adi und tätschelte dem makabren Metzger den kräftigen Tennisarm.

Dem Reporter fielen auch die auffällig guten Gebisse dieser ansonsten verlotterten Landbewohner auf.

Offenbar betrieb Bürgermeister Faschl eine Zahnprothesenmanufaktur im Ort. So lief das hier, dachte Holle. Zahn um Zahn und eine Hand wäscht die andere.

»Sie wissen nicht zufällig etwas über einen Brasilianer?«, hatte er schließlich investigativ gelallt.

»Joa«, lautete die Antwort, »i' woaß, des so oaner net herkommen sollt'.«

So leicht ließ er sich nicht einlullen, dachte Schneise nur. Er würde kritisch bleiben. Faschl bestellte noch eine Runde Schnaps für alle. Kurze Zeit später schmetterten sie im Chor die österreichische Nationalhymne. Holle war das jetzt alles im Nachhinein furchtbar peinlich.

Es war ein unnötiges Besäufnis gewesen, mit den falschen Leuten. Doch Holle fiel ein, dass Faschl öfter mit Hirscher geflüstert hatte. Es ging wohl um Autos und Berge oder so. Vielleicht hatten sie Angst, dass Holle noch fahren wollte.

Doch der Polizist hatte ihm beim Hinauswanken nur gewunken. Es wurde nun alles unklarer. Holle kniff die Augen zusammen.

Der Nacht verlor sich im Nebel, vor allem die Heimfahrt. Schneise suhlte sich im Bett in Schweiß und offenen Fragen. Dann traf es ihn wie ein Schlag. Zumindest hörte er einen Einschlag.

Tock. Tock. Tock.

Holle drehte sich zur Seite und sah nach. Da kamen tatsächlich kleine Kiesel an die Scheibe geflogen.

Unter Ächzen wuchtete sich der *Bote*-Mann aus dem Bett. Er wankte.

Es fiel ihm schwer, die Dinge zu fokussieren, vor allem sich selbst. Holle tapste zum Fenster, öffnete es und schaute hinaus. Ein Kiesel, dem er mit Leichtigkeit hätte ausweichen können, traf ihn langsam am Kopf. Mit Verzögerung zuckte er.

Er stellte seine Optik scharf und sah dort jemand Scharfes: Amira Brösel stand vor seinem Fenster, krallte French Nails in die Kiesel, schleuderte Stein für Stein und schrie: »Hooolleee!« Sie hätte eigentlich längst sehen müssen, dass er da stand.

Trotzdem warf sie weiter, sogar schwungvoller als zuvor.

Amira schien außer sich vor Wut. Warum bloß? Holle überlegte.

»Du wolltest mich im Hacklhof abholen, du Arschloch!«, schrie sie. »Und dann verpennst du nicht nur, sondern gehst nicht mal ans Handy! Ich musste den ganzen Weg hierher laufen – in Stillettos! 15 Minuten! Weißt du, was ich für Blasen habe?!«

Holle stand immer noch am Fenster und rieb sich die Augen, als würde er nicht verstehen, warum Amira dort unten stand.

»Wenn du Mistkerl nicht in fünf Minuten hier unten stehst, gehe ich zur *BUMS* und mache die Story mit denen!« Eine leere Drohung, selbst Amira musste den Ruf der *BUMS* kennen. Sie galt als ein Fahrstuhl, der immer nur ins Untergeschoss fuhr.

Die Erpressung half Holle jedoch, schlagartig auszunüchtern. Exakt acht Minuten später, von denen er fünf mit dem Kopf unter dem Wasserhahn verbracht hatte, stand er vor ihr.

»Ab jetzt beziehst du mich gefälligst ein, du Machoschwein.«

Amira Brösel, das wurde Holle klar, war eine Frau, die sich nahm, was sie wollte, und die Dinge an sich reißen konnte.

»Hm-hm«, brummte Holle. Näher kam er nie an eine Entschuldigung.

Kurz darauf rasten sie durch eine Landschaft, die den Reporter sowohl an Berlin als auch an das Ruhrgebiet erinnerte. Statt Plattenbauten oder Zechen gab es hier eben Berge, Burgen und Kirchen. Alles grau, klotzig und eher zu vernachlässigen.

Die Spielerfrau neben ihm schien zu beschäftigt mit Schmollen, um die Schönheit der Gegend zu schätzen. Als erwarte sie eine Erklärung, warum er sie hatte sitzen lassen.

»Ich hatte einen sitzen«, sagte er. »Außerdem habe ich ... Nachforschungen angestellt. Bei den Einheimischen. Du hattest Recht, sind definitiv verdächtig.«

Amiras Eisaugen schienen aufzutauen. »Was genau hast du herausbekommen?«, fragte sie und ließ die verschränkten Arme sinken.

Holle räusperte sich. »Also ... der Bürgermeister ist rechts und der Polizeichef ihm untergeben. Stecken alle unter einer Decke.«

Ihr Blick gefror direkt wieder. »Mit anderen Worten: nichts.«

Holle fluchte innerlich. Sie hatte Recht, die Erkenntnis war keinen Kater wert. Er hoffte, Amiras Ermittlungen würden erfolgreicher sein. Sein Plan, sie einfach ins Spielerhotel spazieren zu lassen, um Berthas Präsidenten anzuquatschen, hinkte so sehr wie ein Holle Schneise am Morgen. Die Hüfte ...

»Und was hast du nun vor?« Amiras Frage bewahrte ihn davor, seinen Lebenswandel zu überdenken, weniger Suff, mehr Sport.

Aber nichts da: Er war immer noch Sportreporter!

»Ich werde beim Training nach Kibitz suchen und mir die Fotos nochmal zeigen lassen. Dann konfrontiere ich den Verein mit Jimmis Entführung. Die können nichts abstreiten. Und wir haben eine Knaller-Story.«

Nachdem sie lange stumm aus dem Autofenster geschaut hatte, fiel Holle endlich auf, wie taktlos sein Reporter-Talk war.

»Wenn die Jimmi endlich suchen, taucht er sicher auch auf. Sobald wir echte Polizisten auf den Fahrzeughalter ansetzen, wird das eine schnelle Fahndung – bei diesem Mediendruck.«

Sie lächelte ein wenig. Holle grinste. Sollte doch laufen.

Schneise setzte sie am Schlosshotel ab und machte kehrt, Richtung Rasenplatz rasend, wo auf dem Grün noch gekickt statt gegolft wurde. Amira würde derweil dem Präsidenten nachstellen. Schneise gab Gas, wirbelte Staub auf, als wäre er motiviert.

Wenn Holle Schneise eines beherrschte, dann die Kunst, angetrunken einzuparken. Wenn diese Disziplin je olympisch werden würde, die Welt hätte sich vorsehen müssen vor diesem versoffenen Sportreporter aus Berlin, der tagtäglich hart trainierte. Wie nun auch vor dem Vereinsheim des TSV Irrding.

Schon beim Aussteigen vernahm Schneise lautes Geschwäbel: »Subba! Aufrüggge! Verschiebe! Gegenpresche!« Das hieß also: Sascha Sprittkamp leitete heute das Training bei Bertha.

Der Co-Trainer galt als verlängerter Arm des Cheftrainers, ein Taktikgenie mit Schnauzbart und Bürstenschnitt, das für Chefcoach Greensman die gewieftesten Matchpläne austüftelte. Zumindest vermutete man das. Niemand verstand, was er sagte.

Sprittkamp kam von der schwäbischen Alb, und im Fußball galt es als modern, zu schwätzen wie mit dem Mund voller Spätzle. Manch einer sagte »Spritti« auch ein Alkoholproblem nach. Womöglich hatte die undeutliche Aussprache auch damit zu tun.

Holle schüttelte den Kopf. Alkohol auf der Arbeit? Das erledigte man davor!

Er lief zum Platz, wo 27 Fußballer in zwei Teams formiert standen, womit sich ein Spiel elf gegen elf eher schwierig gestaltete. Die fünf überzähligen Profis trugen bunte Leibchen, was signalisierte: Hier wurden komplexe Überzahlsituationen simuliert, mit den verschwitzten Mitteln eines piefigen Schulsportunterrichts aus den Sechzigerjahren.

Schneise sah, wie sich der Chilene Castro am Kinn kratze. Er hätte Sprittkamp selbst auf Hochdeutsch kaum verstanden. Schneise kapierte nicht, wie Vereine Millionen für Spieler ausgeben konnten und so wenig in den Menschen investierten.

Selbst Klubs, die Sprachunterricht anboten, achteten selten darauf, ob er stattfand. Hauptsache, die Leistung auf dem Platz stimmte. Ausländer hatten sich selbst zu integrieren, selbst wenn sie mit 19 aus einer Favela in Südamerika kamen. Jimmi hatte nur einige Brocken Deutsch von Berater Ferrari gelernt. Deshalb grüßte der Brasilianer oft mit: »Salüüü!«

Auf dem Weg zur Holztribüne fiel Holle plötzlich wieder ein: Er wollte ja nach Jimmi suchen. Auf dem Platz war er nicht. Das beruhigte Schneise einerseits, seine Story schien safe.

Andererseits sorgte er sich um Amira: Sie schien Jimmi sehr zu vermissen. Vorhin im Wagen hatte sie ihre Bank angerufen und gefragt, ob ihr Verlobter sich nicht doch gemeldet habe. Das musste wahre Liebe sein. Oder zumindest Sorge um den eigenen Kreditrahmen.

Weniger besorgt wirkten da Jocken Greensman und Martin Laake. Trainer und Manager standen am Rand des Platzes und lachten. Der blonde Coachingguru in Weiß gleißte in der prallen Sonne, der blasse Manager in Schwarz verschwand fast im Schatten. Beide scherzten aber, als seien sie bester Laune. Verdächtig.

Da fiel Schneise auf, dass ein Fotograf sie im Visier hatte. Er lauerte am Zaun mit einem Teleobjektiv, das lang war wie ein Kanonenrohr, und drückte pausenlos ab. Den beiden Bertha-Machern schien das bewusst. Das gehörte zum Fußballgeschäft.

Wenn Manager Laake sich beim Trainer am Platz blicken ließ, war das ein Statement: Seht her, wie eng wir zusammenstehen.

Erfahrene Zeitungsschreiber erkannten das genaue Gegenteil: Etwas lag im Busch. Wenn Laake lächelte, stimmte etwas nicht. Hätte Holle nicht ohnehin schon das Gefühl gehabt, einer Verschwörung auf der Spur zu sein, dann wüsste er es jetzt.

Mindestens ebenso suspekt schien Schneise, dass er unter dem Saufvolk auf den Stehplätzen nirgendwo Kurt Kibitz erspähte. Als Edelfan hätte er sich nie ein

Vormittagstraining samt alpinem Frühschoppen entgehen lassen. Hier war einiges faul.

Nicht bloß Holle Schneise. Der Reporter setzte sich erstmal. Ohne Fotos oder Beweise in Sachen Jimmi kam er nicht weiter. Also erstmal rauchen und Gedanken sammeln. Wie den an Amira. Hach, Amira ... Was die schöne Spielerfrau wohl gerade so trieb?

Amira befand sich schon am Ziel. Es war gar nicht schwer, ins Innere des Mannschaftshotels vorzudringen. Sie hatte dem Portier lediglich vorgeflunkert, sie wäre auf Wunsch der russischen Delegation hier. Eine Lüge, die funktionierte.

Dazu muss man Folgendes wissen: In jedem Luxushotel gibt es eine russische Delegation. Irgendein Oligarch lässt es sich immer irgendwo gut gehen.

Der Portier hatte sie lange und kritisch gemustert, vor allem ihre Turnschuhe, gegen die sie ihre Stilettos eingetauscht hatte. Amira hatte Schneise dafür verflucht, dass er sie noch einmal an ihrem Hotel abgesetzt und zu bequemerem Schuhwerk überredet hatte.

Aber der Rest ihres Outfits – Stretch-Leggings, Tanktop und mehr Make-up, als für Golf sinnvoll wäre – hatte perfekt gepasst und der Portier ließ sie durch. »Besten Gruß an die Delegation.«

Amira nickte höflich. Die Gelegenheit, den Gruß auszurichten, würde sich hoffentlich nie ergeben. Durch ein Foyer mit Springbrunnen, Marmorboden und

Kronleuchtern schlich sie sich durch eine Glastür in den Garten. Nur kurz bewunderte sie die überladene Opulenz: zu dezent, fand sie.

Hinter dem Hotel befand sich ein Geläuf aus grünen Hügeln, mit Gewalt in das natürliche Gefälle der Anhöhe geprügelt. Es handelte sich um den Golfplatz, den die Gäste aufsuchen konnten, wenn ihnen Romantik und Spa zum Halse hinaushingen.

Irgendwo hier musste sich Gerhard Gramberger aufhalten, der Präsident von Bertha HSC. Amira hatte nicht ganz kapiert, was sie den Funktionär fragen sollte. Aber wenn man Holle glauben konnte, spannten sich alle Fäden im Verein stramm zu ihm.

Gramberger, hatte Holle vorhin herumdoziert, führe Bertha so patriarchal wie sein Unternehmen, ein Bau-Imperium, erbaut auf den krummen Rücken buckelnder Schwarzarbeiter. Nichts geschah offenbar bei Bertha, ohne dass Gramberger es wusste.

Amira sneakerte über die Greens und suchte den Unternehmer.

Auf Fotos im Internet sah man einen erwartbaren Altweißmann, aber mit Kassengestell im Gesicht, eines Millionärs unwürdig. Dazu kleinkarierte Hemden und Jacketts wie aus dritter Hand. Amira hatte eher eine Schwäche für Typen, die ihr Geld zeigten. Insofern war ihr dieser Gramberger sehr suspekt. Zumal er nicht nur sein Geld, sondern auch sich selbst selten zeigte. Nur bei Mitgliederversammlungen äußerte er sich öffentlich. Aber dahin begleitete Amira Jimmi nie – er ging auch nicht hin.

Suchend stiefelte sie über den Platz, sah graue Haare auf dem Grün, dazu üble karierte Muster auf Hemden und Hosen. Trotz der Vorliebe für Geld hatte Amira Golf nie verstanden. Es war zwar Sport im Grünen, aber ohne Sport und ohne Natur.

Sie wollte fast schon aufgeben, da erblickte sie einen Mann in Montur ohne Marke, die Schläger in Plastiktüten tragend. Das musste Gramberger sein. Er drosch genauso ungelenk auf die Golfbälle ein wie seine Bertha-Kicker auf die Fußbälle.

Amira überlegte, wie sie sich einem Mann nähern sollte, der alles hatte, aber nichts von sich teilte. Sie beschloss, hier auf die guten alten Schlüsselreize zu setzen. Also stolzierte sie zum Abschlag, warf die Haare weit zurück, klimperte mit den Wimpern. Gramberger sah nicht einmal hoch.

»Kein Interesse«, zischte er aber, sich auf Schläger und Loch konzentrierend. »Da drüben sind ein paar Russen, bei denen haben sie vielleicht mehr Glück mit ihrem … Angebot.«

Amira war entsetzt. Hielt er eine Influencerin für käuflich? Es hatte aber auch Vorteile, dass Gramberger sie wohl nicht Jimmi zuordnen konnte: Sie konnte ihn unauffällig ausfragen.

»Nein, nein, es ist nicht, was Sie denken«, sagte sie und legte ihm die Hand auf den Arm, den er umgehend zurückzog. »Ich fragte mich nur: Sind Sie nicht der Berliner Baumogul? Man liest so viel über Sie.«

Gramberger nickte bescheiden.

»Mein Mann möchte ein Haus bauen … also mehrere … in Berlin«, sagte Amira und warf ihm einen verschwörerischen Blick zu. Sie bemerkte, wie dem Unternehmer der Schläger entglitt.

»Klingt nach einem großen Auftrag«, murmelte er speichelnd. Gramberger liebte es, hohe Renditen mit niedrigen Löhnen zu verrechnen. Ein Wunder, dass er auch im Fußball investierte. »Wie heißt denn Ihr Mann?«, hakte er skeptisch nach. Sein Kiefer mahlte auf einem Zigarrenstummel herum, der aussah, als sei er schon vor Monaten aufgeraucht worden.

Gute Frage, dachte Amira. Der Baulöwe war also nicht so naiv, wie seine altväterliche Vorliebe für Bertha vermuten ließe. »Wissen Sie, wir sind diskret und leben überall«, sagte sie. »Wir lassen lieber unser Geld sprechen, nicht unsere Namen.«

Gramberger wurde hellhörig. »Sind Sie etwa die Frau von Michail Newinow, dem Milliardär?«, flüsterte er und nickte weit über den Golfplatz Richtung Osten.

Ohne zu wissen, wen er damit meinte, nickte Amira.

Gramberger leckte die Lippen. Umgehend nahm sie der Unternehmer beiseite. »Wie Sie sicher wissen, ist die Gramberger Group die Nummer eins in Berlin bei Bauarbeitern unter Mindestlohn«, sagte er voller Stolz. »Viele von ihnen kommen übrigens aus Russland, wie Ihr Mann.«

Amira lächelte gequält. »Das wird ihn freuen zu hören.«

»Mein Vater konnte früher mit seiner Firma nur einige wenige Bauarbeiter nach Tarif zahlen«, fuhr Gramberger fort. »Heute bieten wir Minijobs für tausende Transferleistungsempfänger«, lobte er das eigene Lebenswerk.

Amira hatte in Berlin bisweilen frühmorgens, wenn sie aus dem Club kam, gesehen, wie Grambergers Leute zur

Frühschicht auf Baustellen schlichen, ihre Augen ohne jede Lebensfreude. »Da werden sie Ihnen sicher dankbar sein«, schleimte sie. Sie musste das Thema langsam auf Bertha und Jimmi lenken. »Und neben all dem haben Sie noch Zeit, einen Fußballverein zu führen?«, sagte sie und folgte Grambergers Exkursen über das Green. »Wie ich hörte, ist der Verein sehr erfolgreich?«

Der Präsident winkte höflich ab. »Nun ja, was heißt Erfolg ...«

Amira verstand nicht viel von Fußball, aber sie wusste, was Erfolg nicht war: dreimal in fünf Jahren abzusteigen etwa. Dabei hatte Gramberger bei der Präsidentenwahl noch den Europapokal versprochen. Darüber sprach laut Holle heute keiner mehr.

»Wissen Sie, ich habe Bertha in einem schlimmen Zustand vorgefunden«, holte Gramberger weit aus, auch mit dem Golfschläger, sodass Amira fast dagegen lief. »Da musste ich all mein Know-how einbringen und meine Kontakte in der Geschäftswelt. Das sollten Sie Ihrem Mann sagen: Ich bin bestens vernetzt.«

Amira kannte die Gerüchte, dass der Präsident den Verein vor dem Ruin gerettet hätte. Selbst ihr Verlobter erzählte, wie ehrfürchtig alle im Klub seither mit Gramberger umgingen.

Der Unternehmer habe Klubschulden aus seiner eigenen Tasche getilgt, hieß es. Manche behaupteten, er habe nur Kredite gewährt, die er sich gut verzinsen ließ. Holle behauptete das. Aber der lebte ständig auf Kriegsfuß mit der Klubspitze.

Amira vertraute dem Urteil des Reporters. Sie hatte immer noch nicht genau verstanden, was eine Zeitung sein sollte, aber es klang seriös. Als würde man dort genau nachforschen. Zumindest, dachte sie, würden echte Profis nicht sinnlos der Fußballprominenz hinterherlaufen wie sie gerade am Golfplatz.

Am Trainingsplatz hatte Holle soeben hüftsteif die Stufen der Tribüne erklommen, um Berthas Stars besser im Blick zu haben. Vielleicht gelang ihm zumindest noch ein Trainingsbericht. Investigativ ist überschätzt, beruhigte er den flachen Atem.

Von hier oben konnte Schneise genau beobachten, wie schief die Viererketten auf dem Rasen postiert waren. Co-Trainer Sprittkamp schubste schreiend Spieler auf ihre Positionen. Die Reporter verfolgten es mit dem gebotenen Desinteresse.

Schneise erblickte die üblichen Gemächlichen: Rolf Haberer, tief über den Laptopliveticker gebeugt. Timur Lang, wie er am Spielfeldrand auf Indiskretionen lauerte. Mediendirektor Jörg Patzke, wie er die Medienvertreter mied. Und Maximilian Jakobi, der Holle mit einem Grinsen seinen Kaffee reichte.

»Na, wieder mal harte Nacht, was?«, raunte der routinierte Reporter, während Schneise gierig am Fremdgetränk schlürfte.

Holles Augenringe, oft weit tiefgründiger als seine Texte, verneinten.

»Na, bist nicht der einzige«, sagte Jakobi, nahm den halben Kaffee zurück und deutete herüber zum

Fanpulk. »Einige Säufer sind schon abgereist. Darunter Kurt Kibitz.«

Holle prustete Kaffee aus. »Was meinst du mit ›Kibitz ist abgereist‹?« Ein echter Edelfan reiste nicht vorzeitig ab! Er verpasste nicht mal das Ende einer Trainingseinheit. Selbst wenn er zu betrunken war zum Stehen, dann lag er eben am Rand des Rasens, bis der letzte Spieler vom Platz war.

»Na, ich habe ihn heute früh gesehen, wie er gepackt hat«, sagte Jakobi, als höre er die Besorgnis in der Frage nicht. »Er ist ja im selben Hotel wie wir.« Wusste Schneise nicht. Peinlich. Er oder Amira hätten ihn auch dort befragen können. »Er hat alle Paletten ins Auto geladen und ist davongesaust.«

»Die Paletten waren noch voll?«, fragte Holle nach. »Und er reist trotzdem ab?«

Jakobi schlürfte den Kaffee ungerührt. »Wenn du es so sagst: Schon seltsam. Kibitz wirkte auch irgendwie beunruhigt. Murmelte was von Stress im Geschäft. Fliesenleger haben es wohl auch nicht einfach heutzutage.«

Schneise war fassungslos. Die Sache stank noch mehr als die gedüngten Felder der Umgebung. Er rümpfte die Nase. Kibitz nahm doch seinen ganzen Jahresurlaub für das Trainingslager. »Du ...«, säuselte Schneise so, dass Jakobi dachte, er wolle mehr Kaffee, »hättest nicht zufällig seine Handynummer, oder?« Holle wusste, dass Jakobi den Edelfan oft interviewt hatte. Im Gegensatz zu Schneise kannte er keine Berührungsängste. Jakobi hatte schließlich ein Buch über den Verein verfasst: *112 Halbwahrheiten, um sich Bertha HSC schönzureden.*

»Klar, hier«, sagte Jakobi, der froh zu sein schien, dass Schneise ihm nicht auch den letzten Schluck Kaffee wegtrank.

Hastig hackte Holle die Zahlen in seinen Urzeitknochen. Es klingelte. Niemand nahm ab. Er versuchte es nochmal. Und wieder. Und wieder. Holle versuchte es sogar mit Jakobis Handy. Wieder nichts. Allmählich wurde ihm die Sache unheimlich. Was könnte Kibitz derart Angst eingejagt haben, dass er nicht mal antwortete, um einem Reporter gegenüber Monologe über Bertha zu halten?

Ohne Kibitz' Kamera konnte er keine Entführung beweisen. Schneise schwitzte. Jetzt hing alles an Amira und Gramberger.

Als Influencerin war Amira lange Verkaufsmonologe gewohnt. Aber dieses endlose Gelaber? Wie konnten Männer nur so viel über Fußball reden? Wenn es wenigstens um Mode, Beauty und Ernährungstipps ginge, das hatte Relevanz, aber Fußball?!

Doch hier auf dem Golfplatz ging es nicht um Healthy Living. Amira stiefelte jetzt schon seit einer halben Stunde hinter Gerhard Gramberger her, der einfach nicht müde wurde, über seine großen Erfolge zu referieren – und über Bertha HSC.

»Mein Ziel ist es, Strukturen zu schaffen, damit der Laden eines Tages ohne mich funktioniert«, führte der Präsident aus, wie jeder Diktator, der wusste: Ohne mich geht es nie. »Bertha HSC soll eines Tages auf eigenen Beinen stehen.«

Wie sollten Beine stehen mit Schuldenbergen auf dem Rücken, fragte sich Amira, die dank Jimmi keine Cashprobleme kannte. Für Bertha dagegen waren überbezahlte Profis eine Belastung. Sie kannte die Zahlen aus Jimmis Vertrag: alles absurd hoch.

»Natürlich ist so eine Sanierung ohne Sparkurs unmöglich«, fuhr Gramberger fort, als sei Amira einer seiner Handlanger, die hinter ihm herliefen und mitschrieben, was er verzapfte. »Daher habe ich unserem Manager klar kommuniziert, dass wir nach dem Aufstieg die Kosten im Kader reduzieren müssen.«

Amira fragte sich, ob Gramberger mitbekam, dass sie hinter ihm herlief oder nur einen Monolog vor sich selbst führte. Sie holte ihn mit schnellen Schritten ein, schließlich war sie einen Kopf größer als der missmutige Altweißreichmann. »Aber ein paar Stars hat Bertha ja, wie Jimmi«, sagte sie.

Bei der Erwähnung des Namens verzog Gramberger das Gesicht. Er presste die Lippen zusammen wie sonst nur vor der Presse. Davor hatte Holle sie gewarnt. Der Präsident sah sie zum ersten Mal genau an. »Ja, Jimmi hätten wir noch«, sagte er, während er sie musterte. »Was hat das mit Häuserbau zu tun?«

Als ob das bisher das Thema gewesen war, dachte Amira. Aber sie ahnte: Weiter konnte sie das Verhör nicht mehr treiben. »Ach, ich verstehe ja nichts von Fußball«, sagte sie lachend und tätschelte Gramberger den Arm, den dieser wieder wegzog. »Aber mein Mann lädt gern Fußballstars auf seine Empfänge ein.«

Gramberger wirkte wenig überzeugt. Unterlippe aß Oberlippe. »Unser Jimmi sollte sich lieber vernünftig auf die Saison vorbereiten statt Empfänge zu feiern«, sagte er eiskalt. Wie ein Firmenchef, der einem Schwarzarbeiter zu kündigen drohte.

Amira hielt es nicht mehr aus. All die Selbstherrlichkeit, die sie mit anhören musste, und nun auch noch die Lästerei über ihren Jimmi. »Na, das wird schwer, wo er doch entführt ist«, sagte sie und bereute umgehend ihr vorlautes Vorgehen.

Grambergers Gesicht entgleiste. »Was sagen Sie da? Woher ...« Es entstand eine gespenstische Stille zwischen den beiden, unterbrochen nur vom Ploppen der Golfbälle im Hintergrund.

Zeit für einen strategischen Rückzug. »Naja, ich werd' dann mal mit meinem Mann über den Bauauftrag reden«, sagte Amira. Sie stiefelte unsicher in Richtung Hotel, weil sie nicht wusste, wohin sonst. Gramberger blickte ihr grimmig nach.

Sie atmete auf, als sie endlich seinem Sichtfeld entkommen war. So mussten sich sonst Grambergers Untergebene fühlen.

Na toll, dachte sie. Viel habe ich ja nicht herausbekommen. Außer, dass Jimmi dem Geizhals zu teuer war. Hätte sie auch beim Blick auf seine Kontoauszüge erkennen können. Aber dass er so schlecht auf seinen Star zu sprechen war? Gramberger wirkte überrascht. Von der Entführung? Oder dass sie davon wusste? Womöglich hatte Amira mehr verraten als erfahren.

Aus ihrem Augenwinkel hatte Amira noch gemeint zu sehen, wie Gramberger sein Handy zückte.

Holle bemerkte Bewegung auf dem Rasen. Nicht bei den Profis, die standen weiter gelangweilt auf dem Platz herum. Nein, der Reporter bemerkte, wie Manager Martin Laake am Rand des Platzes nach seinem Handy griff, sich schlaksigen Schrittes von Trainer Greensman entfernte und immer blasser wurde. Wenn das möglich war. Dann legte er auf und wählte selbst.

Kurz darauf bimmelte die Vereinshymne *Schwarz-weiße Bertha* auf der Pressetribüne. Pressesprecher Patzke ging ran und nickte in Zeitlupe, während unten Laake ins Handy murmelte. Dann stand der Brillenbär auf, tapste hinüber zu Haberer, legte ihm eine Tatze auf die Schulter, brummte ihm ins Ohr.

Holle konnte nicht fassen, wie offensichtlich das Ganze war. Haberer tippte blitzschnell etwas auf seinem Laptop, drückte auf eine Taste. Umgehend zückten alle Reporter ihre Handys. Alle außer Holle, sein Urzeitknochen hatte ja kein Internet.

Dennoch vibrierte das Gerät nun. Im Display: Schneises Chef.

»Schneeeiiiseee«, dröhnte es aus dem Hörer, nachdem Holle dumm genug war, auf Annehmen zu drücken. »Wie kann das sein? Der *Lokalanzeiger* meldet exklusiv, dass Jimmi entführt wurde.«

Schneise schluckte. Sein Scoop war futsch. Immerhin wusste er nun, dass die Story stimmte. Leider von der Konkurrenz.

TAG 3: NACHMITTAGS

Holle Schneise war auf der Jagd. Kein Detail entging dem wachsamen Auge des Reporters, keine Spur wurde bei ihm kalt. Es war nur eine Frage der Zeit, bis er großen Fang machte.

Zunächst hatte Holle es bei den Käsehäppchen versucht, doch der Instinkt hatte ihn zielsicher zum Wurstbüfett geführt.

Es war bemerkenswert, was der Verein so kurzfristig auf die Beine gestellt hatte. Die Pressekonferenz war improvisiert, noch am Vormittag für den frühen Nachmittag anberaumt worden. Umso imposanter, wie üppig dann das Catering ausfiel.

Offenbar hatte Bertha nicht nur großzügig das Vereinsheim des örtlichen TSV Irrding zur Verfügung gestellt bekommen, sondern auch Josef Hackl vom Hacklwirt verpflichten können, fürs leibliche Wohl der eingeladenen Weltpresse zu sorgen.

Der Öko-Schlächter hatte den Tisch im hinteren Bereich reich gedeckt: Wildwurst, Wildspieße, Wildcarpaccio, Brettljause und Kürbiskernweckerln, was immer das sein mochte. Holle wusste es nicht, aber ihm lief das Wasser im Mund zusammen.

Als langjähriger Bertha-Berichterstatter war der *Bote*-Mann einiges gewohnt: Erbsensuppe, Mettigel, Heringsrolle Hawaii. Der Verein vergraulte unliebsame Presse sonst über Büfetts. Seit es keinen Kaffee mehr gab, kam kaum noch jemand zu PKs.

Holle hätte es verdächtig vorkommen sollen, was der HauptStadtClub ihnen hier nun auftischte. Aber er war zu beschäftigt damit, sich den Teller vollzustapeln. Wenn es eine Disziplin gab, in der er die Nase vorn hatte, dann war es Büfetts plündern. Schneise fand die besten Häppchen noch vor der Konkurrenz. So etwa einen Beistelltisch mit Kostproben regionaler Spezialitäten.

Obstlerfläschchen, Senfgläser und Kürbiskernöl klapperten in seinen Manteltaschen, als Schneise sich auf einen Klappstuhl fallen ließ. Erst jetzt fiel ihm auf, dass die umsitzenden Kollegen ihn ebenso anstarrten wie die Personen auf dem Podium.

»Dann können wir ja anfangen«, brummte Patzke ins Mikrofon.

Schneise sah sich ungerührt um. Er erblickte viele vertraute Gesichter. Außer den Berliner Kollegen Haberer, Lang und Jakobi ließen sich auch die überregionalen Postillen blicken: das *ticker*-Sportmagazin, die *Norddeutsche Zeitung*, dazu mehrere Kamerateams; *Pay Sport Live SD* übertrug sogar live. Selbst Radio-Reporterin Susanne Redlich war extra wieder angerückt.

Die Entführung des Fußballers hatte deutschlandweit hohe Wellen geschlagen. Einen solchen Fall hatte es bisher nicht gegeben. Zudem war gerade Sommerloch und es gab nichts zu senden. Die Aufmerksamkeit schien Bertha wie immer unangenehm. Patzke bellte die Journalisten bei Ankunft an, sie sollten nicht mit Fragen nerven; dabei hatte er sie eingeladen.

Oder eigentlich auch nicht: Die Einladungs-Mails waren vom Irrdinger Rathaus verschickt worden, nicht von Bertha HSC.

Sogar an Holger Schneise vom *Berliner Boten*. Sein Chef war außer sich gewesen, als die Konkurrenz die Story zuerst brachte, Aber er hatte keine Wahl, als Holle vor Ort zu belassen. Jemand anderen nach Österreich zu entsenden, war zu teuer.

»Meine Damen und Herren, vielen Dank, dass Sie kurzfristig erschienen sind«, sagte der Mediendirektor am Mikrofon und blickte zur Seite, als meinte er die Personen neben sich. Da saß zuerst Manager Martin Laake, als echter Vereinsvertreter ganz in Vereinsfarben: weißes Gesicht, schwarzer Pullover. Gekrümmt wie eh und je, scannte Laake skeptisch den Raum.

Daneben saßen zwei Männer, die Schneise zu kennen glaubte. Dann fiel es ihm ein; vornehmlich anhand der Namensschilder, die vor ihnen standen. Der Mann rechts außen war Adolf Hirscher, der Polizeimeister in Irrding. Holle erkannte den Kartoffelkörper mit Pfeife im Mund, der in sich ruhte wie eingenickt. Warum durfte er hier rauchen? Ach ja, Polizei.

Mittig glänzte das gleißende Grinsen Heinz-Hubert Faschls. Der Bürgermeister ließ sich offenbar die Gelegenheit nicht entgehen, sich und seinen Ort ins rechte Licht zu rücken. Schneise schien es, als sei sein Solariumgesicht zusätzlich geschminkt. Es glühte förmlich im Schein der Scheinwerfer.

»Wie Sie alle wissen, wurde unser Spieler Jimmi entführt.« Patzke liebte es, bereits Bekanntes noch einmal zu betonen. »In solch einer ungewöhnlichen Situation sind wir froh, auf die Unterstützung der örtlichen Behörden zählen zu können«, brummte Patzke und nickte den anwesenden Autoritäten zu. »Zunächst wird Ihnen

Polizeimeister Hirscher einen Überblick über den Stand der Ermittlungen geben, bevor unser Manager Ihnen die Auswirkungen auf Verein und Mannschaft erläutert.« Was genau Faschls Funktion in der Runde war, blieb unklar.

Und warum saß Präsident Gerhard Gramberger nicht auf dem Podium? Er war doch Berthas Chef, selbst wenn er die Medien mied. Wo er wohl steckte? Ob Amira etwas aus ihm herausbekommen hatte? Erst jetzt fiel Holle ein: Er hatte ihr gar nicht Bescheid gesagt. Die Ereignisse hatten sich so überschlagen, dass er Amira glatt vergessen hatte. Er schaute auf seinen Urzeitknochen. 32 Anrufe in Abwesenheit. Es war ihre Nummer.

Ein schallendes Schnarren riss Schneise aus seinen Gedanken. Es war die Stimme von Adi Hirscher, aber seltsam verzerrt. Sie klang hohl und scheppernd, wie ein Weltempfänger aus Weltkriegstagen. Womöglich war die Anlage einfach nur alt. Oder Hirscher sprach wirklich so. Ein sehr heikler Dialekt.

Gleichzeitig lag eine gewisse Gemütlichkeit in seinem Singsang, der beruhigend wirkte, ja fast vertrauenserweckend. »Grüaß Gott, di Herrschaften ... Oh, Weibsvolk is au' anwesend«, holte er aus, und Holle sah, wie Susanne Redlich rot anlief. Hirscher lehnte sich zurück in der uralten Gewissheit, dass Männer wie er hier seit jeher das Gesetz waren. »Noach unsern Earkenntnissn ist da Beschuldikte ... Och, Schmarrn ... der Entfüahrte José ...« Hirscher setzte eine Brille auf seine Knollennase und hielt das Papier näher heran. »Marschällo ... dä... Sa wissen's scho, da Ausländer ... vor zwoi Tagen gegen saanen Willn aus dem Hotel entfernt woardn. Des woars.« Er lächelte ins Publikum, als wäre seine Aussage so in Ordnung. Zufrieden lehnte er sich zurück. Das war tatsächlich alles.

Unverzüglich schnellten unzählige Hände in die Höhe.

Natürlich nahm Patzke zunächst Haberer dran. »Ist denn schon klar, wer ihn entführt hat?«, fragte der *Lokalanzeiger*-Reporter das Erwartbare mit streberhafter Ernsthaftigkeit.

Hirscher schaute auf sein Papier. »Jo mei, geh, mir san do ... Do liegn uns d'zeit koane Earkenntnisse voar«, sagte er.

Als Nächstes durfte Redlich ran. Die Radiofrau schnaubte. Sie war es ja gewohnt, in der Macho-Welt der Fußballreporter wie eine Exotin behandelt zu werden. Aber es gab Grenzen. »Können Sie denn erläutern, mit welchen Methoden nach ihm gefahndet wird?«, fragte sie mit einer gewissen Süffisanz. »Haben Sie Polizeihubschrauber im Einsatz, Wärmebildkameras, Spürhunde? Gibt es Durchfahrts- und Fahrzeugkontrollen oder zumindest Suchplakate im Postamt?«

Nun wurde Hirscher rot. »Oaus ermittlungstaktischn Grinden kännen mer doazu koanerlei Oaussage tätign«, stotterte der Polizeimeister. Es war eine Farce! Er antwortete auf alles mit bürokratischen Phrasen. Doch das war Holle bei Bertha bereits gewohnt.

Er hob die Hand. »Woher wissen Sie denn überhaupt, dass er entführt wurde?«

Diese Frage schien Hirscher völlig unvorbereitet zu treffen. Also noch unvorbereiteter als die bisherigen. Er kramte in seinen Unterlagen. »Noach mei Earkenntnis wissen mer des ...«

»Von einem seiner Mitspieler«, sprang ihm Manager Laake von links bei. »Er hat den Vorfall vom Fenster beobachtet und uns gemeldet. Wir haben umgehend die Polizei verständigt.«

Holle sah ihm direkt in die Augen. Sofern das möglich war. Laake duckte sich vor jedem Blick. Was für ein gelenkiger Lulatsch! Nur: Sagte er die Wahrheit? Wenn ja, welcher Spieler war es?

»Zum Schutz des Zeugen werden wir nicht kommunizieren, um wen es sich dabei handelt. Ich bitte um Ihr Verständnis.« Da war es wieder, das Talent des Managers für Nebelkerzen.

Laake hüllte seine Antworten gerne in girlandenartige Schachtelsätze, die erst beendet waren, wenn alle Anwesenden die Fragen in der Regel längst vergessen hatten. Auch diesmal beantwortete er eine folgende Nachfrage mit: »Wie Ihnen sicher bekannt sein dürfte …«

Schneise döste weg. Er erinnerte sich an Zeiten, als Martin Laake normal redete. Tatsächlich waren er und Holle einmal fast Freunde gewesen. Der oft unsichere Stürmer fragte den Reporter damals um Rat, wenn er Angebote anderer Vereine erhielt. Holle, noch jung, sagte stets: »Bleib bei Bertha. Da geht es noch aufwärts!«

Eine fatale Fehleinschätzung. Aber Laake hatte ihm geglaubt. Er wurde später Wolschkes Assistent, mobbte den Manager weg und klammerte sich fortan ans Amt, mit jedem Abstieg fester. Wo sollte er jetzt noch hin? Laake hing hier genauso fest wie Holle.

Die Optionen waren ihnen ausgegangen. Sie wurden beide alt. Laake wirkte, als nähme er das Holle übel. Umgekehrt genauso.

Als Schneise zu sich kam, hatte Laake noch nicht ge-endet. »Natürlich ist das Fehlen von Jimmi ein Verlust«, sagte er. »Aber wir müssen uns jetzt ganz auf die Sai-sonvorbereitung konzentrieren und die Polizei ihre Ar-beit machen lassen.« Besonders beunruhigt wirkte der Bertha-Manager nicht, dass sein bester Spieler entführt worden und womöglich in Gefahr war. Aber Laake hat-ten ja auch drei Abstiege nicht beunruhigt.

»Gab es denn eine Lösegeldforderung?«, hakte Holle nach.

Die Männer auf dem Podium sahen einander unent-schlossen an.

»Viallaicht düarfte i do etwoas oanmerkn«, unter-brach Faschl. Der Bürgermeister hatte bisher grinsend geschwiegen. Das war leider vorbei. »Iaading is ka Oart für a Verbrechn! Soit mei Omtsontritt hoat si da Hüah-nerdiabstohl hoalbiart. I hob do radikoal oafgeräumt mit da Kriminoalität! Hiar hoandelt es si oandeutig um des schändliche Weark oauswärtger Subjäkte!«

Holle ahnte, was er hier angerichtet hatte: Er hatte einem Rechtspopulisten eine Bühne geboten. Was oft allein dadurch geschah, dass man sie nicht konsequent genug ignorierte.

»Schroiben's ruhig, doass Iaading a Paradies füar Gäste is, di's ssauber und oardentlich öasterraichisch schätzn. Hier finden's earstklassige Oanlagen füa a Oaktivurlaub voar.« Der Politiker setzte zu einer Art Werbevortrag an, zu dem er vom Podium aus passende Prospekte im Publikum verteilte. Offensichtlich sah er die Entführung als ideale Gelegenheit, der Weltpresse seinen gottvergessenen Urlaubsort anzupreisen. »Und wenn Sie's erwähnen köannten: im *Hotel Palais* und im TSV-Treeningszeantrum is' imma no' a Plätzerl im Somma frai.« Auch dem Zahnstudio Edelweiß lohne es sich, einen Besuch abzustatten und dem Jagdbedarfsladen und erst dem Hacklhof ...

Schneise schnaufte durch. Auf dieser Pressekonferenz war nichts Nützliches zu erfahren, jede Person auf dem Podium verschanzte sich einfach nur hinter Phrasen und Plattitüden. Also eigentlich wie immer bei Medienterminen von Bertha HSC. Außer dass Holle diesmal echtes Interesse an Antworten hatte.

Er hätte nun weiter nachhaken können, ob es denn ein Erpresserschreiben gab oder nicht, wer der Spieler war, der angeblich alles gesehen hatte. Aber er ahnte: Die Antworten würde er selbst herausfinden müssen. Diese PK-Termine waren ohnehin nur fürs Fernsehen, damit es Bilder zum Senden gab.

Wenn die Kameras abgebaut und die Beiträge gesendet waren, begann erst die Arbeit für einen alten Investigativhasen wie Holle Schneise. Hintergrundgespräche, Archivrecherche, mögliche Informanten identifizieren und für sich gewinnen. Konnte man alles machen. Aber erst einmal hatte Holle Durst.

Während die Reporter und Fotografen nach dem Ende der PK zum Podium stürmten und die Protagonisten mit Fragen belagerten, die diese mit theatralischen Handgesten abwiegelten, begab sich Schneise zur Minibar, die am Büfetttisch aufgebaut war.

Der Reporter hatte über die Jahre seine ganz eigene Recherche-Methode entwickelt: viel trinken und noch mehr zuhören. Denn irgendwann landete jeder an der

Bar und wollte reden. So lauschte Schneise den Kollegen, während er den Inhalt von mehreren kleinen Fläschchen in einem Plastikbecher mischte. Journalisten tratschten eben gerne, vor allem untereinander. Prahlten oft, was sie so wussten und bald schreiben würden. Es war, wie aus ihren Artikeln abzuschreiben, nur im Voraus.

»Glaubt ihr die ganze Geschichte?«, fragte Maximilian Jakobi am Büfett die anderen Reporter, Rolf Haberer und Timur Lang.

»Ich habe sie ja zuerst gehabt«, gluckste Haberer glücklich. »Warum sollte der Verein mich … uns in dieser Sache anlügen?«

Jakobi trug seine alte Ledertasche wie antiquierte Bedenken. »Die wirken nicht mal so, als wären sie ernsthaft beunruhigt«, sagte er.

»Zumindest hat Jimmi mal eine echt neue Ausrede gefunden, um seinen Urlaub zu verlängern«, witzelte Lang.

Alle wussten, was der kleingewachsene *BUMS*-Reporter meinte: Jedes Mal kam der Brasilianer zu spät aus dem Urlaub. Immer mit anderen Ausreden: Flug storniert, Pass verlegt, Jimmis Oma war in zwei Jahren bereits dreimal gestorben. Bertha duldete es. Solange der Spielmacher Leistung brachte, sagte niemand was.

»Es ist schon ungewöhnlich, dass er im Nachhinein abtaucht«, grummelte Jakobi. »Wie groß zieht ihr die Story bei euch?«

Alle drei blickten zu Boden. Die Ehrlichkeit untereinander kannte auch Grenzen.

»Och, nicht so groß«, murmelte Haberer.

»Nee, wir auch nicht«, sagte Lang und versuchte zu flöten.

Bei Schneise schlugen alle Alarmglocken. Ihm war nun klar: Die Konkurrenz würde sich überbieten mit Jimmi-Schlagzeilen. Holle musste handeln. Wenn ihm nicht so schwindelig wäre. Hatte jemand etwas in sein Glas getan? Er selbst! Verdammt.

Einen Vollrausch konnte er gerade mal gar nicht gebrauchen. Sein Chef hatte ihn nicht abgezogen von dem Fall, aber ihm drohte immer noch der Newsroom, wenn er keinen Knüller fand. Ein Leben in Bürohaft. Und die hatten nicht mal Schnaps da!

Holle schloss die Augen und dachte zurück ans Ruhrgebiet. Als er noch Schülerreporter war und über die Kreisliga schrieb. Damals war alles so simpel. Er vermeldete die Ergebnisse vom Freitag am Montag. Rief Trainer an, erfragte die Resultate. Die Torschützen stimmten oft nicht. Wen störte das schon?

Mittlerweile war alles ein Wettbewerb: Wer hatte was zuerst? Trainer sagten nichts mehr, misstrauten Reportern – zu Recht. Die hatten alle Angst, Letzter zu sein, nicht aktuell genug. Irgendwer schrie immer: »Tempo! Schneller!!« Warum das alles?

Holle riss sich zusammen. Er versuchte nun, Amira anzurufen. Sie war seine letzte Hoffnung. Wenn sie etwas herausbekommen hatte, war die Recherche noch zu retten, trotz des Rausches. Die Leitung war belegt. Er versuchte es noch einmal. Wieder besetzt.

Vielleicht sollte er sie suchen. Aber erstmal ausnüchtern. Ihm war nun, dachte er im Rausch, nach Ruhe zum Nachdenken.

Amira kapierte es einfach nicht. Nach dem Gespräch mit Gramberger hatte sie unzählige Male versucht, Holle zu erreichen. Es wäre leichter gewesen, gegen diesen Deppenreporter zu ermitteln als gemeinsam mit ihm.

Hätte Holle Jimmi entführt, sie würde ihren Verlobten in fünf Minuten finden, in einem Berg aus Bierdosen in Holles Auto. Doch leider standen sie beide auf derselben Seite.

Dabei hätte sie nun durchaus Hilfe gebrauchen können. Der Vormittag war nicht so verlaufen, wie sie gehofft hatte.

Die Idee, Gramberger auszuhorchen, war ein Reinfall gewesen. Wenn überhaupt, dann hatte sie den Präsidenten nur gewarnt, dass da noch jemand auf der Suche nach dem Bertha-Star war. Ob er das wohl schon weitergeleitet hatte?

Und wenn schon! So schnell gab Amira sich nicht geschlagen. Wenn sie schon im Mannschaftshotel war, würde sie sich hier noch umsehen.

Vom Garten her glitt sie durch eine Glastür, schlich über Marmorböden, versteckte sich hinter Springbrunnenfontänen. Der Concierge am Empfang hatte sie natürlich gleich gesehen, doch er dachte offenbar weiterhin, sie wolle zu den Russen.

Kaum hatte sie über einen Aufzug den ersten Stock erreicht, erschrak sie: Überall Teppichboden! So etwas schimpfte sich Fünf-Sterne-Niveau! Zusammen mit den

samtenen Sofas hatte das Hotel das Flair eines Alters-
heims für adelige Damen.

Wenn das beruhigend auf übermütige Jungkicker wirken sollte, funktionierte es nicht. Aus einem der Zimmer kam Gekicher. »Ja, Leon, los, schneller! Psst, wenn
sie uns erwischen!« Unter den Türschlitzen flackerte
Licht auf dem Teppichboden. Sie saßen wohl an Konso-
len und spielten Fußball, virtuell.

Amira verstand es nicht. Auch bei Jimmi das gleiche
Spiel: Kaum zu Hause, schmiss er die Tasche weg und
die Konsole an. Dabei stand er doch den ganzen Tag auf
dem Trainingsplatz! Trotzdem hatte er nichts anderes
im Sinn als *FIFI Zocker*, eine Fußballsimulation, bei der
er mit sich selbst spielte. Wäre sie sozialpädagogischer
veranlagt gewesen, sie hätte sich Gedanken gemacht
um Kindmänner, die keine Ausbildung hatten, weil man
sie früh in Vereinsinternate steckte und kaum fürs echte Leben vorbereitete, bis sie unfähig waren, an mehr zu
denken als an Fußball. Amira war aber nur genervt.

Sie schnaubte, als sie schließlich vor Jimmis Zimmer
stand. Es war die Nummer 10, seine Rückennummer,
dieses Privileg gestattete man ihm. Ein Einzelzimmer
hingegen noch nicht. Amira wusste, dass Jimmi auf Rei-
sen und in Trainingslagern mit dem Chilenen Luis Andrés Castro auf einem Zimmer lag.

Für den Verein ergab das wohl Sinn, zwei Südamerikaner. Doch Jimmi konnte kein Spanisch und Castro
kein Portugiesisch, daher schwiegen sich die zwei Zim-
mergenossen meist nur an. So unterschiedlich waren
die beiden Sprachen eigentlich nicht, aber Castro war so
schüchtern, dass er ohnehin selten redete.

Amira wollte an die Tür klopfen, aber sie zögerte. War das eine gute Idee? Was, wenn Castro erschrak und Alarm schlug? Egal, sie war zu weit gekommen, um Halt zu machen. Sie ließ sich nicht aufhalten, auch nicht von schreckhaften Männern.

Sie klopfte und hörte, wie sich etwas hektisch hinter der Tür bewegte. Als würden Dinge im Raum hin und her geschoben, als würden Beweise verschwinden. Sie klopfte noch einmal, noch energischer. Sie war kurz davor, die Tür einzutreten, denn sie konnte durchaus fest kicken. Da ging sie auf. Castro lächelte verlegen.

Amira wusste nicht viel über den chilenischen Stürmerstar. Nur, dass Castro wechseln wollte, seit er bei Bertha kickte. Stets kokettierte sein Agent mit Angeboten aus halb Europa. Die Fans verfluchten ihn oft und bejubelten dann seine Tore.

Die scheuen Augen des Chilenen schienen wie stets zu sagen: *Ich verstehe nicht. Lasst mich in Ruhe. Ich will nach Hause.* Castro schien zwar verwundert, aber ließ Amira ins Zimmer. Auf dem Platz liebte er Zweikämpfe, außerhalb mied er sie.

»Wo ist Jimmi?«, schrie Amira. Sie hasste es, wenn sie auf Männer hysterisch wirkte. Aber wie sie festgestellt hatte, half es oft dabei, ihren Willen durchzusetzen.

Während das Mädchen aus Berlin-Britz den Südamerikaner mit ihrer Emotionalität in eine Art Schockstarre versetzte, schaute sie sich, innerlich absolut ruhig, im Zimmer um. Sie sah zwei Betten. Eines davon war vollkommen vermüllt: Chipstüten, Kekskrümel, Schokoflecken auf der Bettwäsche. Eindeutig von Jimmi. Doch von ihrem Verlobten fehlte jede Spur.

Das andere Bett war aufgeräumt, als wäre es gerade gemacht worden. Als sie sich näherte, merkte sie, wie Castro unruhig wurde. Sie verstand nicht warum, bis sie die Decke hob. Amira sah einen Tablet-Bildschirm mit Standbildern nackter Männer.

Castro warf ihr einen flehenden Blick zu, der zu sagen schien: *Bitte, nicht ...* Auf dem Nachttisch sah sie ein Foto seiner Familie stehen. Frau. Kinder. Amira begriff.

Sie musste an ihren Jimmi denken. Wie verloren er oft wirkte im Leben. Auf dem Rasen hielt jeder diese Jungs für Helden, stark und unbezwingbar. In der Kabine kannten sie nur Konkurrenten. Niemand wusste, dass es nur Rollen waren, die sie spielten.

Amira fragte sich manchmal, ob sie eigentlich Kinder wollte. Sie selbst hielt sich nie für den fürsorglichen Typ Frau. Aber wenn sie ehrlich war, hatte sie schon längst ein Kind. Jimmi brauchte sie. So wie Luis Andrés Castro jemanden brauchte.

»Está bueno«, beschwichtigte ihr Schulspanisch den Chilenen.

Castro lächelte vorsichtig. Er setzte sich auf sein Bett.

Sie nahm gegenüber Platz. Und fragte: »¿Dónde está Jimmi?«

Plötzlich blitzte erneut die Angst auf in Castros Rehaugen. Der Stürmer schüttelte heftig den Kopf. »No, no ... ¡No puedo!«

»Was kannst du nicht?«, fragte Amira aufgeregt.

Er schwieg.

Allmählich reichte es. Ihre Fürsorge kannte auch Grenzen. Sie sah ihm geradewegs in die Augen und dann zur Bettdecke, unter der noch sein Geheimnis lag, das Amira vorhin vorsichtig wieder verdeckt hatte. »Donde ... Wo ist Jimmi?«

Als Amira das Zimmer Nummer zehn kurz darauf wieder verließ, war sie verwirrt und wusste nicht mehr, was sie glauben konnte. Wie viel davon sie Holle erzählen könnte, wenn sie ihn fand. Womöglich war ihr Spanisch auch schlechter, als sie dachte.

Aber wenn sie Luis Andrés Castro richtig verstanden hatte, hatte der Klub den Spielern verboten, über Jimmi zu reden. Alles werde sich aufklären, bis dahin kein Wort zur Presse. »Kein Wort worüber?«, hatte Amira gefragt, und was er denn wisse.

Danach war alles sehr schwammig. Castro sprach zu schnell. Als sei ihm ein gefährlicher Gegenspieler auf den Fersen. Offenbar hatte er vor zwei Tagen mit Jimmi auf dem Zimmer gesessen und wie immer geschwiegen. Dann kam dieser Anruf. Wenn Castro richtig verstanden hatte, war es Jimmis Agent. Jimmi sei hinausgegangen, seither habe er ihn nicht gesehen.

Nachdenklich schlenderte Amira über den Hotelflur. Am Tag nach dem Anruf war sie bei Mario mitgefahren nach Irrding. Der Berater hatte ihr beteuert, nichts über Jimmi zu wissen. Ihre Sorge sei sicher unbegründet. Amira hatte ihm geglaubt. Und die Hand weggeschlagen, als sie zu ihr herüberwanderte. Sie hasste sich ein wenig dafür, zu diesem Schmierlappen ins Auto gestiegen zu sein. Nur weil es schnell und teuer war.

Amira überlegte, ihre Kriterien für Männer zu überdenken. Womöglich waren Pleitegeier wie Holle Schneise ehrlicher, denn sie hatten nichts zu verlieren und wenig zu gewinnen.

Eines war sicher: Wenn sie diesem zwielichtigen Typen, der sich Agent schimpfte, noch einmal begegnete, gab es Ärger! Sie freute sich über die eigene Entschlossenheit, als sie die Hotellobby diskret über den Hinterausgang verließ und den Parkplatz betrat. Dort stand ein knallroter Sportwagen samt Schmierlappen darin. Als habe er nur auf sie gewartet. Mit einer Hand hinter der Hüfte versuchte sie Holle anzuklingeln.

Erfolglos, wie schon bei den zweiunddreißig Versuchen davor. Doch jetzt, beim dreiunddreißigsten und vierunddreißigsten Mal, war besetzt.

TaG 3: aBenDS

Es war der absolute Gipfel: Dieses Land war völlig flach! Amira hatte keine Ahnung, ob sie noch in den Alpen waren. Jedenfalls sah sie die Berge nur in der Ferne. Entlang der Landstraße waren die Wiesen so platt wie um Berlin herum. Selbst die Kühe, die hier grasten, wirkten gelangweilt.

Natürlich wellten sich auch Wälder und Hügel am Horizont. Doch die vielen Schuppen und Zweckbauten am Straßenrand, aus Fertigbeton und voll Industriereklame, hätten besser in kleindeutsche Gewerbegebiete gepasst als in heidieske Heimatfilme. Auch hier hatte der Mittelstand die Ästhetik in seiner Hand.

Nur einige Wanderer am Wegesrand deuteten an, dass dies hier ein Aktiverholungsgebiet war. Sie waren mit Schnürstiefeln und Outdoor-Jacken unterwegs, also wie Deutsche im Alltag. Nur die randvollen Rucksäcke auf dem Rücken und das glasige Leuchten in ihren Augen verrieten: Sie suchten hier Natur.

Aber wo war diese Natur nur? Amira war es eigentlich egal. Als waschechtes Stadtmädchen, na gut: Vorstadtmädchen, konnte sie mit Natur in Reinkultur wenig anfangen.

Sie hätte nur immer gern ein Pferd gehabt. Zumindest eine Katze. Doch während die Mädchen aus Mariendorf zum Reiten fuhren, lungerte sie nur mit Freundinnen vor Shoppingcentern herum. Sie hatte früh geahnt: Wenn sie raus wollte, musste sie aufs richtige Pferd setzen, auf einen Gewinnertypen. Es war eine Wette: Wer würde es zu Geld bringen und sie dann im Auto mitnehmen?

Nun saß sie neben Mario Ferrari im sauteuren Sportwagen, unterwegs ins Grüne wie ein Reitermädchen aus Mariendorf. Eigentlich ihr Traum, doch wäre sie nun gern ausgestiegen. Mario war vermutlich verantwortlich für Jimmis Verschwinden, er hatte ihr Gewinnerpferd entführt oder entführen lassen.

Man konnte Amira Brösel vieles nachsagen: Dass sie nur an Geld dachte und an den eigenen Vorteil. Und an Geld. Und an Vorteile. Aber sie besaß Stolz. Das hatte sie auf der Straße gelernt. Na gut, vor dem Shoppingcenter. Auch da galt: Man ließ sich nichts wegschnappen. Erst recht nicht einen Typen mit Geld.

Dennoch hatte sie zugestimmt, als Ferrari vor dem Hotel auf sie gewartet und angeboten hatte, einen Abstecher zu machen. Wohin Jimmis Berater auch wollte und was immer er vorhatte: Sie musste herausfinden, was er wusste. Also setzte sie ihre größte Waffe ein: laszive Ahnungslosigkeit. Amira stieg ein.

Es gab eine Zeit, da wäre einer wie Mario ihr Typ gewesen. Der Italo-Schweizer verstand sich zu kleiden, alles Prada oder prollig, er ließ genau die richtige Anzahl Hemdknöpfe offen. Das Barthaar war gepflegt, die Frisur geföhnt und gegelt. Lässige Pedanterie, die Rolex hing lose am Handgelenk.

Die Zeit, in der Amira solche Dinge imponierten, war vorbei. Seit mindestens zehn Minuten. Da hatte Luis Andrés Castro Amira verraten, dass der Agent zuletzt mit Jimmi gesprochen, ihn sogar hinausgelockt hatte. Er steckte also in der Sache drin. Oder er verschwieg etwas. Was er sonst selten tat.

Ferrari saß nun stumm am Steuer und kaute einen Zahnstocher. »Was is-e los mit dir, Suckerstuckli?«, fragte er plötzlich. Der italo-schweizererische Mischdialekt war ja sein Markenzeichen, aber wirkte mitunter reichlich albern. »Bist du so still-e.«

»Ach, ich mache mir einfach Sorgen um Jimmi«, sagte Amira und seufzte sehr laut. Ihr Ausatmen war wie eine Anklage.

»Taucht-e er sicher wieder auf-fe«, säuselte Mario unbeirrt.

Was wusste sie eigentlich über Mario Ferrari? Ihr Verlobter hatte ihn in der Schweiz kennengelernt, beim Benefiz-Fondue. Der Brasilianer vertraute dem Berater fortan fast alles an: Steuer, Verträge, die Fernbedienung seines Fernsehers. Jimmi rief nachts bei Ferrari an, wenn die Batterien leer waren.

Was den Agenten als solchen qualifizierte, wusste sie nicht. Ferrari hatte nur einen weiteren Klienten, Jimmis Bruder Jonni. Einmal fragte Amira nach Marios

Ausbildung. Er sei gelernter Geschäftsanwaltskaufmann, nuschelte er auf Schwyzerdütsch. Ferrari und Jimmi verstanden sich ohne Worte, notgedrungen.

Auch das Ziel ihrer Autofahrt hatte Amira nicht verstanden. Sie fuhren durch endloses Flachland, vom *Hotel Palais* quer durch Irrding die Landstraße entlang. Amira meinte, auf der Hinfahrt hierher wären doch irgendwo Alpen gewesen oder so.

Aber die waren so weit weg wie Antworten. »Meintest du nicht, wir wollten irgendwohin mit Aussicht?«, fragte sie irritiert.

»Hab-e Geduld, Bambina«, sagte Mario und grinste, als wüsste er genau, was er mit ihr vorhatte.

Sie ahnte nicht, dass Irrding in einer Ebene lag, die sich endlos zog wie die titellose Durststrecke von Bertha HSC. Eingezwängt von Alpenzügen zu allen Seiten, mäanderte ein Fluss namens Irr hier mühsam herum. Die einzige Erhebung im Irrtal war der Grimmig. Auf genau den hielten sie nun zu. Die Idylle des Irrtals brach sich daran wie eine Brandung.

Als Stadtkind war Amira nie in den Bergen gewesen, dafür manchmal am Meer. Sie wusste noch, wie ihr Vater mit ihr an die Ostsee fuhr. Es war kein schöner Ausflug, er warf mit Steinen nach Möwen. Doch sie dachte gern daran. Danach war ihr Vater abgehauen.

Es gab im Leben wenige Dinge, die blieben, hatte sie gelernt. Beständig war nur Weniges: Sorgen. Das Meer. Und die Berge.

Als sie den gräulich-griesgrämigen Grimmig am Ende der Straße sah, dachte Amira plötzlich an Holle. Sie fragte sich nur, warum.

Sie hatte sich früh geschworen, selbstzerstörerische Männer zu meiden. Harmlose Kindsköpfe wie Jimmi waren da eine sicherere Bank. Sie fragte sich dennoch, wo der versoffene Reporter steckte. Egal, auch Amira konnte nur einen Mann auf einmal retten.

»Sag mal, Mario«, fragte sie. Der Wagen nahm eine Steigung. Offenbar fuhren sie doch bergauf. »Wann hast du eigentlich zuletzt mit Jimmi gesprochen?«

Ferrari sah zu ihr herüber. Sein Blick war schwer zu lesen, verspiegelte Sonnenbrille. Sie erkannte immerhin, dass ihr Lidschatten saß. Alles safe. »Kurz-e vor Abreise aus Berlin-o, denk-e ich-e«, antwortete er. Das war natürlich gelogen. Mario schaltete einen Gang hoch. Wohin er auch immer wollte, er wollte wohl schnell dort hin.

»Macht es dir gar keine Sorgen, wohin er verschwunden ist?«

Mario grinste gebleacht. »Ach-e Amira, kennst-e du Jimmi.«

Was sollte das denn heißen? Klar kannte sie ihren Verlobten. Sie fuhren nun über eine Brücke durch ein kleines Waldstück.

»Du weiß-e doch, wie er is-se, gell. Mal hat-te er Hunger, dann hat-te er wieder Hunger. Und Schwupps, weg auf Snacktour. Ich-e bis heut-e nicht weiß, wie wir ihn fit bekomme haben.«

Die Bäume gaben den Blick frei auf den Grimmig zur Linken, davor erhob sich ein kleines Schloss über einer Ortschaft. Wie viele Schlösser gab es hier? Amira verlor den Überblick. Dieses Exemplar hier war nur ein Wohnklotz mit kleinem Turm. Der riesige Grimmig dahinter ließ diese Burg winzig wirken. Amira fand es fast niedlich. Man könnte sagen: romantisch.

»Beeindrückend, was-e?« Mario setzte wie immer auf die Optik. Einheimische, erklärte er, nannten die Burg Misstrauenfels. Ein Adeliger aus dem Hause Trauenfels hatte es seiner Frau gebaut, die er hier oben besser aufgehoben sah als im Tal. Nachdem sie vor Langweile gestorben war, wurde ein Museum daraus. »Is-se schön«, versicherte Mario.

Amira misstraute der ganzen Geschichte. Warum fuhr Ferrari sie hier von einem Schloss zum nächsten? Lenkte er nur ab? »Was meinst du mit ›Jimmi fit bekommen‹?«

Ferrari parkte seinen Lamborghini einfach an der Dorfstraße, von der ein kleiner Pfad vom Ort hinauf zum Schloss führte. Er zog den Zündschlüssel. »Bambina, bist-e du nicht naiv-e. Was denkst-e du, wie Jimmi plötzlich kann-e so viel laufen?«

Amira überlegte. Vor einem Jahr war ihr Verlobter auffällig fit aus seinem Familienurlaub in Brasilien zurückgekommen.

Wie in Trance ging sie mit zum Schloss. Was deutete er an? Nach einem enttäuschenden ersten Jahr in Berlin lief Jimmi schon in der zweiten Saison wie ein Weltmeister, obwohl er sich weiter hauptsächlich von Schokolade und Chips ernährte.

»Ich dachte, weil ich vielleicht gesünder gekocht habe?«, mutmaßte Amira. Da fiel ihr ein: Sie hatte noch nie gekocht.

Sie kamen auf der Anhöhe an, das Museum hatte geschlossen. Aber die Aussicht von dem kleinen Plateau war herrlich, zumindest zur Talseite. Nach hinten blickte man zum Grimmig.

In einem See in der Nähe spiegelte sich der Sonnenuntergang. Österreich hatte auch schöne Seiten. Amira sah Ruinen einer Kirche. Mario erklärte: Einheimische hatten hier einst ein evangelisches Gotteshaus abgebrannt, samt Ungläubigen darin.

Die beiden blieben etwas anromantisiert an der Ruine stehen. Der Schmierlappen gähnte vor lauter guter Bergluft laut und legte dabei seinen Arm um ihre Schulter. Amira erschauderte.

Sie stieß Ferrari weg. »Mario, was soll das ganze Spiel?!« Amira schrie ihn an, sodass es laut vom Berg widerhallte. »Erst lockst du Jimmi in die Falle und dann belügst du mich? Behauptest, er würde dopen und grabbelst mich auch noch an?«

Mario stand fassungslos da. Er nahm endlich die Brille ab, was dazu führte, dass ihn die untergehende Sonne blendete. »Was soll das denn bitte heißen? Welche Falle, welche Lüge?« Es war faszinierend: Unter Druck sprach er fast akzentfrei.

Mario kam einen Schritt auf Amira zu. Sie trat etwas zurück. Hinter ihr war bereits die Balustrade. Dahinter: Abgrund.

Amira ging in Abwehrhaltung, spannte jeden Muskel an. Wozu ging sie immer zum Kickboxen? Eigentlich nur als Workout. Immerhin lernte sie, dass man körperlich überlegene Gegner nicht so einfach ausknocken konnte wie in Hollywoodfilmen. Mario war kein kräftiger, aber ein umso glitschigerer Gegner.

»Komm mir nicht zu nahe!«, rief sie. »Ich weiß, was

du mit Jimmi gemacht hast.« Es war ein Bluff, vielleicht lockte es Ferrari aus der Reserve.

»Was ich mit Jimmi gemacht habe!?« Er wurde wirklich wütend, kam noch einen Schritt auf sie zu. »Bertha kann froh sein, wenn man diese Zeitbombe los ist.«

Was meinte er nun damit? Das würde nur ein Nahkampf klären. Amira war zuversichtlich, das Geheimnis aus Mario herauszuprügeln.

Doch dann raschelte plötzlich etwas im Gebüsch. Ein Tier? Ein schreiender Waldschrat stürzte aus dem Unterholz. Ein weiterer Angreifer? Amira hielt sich bereit.

»Nee, jetzt hier nicht jetzt hier!«, rief der Eindringling. Er fuchtelte wild mit den Armen, mehr stolpernd als laufend.

Es war Holle und er war sturzbetrunken. Was machte er hier? Der Reporter im Trenchcoat stürzte sich auf Ferrari, der zu verdutzt und angewidert war, um sich angemessen zu wehren.

Kaum hatte Holle ihn am teuren Hemdkragen gepackt, riss sich der Spielerberater los. Amira hörte Stoff reißen.

Ferrari war fassunglos. »Das Hemd hat 3000 Euro gekostet, du Pavian!«, brüllte er. »Was soll die Scheiße? Wir haben uns hier nur unterhalten. Dir erzähl ich nochmal irgendwas, du Schmalspur-Journalist!« Er stapfte wild gestikulierend am schwankenden Holle vorbei, der nichts so richtig mitzubekommen schien, und verschwand im Wald.

Amira lief sogleich zu ihrem unerwünschten Retter. »Holle, was machst du hier?«, fragte sie das lallende Wrack.

»Ischsch ... Prsssskonfffffrrrzzz ... Gratisschnpppss ... Zu vill ...«

Sie verstand kein Wort. »Was treibst du hier bei der Burg?«

»Allllleinssseiiinnn ...   Nnnaachchdenknnnn ... Sonnunnaagaaang ...«

Amira konnte sich nur mühsam zusammenreimen, was er da brabbelte. Aber sie vermutete, er war nur zufällig hierhergekommen, um alleine auszunü... nachzudenken, und hatte mitbekommen, dass Mario ihr bedrohlich nah kam. Dass Amira kurz davor war, ihn zu stellen, kapierte er nicht. Da hatte Holles Heldenreflex ein- und das Resthirn ausgesetzt.

Mittlerweile war der Spielerberater schon bei seinem Wagen. Amira hörte einen Sportmotor aufheulen, Reifen quietschen. Ob sie den Typen nochmal zu fassen bekam? Danke auch, Holle.

»Allss ... okkee ...?«, lallte der in fürsorgebedürftiger Fürsorge. Auf einmal tat ihr dieser trottelige Reportertropf nur leid.

»Komm, wir fahren, Holle. Wo hast du deinen Wagen geparkt?«

Er deutete vage den Wald hinunter, auf die Seite an dem See. Amira hoffte, er hatte den Granada nicht versenkt. Sie legte ihren Arm um Schneises Schultern, um ihn sanft zu stützen. Er ließ sich mit vollem Gewicht auf sie fallen. Sie stöhnte.

So liefen sie im Zickzack den Pfad hinunter, Amira führte.

Unten angekommen, stand der Granada quer zwischen Bäumen, ein Wunder, dass der Wagen gegen keinen davon geprallt war. Sie fingerte Schneises Schlüssel aus der Trenchcoattasche und ließ den Reporter sanft auf den Beifahrersitz plumpsen.

»Isch knnn shrrr woohll noch slbrrr ...«, protestierte er.

Amira ignorierte seine Einwände und setzte sich ans Steuer. Es war Jahre her, dass sie zuletzt selbst Auto gefahren war. Entweder war Amira mit der U- und S-Bahn gefahren oder sie hatte sich kutschieren lassen. Wozu gab es denn Männer?

Die Wahrheit war, dass Autos ihr Angst machten. Fahrlehrer hatten ihr früh gesagt, dass es keine gute Idee sei, sie auf den Straßenverkehr loszulassen. Sie hatte es geglaubt. Wie sie auch den Lehrern in der Schule geglaubt hatte, die sagten, sie sei dumm. Dabei war Amira clever, nur selten richtig motiviert.

Nun saß sie vor einer Herausforderung: Wie ging das Ding an? Ständig drehte sie am Schlüssel. Der Motor sprang nicht an.

Holle neben ihr lag mit dem Kopf auf dem Armaturenbrett. Sie schob ihn zur Seite, fand im Handschuhfach nur eine silbrige Scheibe, beschriftet mit *Trance 98*. Wozu das Ding wohl gut war? Wenn sie wenigstens Musik gehabt hätte! Damit hätte sie Holle wecken oder sich entspannen können.

Atmen, Amira! Der Fahrlehrer hatte ihr damals vorgeworfen, zu panisch zu werden. Sie holte tief Luft und dachte nach. Sollte die Suche nach Jimmi so enden, auf einem Parkplatz im Wald übernachtend?

Dann erblickte sie einen kleinen Hebel unter dem Lenkrad. Sie hatte sowas schon gesehen. »Choke« nannte ihr

Vater es. Amira zog daran, es passierte erst einmal nichts. Sie drehte den Schlüssel, löste die Handbremse und trat aufs Gaspedal.

Auf einmal explodierte das Auto. Zumindest der Motor tat es. Mit einem ohrenbetäubenden Dröhnen drehten die Reifen durch, ließen den Wagen vorwärts schießen, Vollgas aus dem Wald. Neben ihr schien Schneise zu grinsen, die Augen geschlossen.

Der Granada erwischte eine Bodenwelle, flog über ein Loch. Sie hielt den Atem an. Als der Wagen wieder landete, riss sie wie wild am Lenkrad, um nicht genau in den See zu rasen. Sie sollte jetzt dringend vom Gas gehen, wollte aber nicht.

Die Landstraße war leer, die Nacht dunkel, das Auto schnell. Vielleicht war doch etwas dran an dieser »Freude am Fahren«. Sie hatte das für eine Ausrede gehalten, von Männern, die nur mal Kippen holen mussten und dann einfach nicht wiederkamen. Aber es machte wirklich Spaß, das Steuer in der Hand zu halten. Neben ihr hätte Holle wohl protestiert. Konnte er nun aber nicht.

Das Gefühl, durch die nächtliche Einöde zu rasen, hatte etwas Erhebendes. Es war befreiend, fast meditativ, auf nichts achten zu müssen wie Straßenschilder oder Gegenverkehr. Für einen Moment vergaß sie, warum sie eigentlich hier war.

Je länger Amira aber Richtung Irrding sauste, um Schneise und dann sich ins Bett zu bringen, umso schwerer wurde ihr Gemüt. Was hatten die mit Jimmi angestellt? Amira war sich sicher, dass sie alle logen. Der Bertha-Präsident. Mario Ferrari. Die Dorfbewohner, die sich laut Holle fremdenfeindlich gaben und doch auf eine Steigerung der Tourismus-Einnahmen aus waren.

Sie sah zur Seite. Schneise sabberte, ein betrunkener Engel. Vielleicht war dieser Außenseiter der einzige Ehrliche hier.

Das Ortsschild. Bald würde sie an Holles Homestay ankommen.

Wie sie ihn so sabbern sah, erinnerte er sie an ihren Vater. Sie hatte lange nicht mehr an ihn gedacht. Wo er wohl war? Er musste in etwa so alt sein wie Holle. Also ungefähr 60.

Sie war immer davon ausgegangen, dass ihr Vater sich einfach verpisst hatte, weil er nur an sich dachte, ein Ego-Schwein. Vielleicht, dachte sie nun, waren manche Männer einfach dazu gemacht, Einzelgänger zu sein, weil: überfordert vom Leben. Statt sauer zu sein, sollte sie vielleicht Mitleid empfinden.

An ihr lag es definitiv nicht: Wer sie nicht händeln konnte, konnte sie mal, sagte sie sich oft. Langsam glaubte sie es.

Amira parkte den Granada vor einer Scheune, leise, um keine Kühe zu wecken. Schneise schlief sowieso tief und fest. Sie hatte allmählich den Bogen raus, wie diese Rostlaube fuhr. Der Wagen hatte mehr drauf, als man ihm ansah. Amira begann ihn zu mögen. Zusammen könnten sie Jimmi vielleicht finden. Aber da war noch jemand, den sie nicht zurücklassen konnte.

»Wwas? Schnn da?« Holle sprach halb im Schlaf, halb im Suff.

Sie würde den Reporter noch brauchen, das spürte Amira. Er konnte die richtigen Fragen stellen, wenn er nüchtern war. Aber in diesem Zustand war er keine Hilfe, auch sich selbst nicht.

Der Mond war mittlerweile aufgegangen, fahles Licht fiel auf die Bergkuppen am Horizont und auf den Maurerausschnitt, den Holles wie immer zu tief sitzende Hose am Gürtel offenbarte.

Amira seufzte, bevor sie Schneise aus seinem Wagen wuchtete. Es sah so aus, als müsste sie erst ihn, dann Jimmi retten. Warum beschloss jemand, der einen so klaren Verstand hatte, sich ständig auszuknipsen? Was nur war mit Holle passiert?

TaG 3/4: nacHTS

Holle hielt den Mauszeiger über »Senden«. In dem Moment, in dem der Schiedsrichter pfiff, würde er den Text abschicken. Die Abendausgabe der Zeitung ginge dann direkt in den Druck. Der *Berliner Bote* kalkulierte knapp, jede Minute zählte.

Holles Reporterlunge rasselte, kurzatmig ersehnte er eine Abpfiffzigarette. Aber hier oben durfte man nicht rauchen. Und bis vor die Tropen-Arena konnte er nicht mehr rennen. Dafür war die Zeit zu knapp, gleich war ja das Spiel vorbei. Eines der letzten Saisonspiele, Bertha HSC gegen Concordia Köln. Holle hatte den Text vorgeschrieben, nur das Ergebnis fehlte. Seit zwanzig Jahren machte er das so, er konnte es im Schlaf. Wer spielte, Torchancen, Torschützen, Endstand x:x, Ausblick.

Den Ausblick konnte er schon liefern: Bertha würde absteigen, wieder mal. Der dritte Abstieg in fünf Jahren, alles Routine. Holle fragte sich, wieso ihn das alles nicht mehr berührte. Er war eben Profi, sagte er sich, und nippte am Flachmann.

Wann pfiff der Schiri endlich ab? Minuten liefen und liefen, wie die Spieler auf dem Rasen, der unendlich weit weg schien. Je länger Holle hinsah, desto mehr entfernte sich das Feld. Als würde die Pressetribüne abheben und langsam davonschweben.

Das bildete er sich sicher nur ein. Er musste wach bleiben. Das Spiel genau verfolgen, weil ... weil ... ja, warum eigentlich?

Um ihn herum begannen die Leute plötzlich, sich zu erheben. Verließen ihre Plätze, noch vor Abpfiff, ohne sich umzusehen.

Holle ahnte, wohin sie wollten. Nach Hause vor den Fernseher, Zusammenfassungen schauen. Sie sahen sie schon auf dem Handy. Wie konnte das sein? Dann steckten sie alle ihre Handys weg. Das Spiel interessierte sie scheinbar schon gar nicht mehr.

Was ist mit den Fans los, dachte Holle, es läuft doch noch. Doch die Spieler auf dem Rasen standen nun herum und zählten grüne Halme. Ihr Trainer schrie, doch sie hörten ihn nicht. Dann flogen die ersten Fackeln aus dem Block aufs Spielfeld.

Die Treuesten der Treuen blieben, sie standen in der Kurve und warfen Pyrofackeln über den Zaun, Raketen und Böller. Sie verwünschten die Profis, sie seien ihr Trikot nicht wert. Ausziehen sollten sie es – was die Spieler gleichgültig taten. Sie reichten Textilien über den Zaun, im Tausch gegen Scheine. Ein Vereinsmanager stand daneben und rechnete Einnahmen ab.

Holle war fassungslos und sah zu den Kollegen hinüber, doch die hatten ihre Texte geschrieben und die Tribüne verlassen.

Allmählich bekam er wirklich Angst. Wo waren seine Kippen? Auch der Flachmann fehlte plötzlich in seiner Manteltasche. Nur sein Handy war da und klingelte nun. Sein Chef war dran. »Wo bleibt der Text?«, fragte er, fast völlig gelangweilt.

Dann klingelte ein weiteres Handy. Seine Frau war dran, Gaby. Waren sie nicht geschieden? »Wo bleibst du, Holle?«, fragte sie und weinte, aber es klang hohl.

Noch ein Handy klingelte. Sein verstorbener Vater fragte: »Wo bleibt das Leben, Holle?«

Er hielt es nicht aus und warf alle Handys weg. Sie sollten ihn in Ruhe lassen, alle in Ruhe lassen! Er wusste, was sie wollten: einen Text. Ein guter Text und er war sie alle los. Er schaute auf den Laptop, aber da stand nun nichts mehr.

Panisch scrollte er rauf und runter, tippte in die Tasten, schrieb immer wieder an gegen das Gefühl, tiefer zu fallen. Als er endlich einen Text fertig hatte, drückte er »Senden«. Aber es passierte nichts. Er ließ sich nicht verschicken.

Es fehlte etwas: das Resultat. Der Ausblick. Wer spielte hier überhaupt? Holle spürte ungewohnte Panik in sich aufsteigen.

Er stellte fest, dass seine größte Angst eingetroffen war: Nicht nur war er zu spät, und keinen interessierte mehr, was er zu sagen hatte – er hatte im Grunde nichts mehr zu sagen. Vielleicht hatte er das nie gehabt. Oder nur vergessen, was.

Er klappte den Laptop zu und machte sich auf den Weg in die Mixed Zone. Wenn ihm gar nichts mehr einfiel, halfen immer Interviews. Auch wenn die Spieler selten Erhellendes von sich gaben, schnaufend und schwitzend, so lieferten sie doch: Emotionen. Sie hatten gewonnen oder verloren, waren darüber glücklich oder traurig – all das, was Holle längst nicht mehr fühlte.

Kaum hatte er die Pressetribüne verlassen, fand er sich in einer Menschenmasse wieder, die Richtung Ausgang drängte, obwohl das Spiel immer noch nicht abgepfiffen war. Er zwängte sich gegen den Strom durch die Menge, alles verengte sich um ihn, als würde die innere Leere des gelangweilten Publikums seine eigene nochmal vergrößern. All die Zeit, die er mit Fußball vergeudet hatte, wurde zu einem Vakuum, das ihn einzusaugen drohte in das große Nichts. Ihm wurde eng in der Brust, der Atem flach, das Herz raste. Dazu kam, dass die Gänge immer schmaler wurden, je tiefer er in die Katakomben vordrang.

Tief im finsteren Herzen der Arena hörte er Böller krachen, die die immer noch wütenden wahren Fans aufs Feld warfen.

Als es Holle durch einen endlosen Tunnel endlich zum Licht der Kameras geschafft hatte, stand da keiner am Flatterband, dort, wo sich sonst die Medienmeute um die O-Töne drängelte. Als hätten alle aufgegeben. Als sei Holle der Letzte hier.

Auch die Spieler hatten sich fast alle davongeschlichen, vom Feld durch den Tunnel direkt zum wartenden Jet nach Dubai. Gleich hob er ab, zu verbesserten Konditionen, Super League. Holle sah noch Jimmi von hinten, wie er den Flieger boardete.

»Jiiimmiii!«, rief Schneise ihm hinterher, fast verzweifelnd, mit ausgebreiteten Armen niedersinkend, mitten auf dem Rasen, das Flutlicht auf ihn scheinend, sonst war das Stadion leer.

Bis auf einen kleinen Jungen, der in der ersten Reihe saß.

Er hatte Haare undefinierbarer Farbe, trug einen zu großen Trenchcoat und eine Brille, die ihn wie einen klugen Hamster wirken ließ. Er musterte Holle und fragte: »Was willst du von ihm?«

Schneise rappelte sich zögernd auf. »Von Jimmi? Meine Story!«

Der kleine Junge schüttelte enttäuscht den Kopf. »Erinnere dich, Holle.« Er zog eine Flasche Fusel hervor. »Oder trink.«

TaG 4
MORGENS

Schweißgebadet erwachte Holle Schneise aus unruhigem Schlaf. Er fand sich in seinem Bett, immer noch als Fußballreporter, der in einem stinkenden Kaff irgendwo in Österreich weilte. Diese Gewissheit beunruhigte ihn noch mehr als sein Traum.

Er wälzte sich in seiner Lache aus Angst und Transpiration. Seit einem Jahr verfolgten ihn die immer gleichen Bilder. Das Gedränge auf den Rängen, die Böller, die engen Arena-Katakomben, all das war ja wirklich passiert.

Seltsam war nur, wie sehr ihn das beschäftigte. Eigentlich hakte er Spiele und Ergebnisse schnell ab, noch vor Anpfiff. Dieses hier hing ihm nach. Erst hatte er fast keinen Bericht schreiben können, dann hatte er eine Panikattacke im Tunnel.

Damals hatte er es abschütteln können und Interviews geführt. Danach hatte er zu trinken angefangen. Also nicht angefangen. Getrunken hatte er immer. Es wurde nur mehr. Sehr viel mehr. Ob es auch damit zu tun hatte, dass seine Ehe zu der Zeit geschieden wurde und sein Vater nach langer Krankheit starb?

Nein, es ging ihm um Fußball. Dass es da um nichts mehr ging. Davon war er überzeugt. Das war es, was ihn wirklich quälte. Und Alkohol war nur seine Zuflucht, jetzt, wo Fußball und die Arbeit nur Abscheu auslösten. Dagegen schmeckte Obstler fast. Und er half gegen die Träume.

Schneise überlegte: Hatte er gestern gesoffen? Eigentlich ja. Warum träumte er dann trotzdem wieder diesen Traum? Verdammt, wenn nicht mal mehr Suff half, was dann? Die Erkenntnis ließ sein Herz rasen. Ging das schon wieder los? Panikattacken?

Er schreckte hoch, schaute zur Seite, griff zum Nachttisch. Da war nichts, keine Flasche, Dose oder sonstige Spirituose. Allmählich wurde aus Beunruhigung Beklemmung, blanke Angst. Holle warf die Decke zur Seite. Warum war er noch angezogen?

Schneise stolperte ins Badezimmer, der Raum drehte sich weg. Er hielt sich am Waschbecken fest, starrte in den Spiegel. Seine Poren starrten zurück. Blutunterlaufene Augen fragten: Was läuft hier schief? Und wo kriege ich noch Schnaps her?

Er versuchte, sich zu fokussieren. Wie war er heimgekommen? Aus dem Nebel im Gehirn waberten Bilder in den Vordergrund, die keinen Sinn ergaben: eine Burg auf einem kleinen Berg vor einem großen Berg. Sein Granada, ohne Holle am Steuer.

Schneise sah Amiras Gesicht: Warum dachte er wieder an sie?

Er schüttelte sich kurz und durchsuchte das Holzmobiliar: Irgendwo mussten seine Gastgeber doch Not-Obstler deponiert haben. Das Kribbeln in seiner Brust wurde immer stärker.

Seit jener Nacht kam es immer wieder. Wenn er es ignorierte, ging es von alleine weg. Doch das fiel ihm zunehmend schwerer.

Holle dachte an die Ereignisse von vor einem Jahr: Seither war nicht viel passiert. Bertha war tatsächlich abgestiegen und stieg wieder auf. Holle fuhr zeitweilig in Zweitligastadien und schrieb über mehr Siege als vorher, aber mit weniger Freude.

Berthas Verantwortliche blieben in Verantwortung, mit dem Wiederaufstieg im Jahr darauf war alles vergessen. Die Presse berichtete über das Tagesgeschäft, Transfers, Gerüchte.

Nur Holle ließ nicht locker, wühlte weiter nach Wahrem. Und Klarem. Er fand es, in einer der unteren Schubladen im Kleiderschrank seiner Kammer. Holle entkorkte die Flasche umgehend und nahm einen mächtigen Schluck. Das Zittern ließ bald nach, sein Herz raste nicht mehr. Er sah wieder Umrisse.

Mit der Flasche in der Hand hockte er vor dem Kleiderschrank. Was machte er eigentlich noch hier, fragte er sich wieder. Er könnte ehrlich beim Amt oder vor einer Trinkhalle stehen und sich dem Suff widmen. Wie es schon sein Vater getan hatte.

Er hatte geschworen, nie so zu werden. Hach, da war er noch jung.

Holles Vater war Buchhändler gewesen, irgendwo im Rheinland. Hatte sich als Lokalpolitiker versucht, es lief so erfolglos wie der Laden. Mit jedem Misserfolg wurde der Mann bitterer. Am Ende zog die Familie auf Arbeitssuche ausgerechnet ins Ruhrgebiet. Eine arg absurde Idee. Papa wurde also Trinker.

Zu Hause saß er nur da und schaute Fußball im Fernsehen. Damit er jemanden anschreien konnte, ausnahmsweise nicht Klein-Holle, der daneben saß. So verbrachten sie immerhin Zeit zusammen. Sein alter Herr fühlte sich von der Welt verkannt, als wäre sein Leben an ihm vorbeigegangen. Wie ein nie eingelöster Scheck. Als hätte er seine Zeit verschwendet.

Heute fühlte Holle sich so. Selbst Fußball half nicht mehr.

Als Kind war es eine heile Welt: Panini-Alben, Sportschau. Was hatte sich verändert? Der Fußball oder er? Sport half doch, die böse Welt zu vergessen. War er etwa Teil von ihr? Den Sportjournalisten schien nichts aufzufallen. Sie feierten Stars und Siege wie früher. Nur Holle feierte nicht mehr mit.

Doch irgendetwas hielt ihn. Ihm war noch nicht alles egal. Was war es, das ihn antrieb? Die Suche nach Wahrheit? Brass auf Bertha? Idealismus? War er nur zu faul zum Aufgeben? Wohl etwas von allem. Er wollte endlich wissen, wo Jimmi steckte.

Trotzdem hatte er sich gestern bei Berthas Pressekonferenz abgeschossen, notdürftig einen Text getippt und abgeschickt. Danach war er einfach losgefahren. In die Berge. Alleinsein.

Holle roch an seinen Klamotten. Kalter Rauch, Ausdünstungen, Alkohol, aber da hing ihm noch eine Note am Kragen: Amira?

Ihm war dunkel so, als hätte er sie gesehen, mit einem Typen. Als habe er sie gerettet, heldenhaft. So musste es gewesen sein. Hatte sie ihn noch heimgefahren und ins Bett gelegt? Ein wohliger Schauer überkam ihn. War sie etwa geblieben? Schneise schaute und hörte sich um. Es muhten nur die Kühe.

Was hatte er mit dieser Frau? Sie könnte seine Tochter sein. Holle überlegte ... Petra, Ute, vor zwanzig Jahren ... Nein, nein. Viel mehr erinnerte sie ihn an ... seine Mutter. Das war's!

Sie waren praktisch der gleiche Typ Frau. Irgendwo zwischen zornig und zerbrechlich, abweisend und in den Arm nehmend. Seine Mutter hatte Holle und seinen Trinker-Vater irgendwann alleingelassen. Wer konnte es ihr verdenken? Holle konnte.

Der Frauenwelt grollte er mitunter mehr als dem Fußball. Dabei hatte er damals Gaby verlassen. Oder war es umgekehrt? Holle erinnerte sich nicht, er war so oft unterwegs gewesen. Irgendwann war sie einfach weg und Schneise trank noch mehr.

Er wusste nicht, was sich seltsamer anfühlte: dass Amira ihn an seine Ex-Frau erinnerte oder an seine Mutter? Oder dass er ihr helfen sollte, ihren Verlobten zu suchen? Der Reporter rappelte sich auf. Für so viele Gefühle war jetzt keine Zeit.

Schneise hatte eine Story zu jagen. Berthas Pressekonferenz hatte ihn überzeugt: Etwas war hier faul. Nicht bloß Holle.

Wankend versuchte er, einen Fuß in einen Stiefel zu stecken. Das unwürdige Schauspiel dauerte gut und gerne zehn Minuten. Schließlich war Schneise bereit. Er trug seinen Trenchcoat und ließ heute den Hut weg: Es zählte nur noch die Wahrheit. Egal wie schmierig, alles kam ans Licht. Auch Holles Haare.

Schneise hatte im unklaren Kopf einen klaren Schlachtplan: Er musste herausbekommen, welcher Bertha-Profi als Zeuge der Entführung herhielt. Wo Kurt Kibitz und seine Kamera waren. Und was zum Teufel der Verein von so einer Entführung hatte. Er wusste nur eines: Die Wahrheit lag nicht auf dem Platz.

Die Berliner trainierten morgens normal, also ohne Jimmi. Am Abend bestritt Bertha ein Testspiel gegen einen Amateurklub aus der Gegend.

Egal. Holle ließ sich nicht mit dem Tagesgeschäft abspeisen. Im besten Fall sollte er an zwei Orten gleichzeitig sein. Sich in Irrding umsehen und beim Verein umhören. Aber wie? Ihm würde schon etwas einfallen, wie immer erst unter Druck.

Motiviert bis in die fettigen Haarspitzen stolperte er aus der Tür und die Holztreppe hinunter. Unten stand der Granada auffällig gut geparkt da. Das war offenbar nicht er gewesen. Fußspuren verrieten, dass jemand fortspaziert war.

Jetzt hatte er Gewissheit, dass Amira ihn heimgefahren hatte. Und so viel Herz besaß, den Wagen nicht zu behalten. In dem Mädchen steckte wohl mehr, als Männer wie Holle vermuteten. Zumindest Kondition für eine Viertelstunde Heimweg, nun ohne Stilettos.

Schneise fällte schnell Urteile, vor allem bei Spielerfrauen mit funkelnden Fingernägeln, aber ohne Glanz in den Augen. Womöglich sollte er seine Ansichten dahingehend überdenken. Amira war viel mehr als nur ihre Optik. Hach, ihre Optik …

Schneise riss sich am Riemen. Zog seinen Trenchcoat fest zu, sonst hätte man sehen können, woran er gerade gedacht hatte. Er musste professionell bleiben, sagte er zu sich, während er seinen Flachmann aus der Innentasche fummelte und nippte.

Die Wärme im Hals verwehte alle flauen Gefühle aus Brust, Magen und darunter. Holle hatte nun den Mut, Amira anzurufen.

»Na, du Held«, sagte sie sofort und lachte in den Hörer.

Schneise fühlte sich geschmeichelt und bestätigt zugleich. Hatte er sie also doch gerettet! Ihm war gleich so gewesen. Mario, ein Berg, eine Dame in Not, ein heroischer Reporter …

»Ich weiß nicht mehr viel von gestern«, gestand er. »Ein Dankeschön ist also unnötig.« Auch wenn er gern gehört hätte, wie männlich er gewesen war.

Dunkel erinnerte Holle sich an einen Kampf, wie er sein Revier markiert hatte. Doch hatte er heute keinen Kratzer am Leib. Wahrscheinlich war er dem anderen einfach überlegen gewesen. Das war zwar noch nie vorgekommen. Aber es boosterte sein Ego.

Schneise sah sich nie als Alpha, aber nun machte er Ansagen. »Hör mal, Amira, während du dir Berge und Schlösser mit schmierigen Typen angesehen hast und dich dann von mir retten lassen musstest, habe ich ein paar interessante Infos auf der Pressekonferenz aufgeschnappt«, dozierte der Reporter.

»Aha«, sagte Amira.

»Offenbar gilt ein Bertha-Spieler als Zeuge der Entführung.«

Es folgte langes Schweigen in der Leitung. Vermutlich ließ die Spielerfrau die Info sacken. Wer wusste schon, womit sie sich die ganze Zeit im Mannschaftshotel beschäftigt hatte?

»Du hast recht, wir sollten den Zeugen finden«, sagte sie. Richtig überzeugt klang sie nicht. Und wechselte das Thema. »Hör mal, Holle, Mario meinte gestern, Bertha solle froh sein, dass Jimmi verschwunden ist, weil er eine Zeitbombe wäre.«

Holle grummelte. »Das hat er dir bei eurem Ausflug erzählt?« Der Reporter war selbst überrascht über seinen Unterton. Sollte er etwa eifersüchtig sein? Es war doch seine Idee gewesen, dass Amira sich an Agent und Präsident ranschmiss.

»Ja und vielleicht hätte er mir auch verraten, was das alles heißt, aber dann bist du aufgetaucht!« Was meinte sie damit? Es klang fast, als sei sie ein klein wenig undankbar, dass Holle ihr Gespräch mit Mario Ferrari vorzeitig beendet hatte.

»Okay, dann erzähl du mir doch mal, wie wir jetzt vorgehen«, konterte Holle. Man konnte es umgekehrte Psychologie nennen. Oder Schneise war schlicht zu faul, neue Pläne zu schmieden. Wenn Amira nicht mehr folgen wollte, sollte sie sich etwas Besseres überlegen. Doch da kam erstmal nichts. Vermutlich waren sie das planloseste Ermittlerduo Irrdings.

»Okay«, seufzte sie schließlich, »ich würde sagen, ich höre mich in Irrding um. Du fährst erstmal zum Bertha-Training.«

Holle nickte am Hörer. Vor allem, da es das gleiche Vorgehen war, das er sich schon überlegt hatte.

Allerdings nüchtern. Nun erinnerte er sich nicht mehr, die Idee schien ihm neu. Irgendwer sollte doch wissen, wohin Jimmi verschwunden war. »Also gut, halt mich auf dem Laufenden. Vor allem, falls du Ferrari triffst. Ich traue dem Typen nicht«, lallte Schneise schon wieder und meinte damit: Ich traue dir nicht, mit ihm alleine.

Amira schien Holle nicht zu verstehen. Oder verstehen zu wollen. Sie sagte nur »Okay« und legte auf. Er fragte sich, ob sie überhaupt wusste, wie sie ins Dorf kam. Der Granada stand ja hier und Holle brauchte ihn nun.

Holle schaute eine Weile aufs Handy, dann blickte er zu den Bergen am Horizont. War er melancholisch oder entschlossen? Um ehrlich zu sein, hatte er nur vergessen, wo er hinwollte. Es hatte auch Nachteile, morgens Hochprozentiges zu trinken.

Zum Glück kannte er die beste Art auszunüchtern: Auto fahren. Eine Fahrt über schwammige Straßen, die er vor innerem Auge begradigen musste, war seine ureigene Form von Meditation. Nirgendwo kam Holle einem Gefühl von innerem Frieden näher.

Vor allem gab ihm die Fahrt zum Training die Gelegenheit, alles gründlich zu überdenken. Wo steckte der schwarze SUV, in den Jimmi gestiegen war? In Graz, wie das Kennzeichen G vermuten ließ? Holles Instinkt sagte ihm, dass er der Lösung näher war, als es die ersten Indizien vermuten ließen.

Wie das Schild *Vereinsheim*, an dem er gerade vorbeifuhr. Mit Kehrtwende und Spurwechsel korrigierte er die Unaufmerksamkeit und sorgte so dafür, dass auch der Gegenverkehr wachsam blieb. Im Parabelflug schlitterte er über den Parkplatz und stoppte am Scheitelpunkt der Kurve wie ein motorisierter Mathematiker.

Leider war er im realen Leben Reporter. Und das für Fußball. Er war es gewohnt, dass ihn andere *Bote*-Kollegen verlachten: Politik, Wirtschaft und Kultur, selbst der Zeitungsteil, der das Fernsehprogramm abdruckte, schaute auf den Sport herab.

Was sollte er den anderen Ressorts erwidern? Dass er auch echte Missstände aufdeckte? Holle überführte in der Regel keine korrupten Politiker oder Polizisten, er deckte keine miesen Machenschaften von Unternehmern auf. Schneise schrieb meist über erwachsene Männer in kurzen Hosen, die beruflich mit einem Ball spielten. Er lief ihnen sogar meist nur nach.

Auch aktuell wieder. Holle näherte sich dem Bertha-Training.

27 Profis lagen im Kreis auf dem Rasen. Stützten sich auf einem Arm und Bein ab, streckten den Rest in die Höhe. Eine Koordinationsübung, die Konditions-Coach Franz Marther leitete. »Höher! Halten!«, bellte er näselnd im Kasernenton.

Marther galt in der Branche als Schleifer alter Schule. Doch Jocken Greensman hatte ihn als Innovator ins Trainerteam geholt, weil er Yoga-Übungen mit Medizinballwerfen verband.

Der Chefcoach und die anderen Assistenten lehnten am Zaun, genossen die Sonne und schauten zu. Genau wie ein Fotograf, der gelangweilt Bilder knipste, als wäre er bei einer Safari.

Jimmi fehlte weiterhin, seine Rückkehr wäre aufgefallen. Weil er bei diesen Übungen meist mogelte und nah am Boden blieb.

Holle fluchte, er war zu früh hier. Nichts war langweiliger, als Fußballern beim Aufwärmen zuzusehen. Auf der Tribüne sah er die Kollegen, die konzentriert zusahen und mitschrieben. Viele Sportjournalisten kamen Holle immer noch vor wie Fans: mächtig stolz und aufgeregt, ihren Idolen so nahe zu kommen.

Timur Lang reckte hoch oben den Daumen, Holle hörte ihn rufen: »Super, Jungs! Den Iso-Drink danach habt ihr euch verdient!« Schneise fiel es schwer zu glauben, dass jemand auf so ein Geschleime hereinfiel. Dann sah er, wie sich zwei Spieler grinsend anstupsten und freundlich zurückwinkten.

Holle sollte womöglich das Gleiche tun, mehr herumkumpeln. Es gab Spieler, die hatten regelrechte Deals mit Reportern: Für gute Noten und Kritiken gaben sie ihnen Infos und Interviews.

Ein Holle Schneise hatte seine eigenen Quellen und Methoden. Das meinte er zumindest. Der Reporter schlich sich an einen Jüngling heran, der an einem Kameragestell herumfuhrwerkte. Mit Struwwelhaaren, Ziegenbärtchen und hängender Hose sah Simon Willert aus wie der Grasdealer hinter einer Uni-Mensa. Tatsächlich war der Dauerpraktikant zuständig für *Bertha-TV*.

»Na, Kippchen gefällig?«

Willert rutschte vor Schreck fast endgültig die Hose herunter. »Holle, Alter, was'n los, Mann?« Simon fand sehr schnell seine bekiffte Nonchalance wieder. »Du weißt doch, ich drehe selber. Und ohne Tabak, hehe.«

Schneise zündete sich nur selbst eine an. »Solltest du nicht die Kamera wieder aufrichten? Das Bild wird sonst schief.«

Willert winkte müde ab. »Ach, das merkt doch kein Schwein.«

Der Praktikant hatte recht: Wer schaute schon *Bertha-TV*?

Willert baute sich ein Tütchen, während die Kamera hin- und herschaukelte. Der schluffige Studi erinnerte Schneise an sein jüngeres Ich. Man musste Simon Willert mögen, auch wenn er Bertha-Fan war. Das war wohl Grundvoraussetzung, um drei Jahre unbezahlt als Praktikant der Pressestelle zu arbeiten.

»Pass auf, dass uns Patzke nicht zusammen erwischt. Mein Trommelfell erholt sich noch von der letzten Nachbesprechung«, sagte er und grinste.

Holle rechnete es ihm hoch an, dass er noch mit ihm redete. Vor allem, wenn man die Schrei-Hierarchien bei Bertha kannte. Gramberger brüllte Laake an, Laake schrie Patzke an, der dann entweder die Presse oder Praktikanten. Die wollten sich dafür wiederum revanchieren. Ein perfekter Kreislauf des Grolls.

»Hör mal, Simon, du weißt nicht zufällig, wer Jimmi entführt hat, oder?« Schneise sah keinen Sinn darin, subtil zu sein.

Willert kicherte dicht. »Alter, ich bin nur der Praktikant. Ist es nicht etwas arm, dass ich deine beste Quelle bin?«

Holle fand den Vorwurf vermessen. Gerade weil er stimmte. »Du hast meine Frage nicht beantwortet«, stellte er messerscharf fest und schnitt sich an der Kippenschachtel. Am Finger lutschend lauschte er Willerts Anwort.

»Mann, als ob mir das jemand verraten würde. Bisschen seltsam ist's ja, dass er grad verschwindet, wenn es ein Angebot für ihn gibt.«

Holle wurde hellhörig. »Ein Angebot? Von wem?«, fragte er.

Simon schüttelte den wuscheligen Kopf. »Alter, liest du denn gar nichts online? Ist ja nicht gerade Geheimsache oder so. Steht alles bei *BUMS Plus*.« Er hielt Holle sein Handy hin.

Schneise hatte sich oft vorgenommen, Abos bei der Konkurrenz abzuschließen. Aber für exklusiven Journalismus Geld zahlen? Wenn das nicht mal die Leser taten, warum sollte er es dann? »Lass mal sehen ... Was? Jimmi zu Royal Madrid?! Im Ernst??!!«

Schneise riss Willert das Handy weg, murmelte den Text mit. Timur Lang berichtete exklusiv vom angeblichen Interesse aus Madrid: Nach *BUMS*-Informationen liege dem Bertha-Star ein unterschriftsreifes Angebot von Spaniens Rekordmeister vor. Die Berliner würden wohl 25 Millionen Euro Ablöse erhalten, eine Rekordsumme für einen bisherigen Zweitligaspieler. Doch Royal-Trainer Ciro Andreotti halte eben viel von Jimmi, zitierte die *BUMS* einen Insider.

»Ferrari!«, knurrte Holle.

Der Text endete mit der Spekulation, der angeblich entführte Spieler weile womöglich zu Vertragsverhandlungen in Spanien. Wütend warf Holle Willerts Handy weg.

»Hey!«, protestierte der Praktikant.

Die Story war von vorne bis hinten erlogen! Das alleine hatte noch keinen Neuigkeitswert bei der *BUMS*. Bedenklich war nur, dass Lang Infos von Ferrari eins zu eins aufschrieb. Zumal der Agent zeitgleich Jimmi als eine Zeitbombe bezeichnete. Welches Spiel trieben die beiden da? Holle musste sie finden.

Schneise stapfte los, entschlossen, sich Lang vorzunehmen. Der kleine Reporter mit der Baseballkappe stand gerade am Rand des Trainingsplatzes und sprach mit besorgten Eltern. Holle erkannte die beiden: Ihr Sohn war Slimani Ben-Ghalo, ein etwas einfältiger Flügelspieler aus der Bertha-Jugend. Seine stolzen Eltern waren wohl extra aus Berlin angereist, um ihren Sohn bei seinem ersten Trainingslager zu besuchen.

»Ich kann Ihnen versichern: Ihr Sohn wird Nationalspieler«, hörte er Lang zu den Ben-Ghalos sagen. Eine gewagte Prognose, mit 23 Jahren wartete Slimani noch immer auf einen Profi-Einsatz.

Doch *BUMS*-Reporter Lang sagte ja nicht, für welches Land. Nationalteams konnte man ja fast wechseln wie Fußballschuhe. Die Familie kam aus dem Libanon, einem leidgeprüften Land, vor allem, was die Ergebnisse des eigenen Nationalteams betraf.

Die Ben-Ghalos lächelten viel. Sie fühlten sich wohl geehrt, dass ein Reporter mit ihnen sprach. Wenn auch sehr langsam und übertrieben betont.

»Wenn mal etwas ist: hier meine Handynummer.« Lang reichte ihnen seine Visitenkarte und nickte eifrig.

Holle wusste zufällig, dass Herr Ben-Ghalo Physikprofessor an der TU Berlin war und Frau Ben-Ghalo

Rechtsanwältin. Sie schwiegen höflich, aber Schneise wusste, dass selbst die besten Familien anfällig für Schmeichler wie Lang waren. Vermutlich riefen oft auch Spieleragenten bei ihnen an, die ihren Slimani beraten wollten, für 80 Prozent der Einnahmen.

»Timur, wenn du damit fertig bist, diesen Leuten zu erzählen, ihr Sohn werde der nächste Mionel Lessi: Können wir reden?«

Lang funkelte Holle unter seiner Kappe von unten finster an.

Die Ben-Ghalos lächelten höflich und ließen die Reporter lieber allein.

»Was soll der Scheiß mit Royal Madrid?«, rief Holle.

Der *BUMS*-Reporter verschränkte trotzig seine Ärmchen. »Eifersüchtig, dass ich die Geschichte exklusiv hatte?«

»Die Story erzählt Ferrari doch jedem, der sie nicht hören will«, wies Schneise Lang zurecht. »Warum schreibst du das ausgerechnet jetzt auf? Jimmi wurde wirklich entführt!«

Lang zuckte die Schülterchen und schaute hinaus aufs Feld. Am Rande des Trainingsplatzes blickte der Grimmig zurück. Wollte der Berg dem Zwerg auch gerade so gerne eine Kopfnuss geben?

»Was springt für dich raus, Lang? Wessen Eier kraulst du?« Arg primitiver Spruch. Doch Holle war noch im Alpha-Modus.

Während sich die beiden Reporter ein Anstarrduell lieferten, trabten einige Bertha-Profis vorbei, die am Platz gerade ihre Runden liefen. Einige reckten Lang die Faust entgegen, er boxte zurück. Nickte herüber zum

Fotografen, ob er auch alles im Bild hatte. Die Spieler, die Trainer, die Presse? Lang nickte, die Trainer nickten, der Paparazzo nickte. Eine Machtdemonstration für Holle: Die *BUMS* hatte alles im Griff.

»Du solltest endlich lernen, wie das Spiel läuft, Holle.«

Schneise war außer sich vor Wut. »Hör mal, du lügender Meter, wenn du mir nicht sofort verrätst, wo Mario Ferrari steckt ...« Er packte den *BUMS*-Reporter am Kragen seines Kapuzenpullis.

»Was dann?«, fragte Lang und nickte zu seinem Fotografen.

Holle spürte das Objektiv auf sich gerichtet. Eine weitere Verfehlung vor seinem Chef konnte Schneise nun wirklich nicht gebrauchen. Eine bislang fehlende Story reichte fürs Erste. Er ließ den kleinen Mann fallen.

Der fegte sich demonstrativ über den Kragen. »Soweit ich weiß, ist Ferrari in Spanien.« Mit diesem Satz lief Lang lachend davon.

Holle blieb zurück. Die großzügig geteilte Info galt ihm als letzte Demütigung.

So viel Unwahrheit die kleine Schmeißfliege Lang auch verbreitete, Holle glaubte ihm: Der Agent war wohl schon über alle Berge. Schneise spürte solche Dinge wie ein Rasseln in der Lunge. Er hatte eine Art sechsten Sinn, wann Dinge sinnlos wurden.

Woran es mangelte, war, diese Erkenntnis ernst zu nehmen. Wie seine Lungenstiche. Schneise zündete eine Zigarette an.

TAG 4: MITTAGS

Es gab einiges am Landleben, das Amira nicht leiden konnte: Den Mangel an Kultur, also an Nagelstudios und Einkaufscentern. Dass jeder Typ, den du trafst, potenziell dein Cousin war. Dass Nachtleben hier hieß: Kneipe im Ort oder Krimi auf der Couch.

Am befremdlichsten aber fand Amira die Nähe zur Natur. Denn die sorgte dafür, dass man ein eigenes Auto benötigte. In Berlin brachten dich der Bus, die Bahn oder ein Bodybuilder im BMW überall hin. Man musste nicht mal dafür zahlen.

Die malerische Weite der Wildnis erwies sich als Nachteil, wenn man zu Fuß unterwegs war, ohne hier wandern zu wollen. Also latschte Amira endlos eine Landstraße entlang, die sie laut einem Schild mitten in die Ortschaft Irrding führte. Was hier Ortskern und Randlage war, erschien allerdings schwammig. Links und rechts sah Amira, wie sich Häuser hinter Hecken versteckten. Die Weltoffenheit der Landbevölkerung endete am eigenen Gartenzaun. Dahinter lag für sie nichts. Und sie hatten recht, zumindest architektonisch gesehen hier im Ort. Flachdachbetonbauten, die Billig-Supermärkte beherbergten. Dazwischen Scheunen, Kirchen, viele hell verputzte Fassaden, die bessere Zeiten beschworen: Als man hier noch unter sich war. Als Irrding Ruhe hatte vom Rest der Welt und umgekehrt.

Amira fiel natürlich auf wie eine Dschungelkatze in den Alpen. Das lag auch daran, dass sie ganz im

Leopardenlook herumlief: Stirnband, Leggins, Stiefeletten – alles im Wildkatzenmuster gehalten. Auf diese Art fühlte sie sich gewappnet für eine Safari in der Steiermark und Erstkontakt mit Eingeborenen.

Die Spielerfrau wusste nicht mehr genau, warum ausgerechnet sie vorgeschlagen hatte, sich im Dorf umzusehen. Amira wurde schon nervös, wenn sie an der Spree keine Baukräne mehr sah. Bei Provinz bekam sie Pickel. Als Jimmi eine Villa am Wannsee kaufen wollte, hatte sie entgegnet: Warum nicht im Wedding?

Doch Amira war klar: Wenn sie jemals eine Villa wollte, egal wo, dann musste sie schleunigst ihren Verlobten wiederfinden. Sie hatte ihm die besten Jahre geopfert: Sie wurde ja bald 21. In diesem Alter sollte man als Frau abgesichert sein, fand sie, sonst konnte sie ja gleich arbeiten gehen. Wie ätzend. Klar, sie könnte auch studieren und so. Aber: anstrengend. Nicht, dass sie nicht gekonnt hätte – aber passte das zu ihr?

Sie hatte in der Schule gelernt, Intelligenz zu verstecken. Die wurde nicht honoriert, nicht so wie ein Wimpernklimpern. Anfangs störte es sie, auf ihr Äußeres reduziert zu werden. Nur brachte es sie einfach sehr schnell dahin, wo sie wollte.

Aktuell hatte Amira es ganz allein zum Ortskern geschafft. Das war schon einmal ein Anfang, aber auch von etwas Gutem? Das Herz Irrdings war nur ein Wendekreis mit Sicht auf den Grimmig zur Linken und dem *Hotel Palais* hoch oben zur Rechten. Post, Bäckerei, Supermarkt, mehr bot der Ort ihr hier nicht.

Wo sollte sie nun anfangen zu suchen? Wen suchen überhaupt? Jimmi würde hier kaum herumlaufen, und

Mario zu finden, konnte sie vergessen. Seit gestern ging der Agent nicht ans Telefon. Ferrari war nicht der Einzige, der ihren Verdacht erregte. Im Prinzip galt das auch für alle Irrdingerinnen und Irrdinger.

Seit sie mit Holle im Hacklwirt angestarrt wurde, gingen ihr diese Blicke nicht mehr aus dem Sinn. Bei den drei Männern am Nebentisch, da war nicht nur Notgeilheit in den Augen, das war sie gewohnt. Die Absichten schienen deutlich finsterer.

Schneise hatte ihr in der Zwischenzeit erklärt, um wen es sich bei den Gaffern handelte: den Bürgermeister des Ortes, den Polizeimeister und ihren Gastgeber, den Hacklwirt. Wenn das die Elite von Irrding war, dann Prost Mahlzeit.

Das einfache Volk war auch nicht zu sehen, die Straße leer. Niemand hier war unmotorisiert unterwegs, alles fuhr Auto. Also tat Amira das einzig Sinnvolle in so einer Situation: Sie machte süße Selfies von sich für die sozialen Netzwerke.

Die Spielerfrau von heute war ihren Followern verpflichtet. Die Leute wollten genau wissen, was sie so alles nicht tat. Zwei Katzenöhrchen, die Amiras Handyfilter herbeizauberte, passten perfekt zum Leopardenlook, ebenso wie zum Duckface.

Sie sog Luft ein, spitzte die Lippen, alles ganz natürlich. Amira überlegte: Sah so die Verlobte eines Entführten aus? Sie fügte ein Smiley-Gesicht mit Träne hinzu. Schon besser.

Als sie das Bild noch einmal begutachtete, um es dann als Instagram-Story zu teilen, bemerkte sie etwas im Hintergrund. Hinter dem linken Katzenöhrchen parkte ein schwarzer SUV! Sie sah sich um, also in der echten Welt. Da stand er wirklich. So wie Holle ihn beschrieben hatte. Sogar mit Kennzeichen G.

Sie ging hinüber zum Haus, vor dem der Geländewagen parkte. Wurde hier ihr Jimmi versteckt gehalten? Sie schlich heran. Durch die schwarzen Scheiben des Autos war nichts zu sehen, aber am Eingang hing ein Schild: *Zahntechnikstudio Edelweiß. Inhaber: H.-H. Faschl.*

Dann wurde ihr klar: Das war doch der Bürgermeister im Ort! Sie hatte geahnt, dass dieser Typ nicht koscher sein konnte. Aber dass er hinter der Entführung eines Fußballers steckte?

Bevor sie sich überlegt hatte, was sie sagen sollte, hatte sie schon geklingelt. Konnte sie einfach nach Jimmi fragen? Ein Türsummer brummte und Amira trat ein. Sie könnte ja eine Kundin sein. Auch wenn sie nicht wusste, ob Zahnkosmetik in der Provinz wirklich Sinn machte, sie würde es herausfinden.

Alles war viel zu weiß hier. Wände, Tresen, Arbeitskleidung und die Sprechstundenhilfe selbst. Offenbar eine Einheimische.

»Serwas, hoaben's Sie oanen Termin boim Hearrn Doaktaor?«

Amira sah die Frau fassungslos an. Sie sprach wie eine Magd im Mittelalter. Nur dass ihre Zähne deutlich zu weiß waren. »Ja ... äh... ich würde gerne zu Herrn Faschl, wenn das ginge«, antwortete sie mit der Ahnungslosigkeit einer Auswärtigen.

»Doa hoaben's Glück, dear Hearr Doaktor hoat grod wos frai.« Sie lächelte etwas zu viel und deutete zu den Hinterzimmern.

Auf Amira wirkte alles so surreal, sie fürchtete eine Falle. Aber es war jetzt schon zu spät, um noch umzukehren. Sie betrat ein Behandlungszimmer und sah einen Gott in Weiß.

Heinz-Hubert Faschl stand mit bekitteltem Rücken zu ihr, nur der Nacken stach braun heraus unter blond gefärbten Haaren. »Wenn's sich's schoanmoal setzn tät'n. Wo drückt doa Zoahn?« Er drehte sich zu ihr um, sein aufgesetztes Lächeln erstarb. »Sind's Sie net di Freaundin von diasem Tschornalist'n?«

Amira war angewidert, für Holles nüchternere Hälfte gehalten zu werden. »Wir sind nur befreundet. Ich bin schon verlobt.«

Faschl knipste sein Strahlen wieder an, als wolle er sagen: *Das werden wir ja noch sehen.* »Und woas füahrt's nu' zu miar? Bit-te, nahmen's doch Platz. Hiar, glaeich auf dem Stuahl.« Er deutete auf eine weiß belederte Behandlungsfolterbank, umgeben von lauter Lampen, Geräten und spitzen Instrumenten.

Amira wusste nicht, was sie entgegnen sollte. In der Regel reichte es, wenn sie Leuten ihr schönstes Lächeln schenkte. In diesem Fall wusste sie nicht, ob das nach hinten losging. Aber sie war ja nicht die Polizei, nicht einmal Reporterin. Sie konnte ihn nicht zwingen zu reden. Also setzte sie sich.

Faschl rieb sich die Hände, es war wohl Desinfektionsmittel. »Donn wollen's doch moal sehn, woas füar Zähne sie hoat.«

Amira wusste nicht, ob der Mann mit ihr oder über sie sprach. »Sind Sie nicht eigentlich der Bürgermeister hier im Ort?«

Faschl rückte ihr nun näher, rollte auf einem Hocker heran. »Guate Frau, a Politiker muss doch oach sei Geld veardienen.«

War das ironisch? Sie konnte sein Lächeln nicht einordnen. Aber gut verdienende Politiker waren immerhin nicht korrupt ... Offenbar konnte man Amtsträgern in Österreich noch vertrauen. Aber auch diesem hier?

»So oane Proathese aus der Moanufaktur, des is woas Faines«, sagte Faschl und zeigte ihr sein Gebiss. »Edelweiß-Garantie.«

Amira schluckte.

»Öaffnen Sie's doch moal den Mund, bitte.«

Sie hatte keine Wahl: Sie musste so tun, als sei sie Kundin. Die Idee einer instagrammigen Beißleiste fand sie ja nicht unattraktiv, aber dann nur bei einem attraktiveren Zahnarzt.

Faschl fingerte mit einem Spiegelchen an ihren Zähnen herum. »Oah joa, seahr interessoant. Oan Heidelbearger Unterkiafer. Si hoam oalso oarische Vorfoarn üaber Neonderthoaler hinaus.« Faschl meinte es offenbar ernst. Was hatte der Typ studiert? Archäologie?

Amira spuckte das Spiegelchen aus. Faschl zuckte irritiert zurück. »Ich glaube, meine Zähne sind okay so, wie sie sind.« Amira konnte nicht fassen, was sie sagte. War sie etwa doch völlig zufrieden mit ihrem Körper? Bekam ihr die Landluft nicht? »Sagen Sie mal, der Wagen draußen, ist das Ihrer?« Amira kam einfach mal zur Sache. Was sollte schon passieren?

Faschl wühlte langsam in einer Schublade mit Skalpellen. »Oach, mainen's den SUV? Na, so oanen hat' i' moal. Da gehöart zwai ... Kuanden von mia, di Herr'n gehen's gearade.«

Amira fiel fast vom Stuhl. Fühlte sie dem Falschen auf den Zahn? Durch die Jalousien am Fenster erblickte sie zwei Gestalten. Der Geländewagen war offenbar ihrer, denn sie waren genauso riesig, kantig und düster wie ihr Gefährt. Die gleichartigen Giganten trugen Schwarz und Sonnenbrille am helllichten Tag.

Das hieß, sie verbargen etwas. Amira schaute viele Filme.

»Was wollten die von Ihnen? Sagen Sie ja nicht, Prothesen!« Faschl konnte sie nicht verarschen. Die beiden Schläger da draußen sahen so aus, als hätten sie im Leben nie gelächelt. Eher bescherten ihre Fäuste Zahnärzten Reparaturaufträge.

»Des froagen's di boiden oam beasten selbst«, sagte Faschl.

Amira bekam nicht mehr mit, ob der Widerling danach grinste. Sie war bereits nach draußen gestürmt, gegen jede Vernunft. Diese Gorillas hielten womöglich ihren Verlobten gefangen, sie durfte sie nicht entkommen lassen!

Aber es war zu spät. Die Rächerin im Leopardenkostüm sah nur noch ihren Auspuff. Aus dem kein Rauch und Krach kam. Offenbar ein Elektroauto. Amira drehte sich enttäuscht um. Faschl musste ihr noch einige Fragen beantworten. Nicht nur zu Archäologie. In dem Moment fuhren die Jalousien herunter.

Die Praxis machte jetzt Mittagspause, bis mindestens morgen. Amira war außer sich vor Wut. In diesem Ort spielte offenbar jeder ein doppeltes Spiel. Sie hoffte, Holle kam da weiter.

Solange Holle Schneise denken konnte, hatte er ein Problem: Er empfand große Scheu davor, fremde Menschen anzusprechen. Das war eine äußerst ungute Eigenschaft für einen Reporter, denn nichts anderes war ja seine Aufgabe: mit Fragen nerven. Er nahm einen Schluck aus der Flasche. Das half meistens.

Seine Erzeuger hatten Holle wenig beigebracht, nur, dass man Leute nicht einfach störte, vor allem nicht seine Eltern. Seitdem schnürte es Schneise beim Gedanken ans Ansprechen die Kehle zu. Bis zur Uni redete Holle mit keiner einzigen Frau. Dann entdeckte er den Alkohol. Und ging nicht mehr zur Uni.

Ein Wunder, dass er es geschafft hatte, Gaby anzusprechen. Aber sie war anders als andere, zugänglicher, betrunkener, anfangs zumindest. Irgendwann war sie nüchtern und genervt. Holle sprach nie mit ihr darüber. Er kam nur seltener heim.

Nun stand er allein am Trainingsplatz und sah zum Grimmig: Wenn er nur dessen Ruhe hätte. Diese Selbstverständlichkeit, einfach sein zu dürfen. Ohne jemanden nach etwas zu fragen. Andererseits: Vielleicht fehlten Bergen auch nur die Worte.

Holle Schneise kannte noch eine Kur für seine Kontaktängste: ein vertrautes Gesicht. Wie jenes von Kjell-Bjarne Lindholm. Der Schwede war ein Sonnyboy, ein Typ, dem alles so zufiel. Er war blond, smart, fit, nur beim Fußball leider fast talentfrei. Doch die Medien liebten den Mittelfeldzerstörer, denn er konnte zumindest einigermaßen unfallfrei reden.

Vielleicht ja auch mit Holle?

Zum Glück sah der Reporter ihn in diesem Moment vom Platz gehen. Lindholm absolvierte gerne nachmittags Sondertrainings und übte tiefe Tacklings. Nur fand er kaum Freiwillige zum Umgrätschen. Als der Schwede Schneise erblickte, lächelte er. Jeder mochte ihn und er mochte jeden. Sogar den *Bote*-Mann.

»Grüüß diich, Hoollee«, sagte er in seiner eigenwilligen Art, Worte lang zu ziehen. Entweder ein schwedischer Akzent, oder Lindholm war längst nicht so intelligent, wie alle dachten. Doch wer bei Bertha nur normal nett war, stach schon positiv heraus. »Wiiee kaann iich heelfeen, meeiin Freeuund?«

Holle nahm seine Brille ab und putzte sie mit einem Tuch. Er fand sich intellektuell dabei. Und er sah wieder etwas. »Sag einmal, Kjelle-Boy, wie läuft denn das Training ohne Jimmi?« Der Reporter beschloss soft einzusteigen. Nicht zu offensiv. So wie Bertha spielte. So wie es auch Lindholms Stil war.

Der Schwede zog sein Trikot aus, offenbar war ihm zu warm. Selbst im Winter lief Lindholm mit freiem Oberkörper herum. Der Mann kam aus Kiruna, der nördlichsten Stadt Schwedens. Die Kälte konnte einem echten Lappen wie ihm nichts anhaben. »Ees lääuft beesseer deenn jee«, sagte er und grinste dabei. »Oohnee Jiimii giibt ees keeiinee Straafliieegeestüützee.«

Holle wusste, was er meinte: Wenn der Brasilianer bei einer Übung betrog, ließ Marther das ganze Team Pushups nachholen. Insofern war Lindholms Erleichterung nachvollziehbar, auch wenn er so aussah, als würde er freiwillig 200 nachlegen, bevor er im Wald mit bloßen Händen eine Blockhütte baute.

»Uund iich glaauubee, deer Traaiineer freeuut siich aauch«, sagte Lindholm und grinste, als hätte er Finsteres im Sinn.

Holle wollte nicht glauben, was für eiskalte Andeutungen der sonnige Schwede machte: Schließlich hatte Jocken Greensman Jimmi erst zum Spielmacher umgeschult. Allerdings galt der kanadische Sachse auch als Fan von Fitnessfanatikerfußball.

Passte Jimmi da rein? Lindholms Blick sagte eindeutig: Nein.

»Meinst du etwa, dem Verein kommt die Entführung gelegen?« Holle hatte seine Brille bereits so blitzeblank gerubbelt, dass sie wie ein Spiegel blendete.

»Dazuu daarf iich...«, stammelte der Schwede.

»Nichts sagen, schon klar«, kürzte Schneise an dieser Stelle mal ab. »Angeblich gibt es einen Zeugen für die Entführung. Du weißt nicht zufällig, wer das sein soll?«

Das Sonnenlicht, von Holles Brille gebrochen, brachte auf dem Rasen Grashalme zum Schmoren. Und den Schweden gleich mit. Lindholm trat das Feuer mit dem Fuß aus, dabei hatte er die Schuhe schon ausgezogen. Er war ein beinharter Naturbursche.

Nun funkelte er Holle finster an. »Weenn duu miich fraagst, daann häättee jeedeer hiieer eein Gruund, Jiimii loos zuu weerden.«

Schneise lief es eiskalt den Rücken herunter. Wenn Bertha es selbst hinbekam, den nettesten Schweden der Welt böse werden zu lassen, dann konnte es jedem passieren. Manchmal fragte er sich, was der Fußball aus Leuten machte. Na klar, ohne Jimmi wäre noch ein Platz im Mittelfeld frei. Sogar für einen reinen Zerstörer, der besser grätschte als er kickte.

Lindholm stapfte schweigend von dannen, Schneise ließ ihn. Am Abend stand ja noch ein Testspiel an. Bertha spielte Fußball: Allmählich wurde Holle der Fall unheimlich. Er beneidete da fast Amira. Die befragte nur die unverdorbenen Dorfbewohner.

Waffen, überall Waffen. Genug für ein bis zwei Weltkriege. Es war unglaublich, was sie hier im Ort gebunkert hatten. Amira vermutete, einige US-Amerikaner hätten einen Narren an dem Arsenal hier gefressen. Überall funkelte dunkles Metall. Sie überlegte, einige Regale für Instagram zu fotografieren und dazu Friedensbotschaften zu posten, etwa: *Wer Weltfrieden will, muss im Schützenbedarfsladen anfangen.* Es schien ihr aber zu riskant, also sah sie sich weiter um.

Sie ging am Regal vorbei, unter Geweihen her, musterte Vitrinen. Die Wände hingen voll mit Dingen, die tot waren oder den Tod brachten. Fein aufgereiht standen Flinten, Büchsen und Gewehre, Revolver und Pistolen lagen aus.

Seltsames Geschäft. Amira hatte eigentlich die Polizei im Ort gesucht. Als sie dann die Inspektion Irrding fand, unweit des Friedhofs, hing da nur ein Schild: *Bin im Laden ums Eck.*

Also schlich Amira um das unbenutzt aussehende Amtsgebäude, in dem auch der Bürgermeister sitzen sollte, wenn er nicht gerade Zahnprothesen modellierte. Der war auch nicht hier.

An wen sollte sie sich wenden, um verdächtige Geländewagen zu melden? Für die Ermittlungen zur Entführung Jimmis war das doch eine nicht unwesentliche Information, wie sie fand. Aber erst einmal hatte sie herausfinden müssen, wo denn der Polizeimeister residierte, dieser Adolf »Adi« Hirscher.

Eine komische Gestalt, allein schon der Name war verdächtig.

Zudem ergab eine kurze Internetrecherche am Handy, dass die sogenannten Gemeindewachkörper in Österreich direkt dem Bürgermeister unterstanden. Nur er durfte ihnen Anweisungen erteilen. Wenn sie denn mal im Dienst waren. Denn viele der Wachkörper hatten einen Nebenjob, um den Lohn aufzubessern.

Sie erinnerte sich an Hirscher vom Nebentisch im Hacklwirt. Der Mann mochte aussehen wie eine Kartoffel in Uniform, aber er war offenbar gut vernetzt im Ort. Sein Jagdgeschäft schien gut zu laufen, obwohl oder weil es gleich neben dem Polizeirevier lag.

Die Tür hatte offen gestanden. Wer bestahl schon die Polizei? Den Besitzer hatte Amira nirgendwo erblickt, also sah sich die Spielerfrau zunächst einmal um und begaffte die Waffen.

Amira war angewidert und fasziniert zugleich. Als streng vegane Flexitarierin aß sie nur Fleisch, wenn keiner hinsah. Die Jagd widerte sie an, außer die nach Angeboten in Boutiquen. Die Mode, im

Wald zu hocken und auf Wild zu warten, verstand sie hingegen nicht. Aber Amira hätte schon mal gern geschossen.

Männer mussten sich sehr mächtig fühlen mit so einer Waffe. Für Frauen sei das nichts, wurde ihr immer wieder gesagt. Amira hatte es satt, dass sich andere als Beschützer anboten. Sie könnte sich selbst verteidigen, mit so scharfem Geschütz. Gab es die Dinger im Handtaschenformat? Vergoldet vielleicht?

Ein tiefes Räuspern riss Amira aus den heimlichen Gedanken. Sie sah Adi Hirscher am Tresen stehen, sein Bauch lag auf.

»Koann i' Iahnen healf'n, Froilain?«, fragte der Polizist großväterlich. Amira mochte seine herablassende Art nicht. Der Typ trug nicht mal Uniform, dafür eine grüne Filzjacke.

»Ich würde gerne eine Meldung machen«, sagte sie und machte sich gerade.

Der Jäger-Opa starrte auf ihr Leopardenoutfit.

»Wenn ich Ihre Aufmerksamkeit kurz hier oben haben dürfte? Da fährt ein Gefährt herum, das bei der Entführung meines Verlobten José Iago Marcelo de Máximo Ingênuo zugegen war.«

Der alte Mann sah sie wortlos an, nur der Schnauzer atmete.

»Der Fußballer?«

Keine Reaktion.

»Der Ausländer?«

»Oah joa!« Bei diesem Stichwort erwachte Leben in dem Kartoffelkörper. Hirscher kam um den Tresen, atmete schwer: die Belastung. Er baute sich vor ihr auf und blähte den Bauch belehrend. »Üaberlassen's di Earmittlungn Proafis, Froilain.«

Amira konnte nicht fassen, dass Hirscher ihre Aussage nicht einmal hören wollte. »Da fahren zwei Ganoven durch Irrding! Zwei Riesen, in einem schwarzen SUV! Dem Hinweis müssen Sie doch nachgehen!«

Der Polizist steckte sich eine Pfeife an. Hirscher blies den Rauch aus wie eine Feststellung. »Oach, meinen's di boaiden Balkanesen?«

Amira verlor die Fassung. »Sie wissen, wer das ist?«

Er sabberte am Mundstück herum. »Eas goab doa Mealdungn, doass zwei Määnner mit riasenhoftem Äoßerem und juagoslowischn Oakzent im Oart uanterwegs san und di Leut befroagen. Noach oanem Fuaßballer voar oallem.«

Amira war kurz davor, ins Regal zu greifen und eine Flinte auf ihn zu richten. »Und das finden Sie nicht verdächtig?«

Hirscher schien ihre Blicke gesehen zu haben und holte ein Jagdgewehr unterm Tresen hervor. Er begann es zu polieren. »Des is oa fraies Loand, wissen's. Und soalche Suabjekte, di so eatwas mealdn, di san au net üaber Zwoifel earhabn.« Der Polizist sah erst das Gewehr und dann Amira prüfend an. »Wear soagt's denn, doass Iahr Vearlobter net mit denen uanter oaner Decke steckn tuat?« Er lachte kehlig in den Rauch.

Amira war empört. Hielt er Jimmi für verdächtiger, nur weil Brasilianer für ihn ausländischer aussahen als »Balkanesen«? »Vielleicht sollten Sie die beiden einfach danach fragen.« Eine Idee, die dem Polizisten wohl noch nicht gekommen war.

Er sah die Spielerfrau abschätzig an. »Oinmischuangn in di Earmittlungsoarbeit san unearwünscht«, entgegnete er barsch. »Voar oallem so Hianwoise voan troatschsüchtigm Waibsvoalk.« Er legte die Waffe ins Regal. Alles hatte seine Ordnung zu haben.

Amira wollte etwas entgegnen, aber sah sich dann nochmal um. Sie war umzingelt, im Verhältnis 1000 Schusswaffen zu null. Aber er hatte ihr schon etwas verraten: Es gab eine Zeugin. Womöglich wusste sie mehr über die Männer im Geländewagen. Allerdings hatte Amira bisher kaum Frauen im Ort gesehen.

»Ich bin mir sicher, dass die Polizei unabhängig ermittelt«, sagte sie und dachte das Gegenteil. »Ich lasse Sie also ihre Arbeit machen.« Amira täuschte einen taktischen Rückzug an.

Hirscher schien erleichtert, atmete gleich weniger schwer. »Seahr guat, denn i' hoab no a Kleattertour zua ploanen.«

Sie dachte, sich verhört zu haben. Die Kartoffel kletterte? »Sie machen auch Klettertouren?«

Hirscher nickte zur Wand. Da hingen Plakate: *Erlebnistouren Irrding, buchen Sie jetzt!* Darüber ein großes i. Hier war wohl auch das Tourismusbüro.

»Na, dann lasse ich Sie lieber mal wieder zu Atem kommen.«

Diese Spitze perlte am unförmigen Polizeikartoffelkörper ab. »Doanke«, hauchte Hirscher asthmatisch.

Amira war schon halb auf dem Weg nach draußen, als sie sich noch einmal umdrehte. Auch ohne je Achtziger-Jahre-TV-Krimis gesehen zu haben, hatte sie das richtige Gespür fürs Timing. »Eine Frage hätte ich noch«, sagte sie, Hirscher fixierend. »Wer ist denn die Dame, die hier im Ort so viel tratscht?«

TaG 4: aBENDS

Es war ein Verbrechen. Das erkannte Holle Schneise umgehend. Eine brutale Gewalttat, begangen an einem wehrlosen Opfer. Die Täter waren in der Überzahl, gar zweiundzwanzig zu eins. Der Misshandelte hatte keine Chance, lag nur stumm am Boden.

Selten wurde ein Ball derart grausam von Füßen gefoltert. Wo andere ihn streichelten, wurde er hier gedroschen und getreten.

Das Wetter passte sich der Qualität der Abendvorstellung an. Ein Platzregen in den Alpen, was dem Match auch nicht half. Der bemitleidenswerte Ball blieb öfter im Matsch stecken, schien dort in Sicherheit vor heransausenden Schuhspitzen. Dann trat erneut ein Grobmotoriker ohne Mitleid auf ihn ein.

Immerhin waren kaum Zuschauer als Zeugen zugegen: Die Holz-Arena des TSV Irrding hatte zwar ihre Pforten geöffnet, aber außer Pressevertretern hatte sich keiner des Spiels erbarmt. Holle hockte auf der Tribüne, gelangweilt und verzweifelnd. Er zündete eine Zigarette an, hoffend, dass Nikotin da half. Ein Tropfen fiel vom Vordach und löschte zischend die Glut.

Schneise schimpfte. In zwanzig Jahren hatte der Reporter viele miese Spiele gesehen, doch das hier war ein neuer Tiefpunkt. Was erwartete er auch von einem Testspiel im Trainingslager?

An sich waren solche Partien bessere Laufeinheiten mit Ball. Doch entschuldigte das eine solche Barbarei im Spielaufbau?! Nicht, dass er besser kicken konnte: Er wusste es nur besser.

Bertha spielte heute schon in den Trikots der neuen Saison: quer gestreift statt senkrecht, deshalb nun 200 Euro teuer. Die spielerischen Mängel aus Zweitligazeiten blieben aber: Torwart und Verteidiger droschen die Bälle Richtung Stürmer, das Mittelfeld sah gelangweilt zu. Selten kam ein Ball an. Dabei war der Gegner nur ein Amateurverein aus der Region, der zufällig Zeit hatte, zu einem Abendkick vorbeizuschauen.

Wenn Holle die Pressemitteilung dazu richtig gelesen hatte, dann hieß der Verein früher einmal SC Admira Untersalzberg. Ein Sponsor benannte ihn um in SCA bet-all-your-money.com. Das »SCA« im Namen blieb, als Traditionspflege für die Fans.

Holle konnte nicht fassen, dass er sich das ansehen musste. Er war an einer größeren Sache dran, an Jimmis Entführung. Doch sein Chef hatte ihm erklärt: Die Leser wollen wie gewohnt den Bericht zu Berthas Testspiel. Und neue Infos über Jimmis Wechsel zu Royal Madrid. Da sei nichts dran, hatte Holle entgegnet, das sei nur ein total dummes Gerücht. »Dumm klickt gut«, hatte Stephan Tretmann entgegnet, wie so oft. Ein Totschlagargument. Also saß Holle hier und schrieb mit.

An der Seitenlinie sprang Jocken Greensman wild auf und ab. Der Bertha-Trainer brüllte: »Mear Giar ond Gollischkeit!« Doch die Truppe des Sachsen wirkte weder gierig noch gallig. Sie schlich über den Rasen, als sei die Saison schon vorbei.

Tatsächlich begann die Bundesliga bald, alle Kicker kämpften noch um Stammplätze. Die Elf hier empfahl sich für die Bank.

Torwart Torsten Hardt machte vor Langeweile Klimmzüge am Tor, vorn schlief der Sturm fast ein. Auch die Abwehr um Leon Stern stand nur herum, wobei der Schönling stets gut aussah. Kjell-Bjarne Lindholm grätschte aus Langeweile ins Leere und Slimani Ben-Ghalo lief ständig mit dem Ball ins Seitenaus.

Stürmer Luis Andrés Castro schien in Gedanken schon woanders, Angelo Möller gab erfolglos den Ersatz-Regisseur für Jimmi. Bei kleinstem Gegnerkontakt sank Möller schreiend zu Boden. Also wie Jimmi. Nur ohne dessen schauspielerisches Genie.

Schneises Leiden als Zuschauer würde kein Fan je verstehen: Die meisten Menschen gingen ja freiwillig in Fußballstadien. Beim eigenen Lieblingsverein mochte ein 0:0 ja packend sein. Wer mitfiebert, der langweilt sich selten. Als Medienfuzzi musste man hingegen in Storys denken: Welche Geschichten steckten in einem Spiel? Bei Bertha stellte Schneise fest: Meist gar keine. Schreiben musste er trotzdem. Und zusehen.

In dem Moment rannten sich zwei Bertha-Profis auf dem Rasen gegenseitig um. Der Ball kullerte in Zeitlupe ins Seitenaus.

Wer, fragte sich Holle, während er eine neue Ziese zückte, interessierte sich als Fan denn für die Testkicks im Sommer. Der sportliche Wert war gering, die Ästhetik noch dürftiger. Er legte seinen Block weg, in eine Pfütze auf dem Nebensitz. Schneise schaute sich um und sah die Kollegen mitschreiben, als wäre das ein Pokalfinale. *Pay Sport* sendete live in SD.

Waren denn alle verrückt? Es ging um ein Freundschaftsspiel! Auf einem Dorfplatz irgendwo in der österreichischen Provinz! Irgendwann mussten die Leute doch genug haben vom Fußball!? Sendete sich dieser Sport nicht irgendwann selbst zu Tode?

Plötzlich bemerkte Holle, dass durchaus Zuschauer da waren. Nicht nur Anwohner, die beim Gassigehen kurz stehen blieben. Nein, echte Berthaner, mit freiem Oberkörper, im Unterrang.

Der harte Kern der Kurve ließ eben keinen Leckerbissen aus, die Urlaubs-Ultras hatten nach dem Vollrausch am Vormittag wohl nur länger geschlafen und erschienen erst nach Anpfiff. Sie grölten gewohnt wortgewaltig: »Ba-bo-bäh, Bertha Ha-Es-Zäh!«

Das ist meine Gelegenheit, sie nach Kurt Kibitz zu fragen, dachte Holle. Er hätte sie auch morgens ansprechen können. Doch da hatte der Reporter nicht den gleichen Pegel wie sie. Nun fühlte er sich gewappnet, nippte nur kurz am Flachmann.

Geschickt wie eine Gämse stieg Schneise die Stufen hinunter.

Da erst fiel ihm beim Blick auf die Ehrentribüne etwas auf: Neben Präsident Gerhard Gramberger, der Zigarre paffte und daher viel Platz um sich herum hatte, saß ein Stück weiter Manager Martin Laake mit Bürgermeister Heinz-Hubert Faschl und dem Gemeindewachkörper Adolf Hirscher in trauter Eintracht. Die drei scherzten und lachten zusammen, als hätten sie keine Probleme auf der Welt. Wie einen verschwundenen Fußballer etwa.

Von so viel Sorglosigkeit besorgt, setzte Schneise seinen Abstieg Richtung Bertha-Block fort und holte dann tief Luft. Kaum hatte er sich den Stiernacken genähert, stieg ihm ein Parfüm aus Herrenschweiß, Pyrorauch und Dosenbier entgegen. Holle hatte durchaus Sympathien für die aktive Fanszene – solange er sie möglichst passiv von weitem begutachtete. Einige Ultras waren maskiert, trugen Schals vor dem Mund. Das half gegen die Polizeierkennung – oder gegen den Geruch hier.

Er sprach einen jungen Mann an, der eine Duftkerze zündete. »Ein herzliches Babobäh, der Herr«, biederte Holle sich an.

Der Typ zog die Maske herunter. »Was unterstellen Sie, dass ich ein Herr bin? Geschlecht ist ein undeutsches Konstrukt!«

Holle stutzte: Warum sprach der so geschwollen? Dann sah er die Narbe an der Lippe: ein Schmiss. Ganz klar schlagende Verbindung. »Bisss du Student?«, lallte er leichtsinnig.

»Studierender«, korrigierte ihn sein Gegenüber. »Idiokratische Bewegung.«

Was war das nun wieder? Holle kapierte die Jugend nicht mehr. Dann fiel ihm ein, dass er darüber gelesen hatte: Idiokratische Bewegung, das waren gendergerechte Rechte. Sie waren stramme Nazis, doch achteten sie beim Diskriminieren peinlich genau auf nicht-diskriminierende Sprache.

»Was will nun der/die Volksgenoss*in?«, fragte der Fascho.

»Ich s-suche einen Kurt ... Kibitzierenden«, stotterte Schneise.

»Der stand sonst bei uns Dosenbierenden«, antworte der Typ, der seltsamerweise Glatze trug und einen Regenbogen-Ohrring. »Doch dann hat der/die Kamerad*in zwei Typ*innen getroffen, die ihn/sie arg patriarchal bedroht haben. Ausländer*innen eben.«

Holle war irritiert. All die Lücken in Worten verwirrten ihn. Er steuerte seine Aufmerksamkeit zur Aussage: »Zwei Typen?«

»Ja, die Ries*innen da vorne«, sagte die Genderglatze und deutete aufs Spielfeld. Schneise schaute nun genauer hin. Offenbar lohnte es sich doch, bei Testspielen hinzuschauen.

Hätte Holle das schon eher getan, dann wäre ihm aufgefallen, dass zwei Spieler vom SCA ... Wasauchimmer sehr anders wirkten.

Zunächst einmal waren sie noch seltener am Ball als alle anderen auf dem Feld. Und sie waren größer. Deutlich größer. Wenn der Torwart bei Bertha 1,80 Meter maß und der Stürmer 1,90 Meter ... dann waren die zwei Giganten grob geschätzt 2,15 Meter groß. Irgendwie erinnerten sie Holle an diese beiden Boxer-Brüder, die Klatschkos oder so. Die früher alle umgeklatscht hatten. Aber diese zwei Gestalten wirkten noch größer und finsterer, bemerkenswert, dass ihnen überhaupt Fußballtrikots passten.

Sie schienen auch nicht interessiert, am Spiel teilzunehmen. Also auf eine weit aktiv-aggressivere Art als alle anderen.

Vor allem in Zweikämpfe gingen die zwei Riesen entschieden. Allerdings nicht mit den Füßen. Oft packte einer der beiden einfach einen Bertha-Profi am Kragen und schüttelte ihn. Als würde der Hüne ihm drohen. Oder ihm wütende Fragen stellen.

Der Schiedsrichter ließ die beiden Brutalos lieber gewähren, auch die eigenen Mitspieler gingen ihnen meist aus dem Weg.

Holle ärgerte sich, dass ihm dieses doch recht seltsame Verhalten erst jetzt auffiel. Hatte das rabiate Vorgehen mit Jimmi zu tun? Suchten die beiden Brutalos ihn auf dem Feld? Oder wussten sie, wo er war, und sorgten hier nur für Verschwiegenheit?

Er ärgerte sich auch, dass er Amira bislang nicht angerufen hatte. Womöglich hatte sie im Ort noch etwas herausgefunden? Schlagartig nüchterte Schneise aus. Er musste hier nachhaken. Aktuell aber ärgerte sich der Reporter über seinen Nebenmann.

»Ausländer*innen raus!«, pöbelte die gendergerechte Glatze.

Holle hatte genug gehört. »Jetzt hör mal, du fieser Fascho: Nur weil du dich an irgendwelche Sprachtrends dranhängst, macht das die Sprüche nicht weniger mies. Also halt's Maul!«

Plötzlich verstummten die Gesänge im Fanblock um sie herum. Schneise zweifelte plötzlich daran, ob es eine so gute Idee war, sich mitten im Fanblock mit einem Bertha-Fan anzulegen.

Ein älterer, langhaariger Ultra mit Jeans-Kutte kam näher. Seine Hand griff eine Schulter: Es war die der Genderglatze. »Also, hör mal, Junge, solche Ansichten sind hier wirklich nicht willkommen. Wir distanzieren uns von Diskriminierungen aller Art, ob sie mit Sternchen formuliert sind oder nicht.«

Offenbar gab es noch Selbstreinigungskräfte in der Kurve. Zwar nicht bei Geruch und Rauch, aber Haltung hatten sie.

Holle atmete auf, dass er damit aus der Schusslinie geriet. Sonst hätte er zugeben müssen, dass er nicht wusste, wo man Sternchen setzte. Er hatte auch andere Sorgen. Wie käme er zu den Schlägern aufs Spielfeld, fragte er sich, während er sich von einer beginnenden Massenschlägerei im Fanblock entfernte.

Doch wollte er wirklich alleine dort hinunter? Diese Gorillas wirkten gefährlich. Schneise brauchte womöglich Verstärkung. Er wählte Amiras Nummer. Sie konnte ja kickboxen, sagte sie.

Sieh da, nun ruft er an, dachte Amira, und ließ es klingeln.

Sollte er mal fühlen, wie das war. Sie hatte Besseres vor. Den ganzen Nachmittag hatte sie Schneise nicht erreichen können. Vermutlich war er nach dem Training in die Kneipe gegangen. Sie hatte es allmählich satt, für ihn auf Stand-by zu sein.

Stattdessen erkundete sie den Ort weiter auf eigene Faust. Nach dem Bürgermeister im Zahnstudio hatte auch der Polizist im Jägerladen sie abgewimmelt und den Laden danach verrammelt.

Aber zuvor hatte Hirscher Amira noch einen Namen verraten: Brigita Király, Gastwirtin, von allen hier Gitti genannt. So hieß die Frau, die die Männer im Ort gemeldet hatte. Der Polizeimeister nannte sie einen »ungarischen Quälgeist«. Und verriet noch, dass ihr Etablissement am Ortsausgang lag. Worin genau ihr Geschäftsmodell bestand, das verschwieg er.

Amira hatte also beschlossen, die einzige Zeugin aufzusuchen. Womöglich die einzig unbelastete Person hier im Inzestnest. Die Spielerfrau hatte nur ein Problem: Sie war noch immer unmotorisiert unterwegs und gegen Abend kam eine Art Monsun. Ein Sommergewitter in den Bergen, wie romantisch! Wenn sie im Trockenen auf einer Hütte gesessen hätte und nicht eine Landstraße entlanggelaufen wäre. Im Nu war sie durchnässt.

Warum hatte sie aufgehört, sich Hilfe von Männern mit Autos zu holen? Sie kannte die Antwort: Sie wollte keine Gefälligkeiten mehr schulden. Also ließ Amira sich anständig durchregnen.

Zwischendurch hielt sie noch die Handtasche über den Kopf, aber es war eine Clutch und Amira wurde dennoch klatschnass. Sie verfluchte dieses Kaff bei jedem einheimischen Auto, das, ohne anzuhalten, vorbeirauschte und Pfützen zu ihr spritzte.

Früher war es leichter gewesen. Bis vor wenigen Tagen also. Wenn Amira im Stadion auf der Tribüne ihre Nägel feilte, mit Mandy und Inês über Mode tratschte oder die Gehälter ihrer Männer, während die auf dem Rasen schwitzen mussten. Aber es war auch langweilig, wenn andere für dich rannten. Sollte das ihr Leben sein, hatte sie sich im VIP-Bereich gefragt.

Im Grunde interessierte Amira sich gar nicht so für Fußball. Eigentlich nur für das viele Geld, das man damit verdiente. Eine Gemeinsamkeit von ihr und Jimmi.

Viel mehr verband sie eigentlich nicht. Und selbst das Bisschen schien in Gefahr.

Ohne den verschwundenen Verlobten stand sie finanziell im Regen. Ihre Instagram-Kooperationen zahlten kein Penthouse. Ihr Leben mit Jimmi war ein Käfig, aber immerhin einer aus Gold. But fuck it. Ein Käfig hielt sie jetzt nicht trocken.

Nach zwei Stunden im Dauerschauer stand Amira schließlich vor einem sechseckigen Gebäude. *Gitti's Gaststube* stand in roter Leuchtschrift da, die Buchstaben leuchteten im Regen. Der Laden hätte Holle gefallen. Beunruhigend. Sie klingelte.

Niemand öffnete. Amira rubbelte frierend das Leopardenfell. Sie schaute hinüber zur Landstraße, die in einen Wald bog. Eine Eule heulte. Oder irgendein anderer Kauz. Dafür, dass Amira Tiere liebte, verstand sie auffällig wenig von ihnen. Sollte sie sich hier allein nachts durch den Wald schlagen?

In dem Moment rumpelte es hinter der Tür. Eine Klappe wurde von innen geöffnet, durch die Amira ein überschminktes Augenpaar anblickte.

»Was Sie wollen?« Das musste Gitti sein, die Eigentümerin dieser Gaststube.

»Hallo, wenn Sie mich kurz hereinlassen könnten …«, setzte Amira an.

»Heute für Stammgäste nur«, unterbrach Gitti sie.

Spätestens jetzt fragte Amira sich, wo sie nur gelandet war. Aber egal. Jetzt, wo sie hier war, gab sie nicht so einfach auf. »Hören Sie, ich bin wegen Ihrer Aussage bei der Polizei hier«, rief sie durch den wieder verschlossen Schlitz an der Tür. »Wegen der zwei verdächtigen

Männer, die Sie gemeldet haben.« Umgehend wurde die Klappe wieder aufgerissen.

»Sie meinen böse Riesen?«, fragte Gitti und schloss auf.

Amira stolperte in eine süßliche Parfümwolke. Sie hustete. Dann erkannte sie die Umrisse einer voluminösen Frau, zu der die Reibeisenstimme gehörte. Als Amiras Vater noch da gewesen war, hatte er ihr Gutenachtgeschichten vorgelesen. So wie diese Frau aussah, stellte sie sich damals Hexen vor.

Sie trug weder Hut noch hatte sie Hakennase oder Besen, aber ihr seidener Bademantel umwehte Gitti wie ein Zauberumhang. Ihr rotes Haar hätte im Mittelalter zur Verbrennung geführt. Ihre wenig dezente Schminke rundete den Halloween-Look ab.

»Kommst du rein, Schatz«, sagte sie überraschend freundlich. »Wärmst du auf, trinkst du, Schatzi.«

Gittis Geste folgend, betrat Amira die höhlenartige Schenke, bemüht, nicht den überall ausliegenden Plüsch vollzutropfen.

Warum war diese Gitti so nett? Und wieso hatte sie keinen Geschmack?

Natürlich war Amira im Leopardenlook nicht in der Position, Urteile über trashige Mode zu fällen. Sie tat es trotzdem. Zögernd folgte sie dem Angebot, auf einem Plüschsofa Platz zu nehmen. Ihre Gastgeberin lag lasziv auf einer Chaiselongue.

»Wann und wo haben Sie diese zwei Mä... bösen Riesen gesehen?«

Gitte zündete mit dicken Fingern eine dünne Zigarette an. »Schatzi, die waren überall im Ort. Haben Leute belästigt. Fragen gestellt. Nach verschwundene Fußballer, wo er sein jetzt. Zuerst fragen sie mit Worte, dann auch mit Fäuste.« Sie schlug theatralisch die Augen zur Decke, aber man sah es kaum, weil ihre Lider so schwer hingen.

Amira nickte. Offenbar suchten die beiden Goliaths den David Jimmi, genau wie sie. Also hielten sie ihn nicht fest. Sie war erleichtert. »Waren sie auch bei Ihnen? Könnten Sie sie beschreiben?« Gitti blies ihr Rauch entgegen. Amira hustete.

»Ob ich beschreiben kann, Schatzi? Natürlich ich kann das. Nie ich werde vergessen. Waren ganze Nacht bei mir hier.«

Amira stellte sich die beiden Oger in einer Orgie mit dieser welken Walküre vor. Sie schüttelte sich, Bilder verdrängend. Doch sie konnte nicht mehr an sich halten. Es ging hier um andere Themen, aber sie musste es einfach fragen: »Was genau ist das hier eigentlich für ein Etablissement?«

Gitti hob mit Mühe eine Augenbraue. »Dir nicht kannst denken?«

Amira wagte nicht, es auszusprechen. Die Hexe erhob sich und watschelte zu einer hinteren Wand. Sie zog an einem Vorhang.

Hinter all dem Samt öffnete sich eine Tür, die in den Keller führte. Fahles Licht fiel auf abgewetzte Wände und Stufen. Über dem Eingang ins Untergeschoss hing ein altes Schild: *Kegelstüberl. Bahn zertifiziert 1978 vom Österreichischen Sportkegel- und Bowlingverband. Es herrscht Gassenzwang!*

Amira war fassungslos. Sie hatte diese Frau völlig falsch eingeschätzt. Gitti betrieb hier ein ehrliches

Gewerbe, behauptete sich in einer Männerdomäne. Das imponierte ihr.

»Kommen viele Kegler her?«, fragte sie unterwürfig.

Gitti hob die fleischigen Schultern. »Früher mehr als heute. Meist zum Saufen nur. Aber erfahre ich so einiges dabei.« Müde Mundwinkel zuckten vergeblich. Offenbar lächelte sie.

Jetzt verstand Amira, warum diese Gastwirtin am Ortsausgang alles über das Geschehen in Irrding wusste. Auch über Jimmi? »Was haben denn die beiden Riesen neulich Nacht geplaudert?« Sie patschte vertraulich aufs Plüschsofa.

Gitti pflanzte sich neben Amira, offenbar geschmeichelt von der Wertschätzung. »Das sind Jugos, ich habe gleich erkannt«, sagte sie mit bewährter osteuropäischer Binnenmissgunst und aschte nickend auf den Tisch. »Namen haben ich auch gehört: Zoran und Dragan. Sind offenbar Brüder. Oder gute Freunde.«

Amira zögerte. Warum fuhren postjugoslawische Schläger hier herum und fragten nach Fußballern? »Für wen arbeiten die?«

Bei der Frage durchfuhr es die alte Frau mit voller Wucht. Ihre wulstigen Hände packten die Schultern der Spielerfrau. Sie meinte es offenbar ernst. »Schatzi, musst du sein vorsichtig. Diese Jungs gefährlich. Aber Polizei nichts unternehmen.«

Amira musterte sie: Wenn selbst eine routinierte Kegelmatrone so verstört wirkte, dann drohte womöglich wirkliches Unheil.

»Schatzi, musst du aufpassen, dass niemand ihnen kommt zu nah.«

Amira dachte: Gut, dass ich vorher mit ihr gesprochen habe. Sonst fiel ihr niemand ein, der ihnen in die Quere ... Holle! Oh Gott, fast hatte sie ihn vergessen. Sie musste Schneise warnen, bevor es schon zu spät war und er etwas Dummes tat.

Holle erreichte Amira nicht. Also würde er die riesenhaften Rüpel allein konfrontieren, sobald sie den Platz verließen. Der Reporter hatte sich schon unten am Geländer eingefunden, das Tribüne und Publikum seitlich vom Spielfeld trennte. Die Partie lief nur noch wenige Minuten, es stand noch 0:0.

Meistens gab es bei Testspielen keine klassische Mixed Zone, die Spieler stapften nach Schlusspfiff einfach so vom Rasen. Fans konnten um Autogramme, Reporter um Statements bitten, wenn kein übellauniger Ordner oder Pressesprecher eingriff. Bei zwei Amateurspielern sah Holle da keine Gefahr.

Holle hatte keine Ahnung, was er die beiden Klatschko-Kanten fragen sollte. Warum bedroht ihr die Spieler auf dem Platz? Seid ihr überhaupt Fußballer? Wenn ja, auf welcher Position? Ach, und wo ist Jimmi?

Der Regen hatte endlich aufgehört, die Wolken rissen auf. Hinter den Flutlichtmasten zog ein Schleier vom Horizont. Der Grimmig ragte empor, als wolle der Berg Holle warnen.

Ungeduldig trommelte der Reporter auf dem Geländer herum. Die miese Partie schien einfach nicht enden zu wollen. Bertha hatte bereits elf Mal ausgewechselt, ohne Besserung. Es standen nur noch Reservisten auf dem Rasen, aber auch sie stellten sich kaum besser an als die vermeintliche Stammelf.

Vorne im Angriff stand statt Castro nun Sturmbulle Kevin-Jerome Czerwinski herum und scharrte mit den Stollen. Nur kam kein Ball bis zum Stiernacken in den Strafraum geflogen. Holle überlegte, ob er das Interview mit ihm noch brauchte. Wenn der Stürmer so spielte wie heute, spielte er nicht oft. Schade ums Papier, dachte Schneise, kein Druck zu drucken.

Der Schiedsrichter nahm die Pfeife in den Mund und schaute noch einmal ängstlich zu den gegnerischen Gorillas, ob er durfte. Schneise schien sie nicken zu sehen. Dann flog noch ein Ball lang und hoch übers Feld, fast verdeckt vom Flutlichtmast. Ein letzter verzweifelter Versuch Berthas in Richtung Tor. Die Kugel landete tatsächlich bei Czerwinski.

Der Stürmer stoppte den Ball mit der Brust, Rücken zum Tor. Es hätte Sinn gemacht, nun am Strafraum stehend abzuspielen. Sinn war nicht sein Ding. Seine kräftigen Beine drehten um und er drosch den Ball aufs Tor, ein Loch in den Rasen reißend.

Holle konnte oder wollte es nicht fassen. Ihm fiel die Kippe aus dem Mund, fast rutschte ihm der Flachmann aus der Hand. Der Ball schlug vor ihm mit Urgewalt oben im Torwinkel ein, zerfetzte das Netz und flog weiter, genau in seine Richtung. Schneise duckte sich, die Kugel verfehlte ihn nur knapp. Galt der Schuss dem Reporter? Als Rache für den »schönen Gruß an die Frau Mama«?

Der Sturmbulle brüllte befriedigt, riss sich das Trikot vom Leib und rannte wie wild zum Bertha-Block. Er flexte die Muskeln und feierte, als wäre es das Siegtor im WM-Finale. Seine Mitspieler eilten hinterher, besprangen den Stürmer.

Czerwinski warf Küsse in Kameras, Finger formten ein Herz. Der Gruß galt klar seiner Mutter. Der Schiedsrichter pfiff.

Das Spiel war vorbei, um Schneise herum strömten Zuschauer nun Richtung Feld, wohl aufgepeitscht vom dramatischen Ende. Auch von den Presseplätzen machten sich Reporter auf den Weg nach unten, wollten unbedingt den Siegtorschützen sprechen.

Um Holle herum entstand ein Gewusel. Einige Dutzend Leute, doch Holle wurde es zu viel. Wie damals bei jenem Spiel in der Tropen-Arena. Sein Herz schlug sehr schnell. Kalter Schweiß überfloss ihn. Die Atmung wurde flacher, die Brust enger, alles kribbelte.

Schneise war schwindelig. Er musste das Geländer festhalten. Gedankenschnell griff er zum Flachmann, der würde beruhigen. Jemand rempelte ihn seitlich an, die Flasche fiel zu Boden. Viele vorbeieilende Füße kickten sie ihm außer Reichweite.

Holle reckte die Hand vergeblich hinterher, atmete schwer. Vor seinen Augen verengte sich alles wie eine Kamerablende.

Er sah noch, wie sich die Goliaths unter die Menge mischten, soweit das den beiden Riesen möglich war, und verschwanden. Dann ergriff eine tiefe Dunkelheit Besitz von Schneise. Er stürzte tief, wie in einen Schacht im Bergbaumuseum Bochum.

Das Schlimmste am Blackout: Er war nicht mal alkoholbedingt.

TaG 5
MORGENS

Holle war so froh, dass Amira ihn gefunden hatte. Die Sonne strahlte hell hinter ihren Extensions. Sie schaute so gütig, wie es ihre eisblauen Augen zuließen. Sogar fast liebevoll. Schneise meinte, im Hintergrund das Meer rauschen zu hören. Etwas seltsam in den Bergen, doch er hinterfragte es nicht.

Auf einmal fühlte er sich so ruhig, für seine Verhältnisse fast friedlich. Er wollte weder rauchen noch trinken. Spürte keinen Ärger mehr über die Verkommenheit des Profifußballs. Da war keine Angst, vor dem Chef nicht und vor dem Newsroom nicht. So geborgen fühlte er sich einst als Kind vor dem Fernseher.

Er wollte nur, dass dieser Moment ewig andauerte. Dass Amira ihn im Arm hielt und anlächelte, während er im Sand lag und die Gischt über seinen Mantel strich wie sie über sein Haar. Es war gar nicht mehr fettig, er fühlte sich wie ein neuer Mann. Als sei Holger Schneise um 20 Jahre jünger und milder.

»Lass uns von hier fortgehen«, hauchte Holle ihr ins Ohr.

Amira lächelte, als wolle sie sich ein bisschen bitten lassen. »Aber was ist mit Jimmi?«, wandte sie sehr zögerlich ein.

Schneise richtete sich auf und warf sein Haar aus der Stirn. »Den brauchst du nicht! Du hast jetzt einen richtigen Mann. Einen Typ vom alten Schlag, der weiß, wie der Hase säuft.«

Amira jauchzte auf. »Oh Holle, jedes Mädchen träumt doch von einem mittellosen Schreiberling!« Sie beugte sich herüber zu Schneise. Ihre Lippen berührten sich, er spürte ihren Bart.

Ihren Bart? Warum kratzte ein so makelloses, glattes Gesicht?

»Holle, hör auf mit dem Mist«, sagte sie, mit tiefer Stimme.

Sie klang fast ... Nein, das konnte nicht ... Bleib hier, Amira! Das Meer um Holle herum wich zurück, Sand löste sich auf. Das Licht wurde immer heller, Amiras Haar kürzer und weißer. Ihr Gesicht wurde zu dem eines alten bärtigen Mannes. Gott?

Nein, es war nur Maximilian Jakobi, *Berliner Allgemeine.*

»Endlich kommst du zu dir, Holle. Du schnarchst vielleicht!«

Schneise war nun endgültig wach. Aber nicht in seinem Bett. Das Zimmer um ihn herum war deutlich netter eingerichtet als seine Absteige über dem Kuhstall. Musste Jakobis Hotel sein.

Schneise richtete sich auf. Wie war er nur hierhergekommen? Das Letzte, woran er sich erinnerte – leider erinnerte – war das Testspiel. Musste gestern gewesen sein. Aus den Gardinen suppte Tageslicht. Jakobi, an der Bettkante sitzend, schaute besorgt drein wie der Großvater in einem Heidi-Film. Man konnte nur kaum behaupten, dass Holles Welt die Berge waren.

»Was zur Hölle ist passiert?«, fragte Schneise und rieb sich den Kopf. »Bin ich gestürzt?« Er ertastete eine dicke Beule.

Jakobi schüttelte den Kopf. Im beigen Leinensakko hätte der Reporterveteran auch Tierarzt oder Therapeut sein können. »Du erinnerst dich nicht mehr? Du warst völlig weggetreten.«

Schneise erinnerte sich an einen Abgrund der Angst, in den er ungern nochmal schauen wollte. War hier irgendwo Schnaps? »Joa, hab' wohl zu wenig gegessen«, log er. »Und getrunken.«

Jakobi lächelte milde. »Seit wann hast du Panikattacken?«

Holle war überrascht, dass der alte Mann ihn durchschaute. Zugleich fragte er sich, ob er ihn ins Bett gebracht hatte. Erst jetzt fiel Schneise auf, dass er keine Hose mehr trug. Holle sah keinen Sinn mehr zu leugnen, so völlig hosenlos.

»Seit einem Jahr, kurz vor Berthas Abstieg. Erinnerst du dich an das Köln-Spiel?«

Der alte Reporter nickte gequält. »Du sahst damals aus, als hättest du ein Gespenst gesehen.«

Tue ich immer noch, dachte Holle und schwieg für eine Weile.

»Wie schaffst du das, Maxi?«, fragte er schließlich. »Ich meine, du machst den Job seit bestimmt 40 Jahren.

Und wirkst immer noch wie ein Fan, der an den Fußball glaubt.«

Jakobi schaute ihn mit so mitleidigen wie müden Augen an. »Ich habe mitbekommen, wie du dich verändert hast, Holle. Du warst ein witziger, junger Kerl. Heute bist du bloß bitter.«

Schneise warf die Bettdecke fort und stellte erleichtert fest, dass er noch eine Unterhose trug. »Was denn sonst? Bei all der Scheiße, die uns dieser Verein täglich abverlangt.« Holle richtete sich wütend auf, als säßen vor ihm Patzke, Gramberger, Laake oder ein anderer ihrer Bertha-Peiniger.

Doch an dem alten Reporter schien einfach alles abzuperlen. Er ging weg und suchte in Ruhe etwas in seinem Lederranzen. »Ah, da ist es ja.« Jakobi holte ein altes Stück Papier heraus.

»Was ist das?«, fragte Holle irritiert.

»Reiseerlaubnis«, sagte Jakobi, das Dokument fast liebevoll glattstreichend. »Die brauchte ich, um damals aus der DDR zu Spielen in den Westen zu dürfen. Ich habe sie als Erinnerung behalten. Wie oft mir die wieder entzogen wurde ...« Es lag ein Glanz in seinen Augen. Er drehte sich zu Holle. »In dir gibt es einen Ort, ein Gefühl, an das du sie nie lassen darfst.«

Holle erinnerte sich kaum an den Mauerfall, aber er konnte die Scorpions nicht mehr hören. Freiheitskitsch nervte ihn. »Was soll das für ein Gefühl sein?«, fragte er spöttisch.

Jakobi sah ihn jetzt sehr ernst an. »Die Freude am Fußball.«

Die Genialität der Banalität traf Holle völlig unvorbereitet. Wann hatte er sich zuletzt über ein Spiel als Spiel gefreut? So wie als Kind, als er noch völlig darin versinken konnte? Er hatte wohl irgendwann vergessen, wie das eigentlich ging. Über die Arbeit, den Stress, die Beschimpfungen bei Bertha. Über den Kommerz und die mediale Übersättigung mit Fußball. Dass er dazu beitrug, machte es nur schlimmer, nicht besser.

Schneise riss sich aus den Gedanken los. Konzentrierte sich aufs Hier und Jetzt. »Warum bin ich eigentlich in deinem Hotel?«, fragte er Jakobi.

Der Reporterguru musste lachen. »Das weißt du nicht mehr?«, sagte er. »Sie hat dich gefunden. Ich habe ihr nur geholfen. Ach ja, ich sollte ihr ja Bescheid sagen.«

Jakobi klopfte an die Wand, offenbar ein Erkennungszeichen. Plötzlich hörte Holle von draußen eine Tür auf- und zugehen, Stöckelschuhe auf dem Teppichflur. Es klopfte. Jakobi öffnete die Tür. Da draußen stand Amira und strahlte.

Die Spielerfrau stöckelte auf Schneise zu und umarmte ihn. Der Reporter war ein wenig gerührt. Und etwas überrascht.

»Du hast mich ... Woher wusstest du ... Wie ...«, stammelte er.

Amira kostete ihren Informationsvorsprung sichtlich aus. »Ein einfaches Danke würde erst einmal genügen«, sagte sie.

Dann klärte sie ihn auf. Amira berichtete von *Gitti's Gaststube* und von dem, was sie nun über Dragan und Zoran wusste. So hießen wohl die beiden Riesen, die Jimmi suchten. Die zwei waren gefährlich, weshalb sie

Holle warnen wollte. Weil der gerade k. o. gehende Reporter nicht ans Telefon ging, hatte sich Amira Gittis Auto geliehen, natürlich ein rosa Cabrio mit Plüschbezügen. Damit war sie losgefahren.

Zum Glück hatte der Regen rechtzeitig aufgehört. Amira hatte herausgefunden, dass gerade ein Testspiel lief, wo Holle wohl sein musste. In der Menge hatte sie noch die beiden Schläger gesehen, seltsamerweise in Fußballtrikots, in ihren Wagen steigend.

Amira hätte sie verfolgen können, doch dann hatte sie Holle erblickt.

Und einen über ihm knieenden Jakobi, der vergeblich versucht hatte, ihn mit frischem Kaffee unter der Nase zu reanimieren. Schweren Herzens hatte die Spielerfrau den SUV ziehen lassen und geholfen, den bewusstlosen Holle ins Cabrio zu wuchten.

Beruhigenderweise hatte er noch geatmet und nur minimal nach Schnaps gestunken. Sie hatten ihn in ihr Hotel im Hacklwirt gebracht, wo beide einquartiert waren, sogar nebeneinander. Etwas Schlaf sollte Schneise wieder auf die Beine bringen.

Nun standen sie zu dritt voreinander und schwiegen sich an. Holle sollte sicher so etwas wie Dankbarkeit demonstrieren. Nicht sein Ding.

»Wir haben zu viel Zeit verloren«, grummelte er, »die zwei Gorillas sind vermutlich schon über alle Berge.«

Amira ergriff das Wort. »Das glaube ich nicht, sie suchen ja nach Jimmi. Was umgekehrt heißt: Sie haben ihn noch nicht.«

Die Logik bestach beide Reporter, die anerkennend nickten.

Holle fühlte, es war an der Zeit, Jakobi einzuweihen. »Wir wissen schon länger, dass Jimmi entführt wurde«, setzte er an.

»Ich weiß, Holle, das hat Amira schon alles erzählt.«

Schneise sah sie skeptisch an, sie grinste triumphierend. Egal, es gab ja schlimmere Mitwisser als Maximilian Jakobi. »Hör mal«, sagte Holle, »vielleicht sprechen wir uns einfach ab mit der Story, wer sie wann veröffentlicht und vor wem ...«

Der alte Reporter lachte. »Holle, wir arbeiten beide für den gleichen Verlag. Der *Allgemeine Verlag* hat den *Boten* doch gekauft. Alles, was ihr so publiziert, landet eh auch bei uns.«

Arg peinlich. Im Verlagswesen kannte Schneise sich kaum aus. Er wusste von Konzentrationsprozessen und Synergieeffekten, aber nicht, was das genau hieß. Außer, dass es immer weniger unabhängige Redaktionen gab. »War mir schon klar«, log er.

»Von mir musst du nichts fürchten«, sagte Jakobi, Schneises Schulter klopfend. »Wir sitzen alle in einem Boot, Holle.«

Man konnte nicht sagen, dass Holle sich damit wohl fühlte. Er war es seit Ewigkeiten gewohnt, Einzelkämpfer zu sein. »Na gut, wie gehen wir vor?«, sagte er, eine Ziese ziehend.

Amira öffnete ein Fenster. »Könnt ihr nicht herausbekommen, wer die beiden Schläger im gegnerischen Team platziert hat?«

Jakobi kratzte sich den weißen Bart. »Dafür müssten wir an den Spielberichtsbogen kommen. Der liegt wohl bei Bertha.«

Schneise hustete. »Dann sind wir am Arsch«, raunte er.

Jakobi schüttelte den Kopf. »Du bist zu negativ, Schneise.« Er kramte ein Papier aus der Tasche, das aussah wie ein Fax. Er setzte eine Brille auf und murmelte die Mitteilung durch. Amira schaute fragend, was die Papier-Dinosaurier dort lasen. »Bertha schottet sich doch gar nicht ab«, tadelte Jakobi, »sie machen ja heute eine Presserunde mit Jocken Greensman!«

Schneise riss ihm den Zettel aus der Hand und überflog ihn. Es war immer verdächtig, wenn der Pressesprecher die Presse informierte. »Das ist ein Ablenkungsmanöver!«, schimpfte er.

Jakobi nahm ihm den Zettel ab und faltete ihn fein zusammen. »Wie dem auch sei, einen anderen Termin gibt es heute nicht. Das Training fällt aus, weil noch das Teambuilding ansteht.«

»Was bitte ist denn Teambuilding?«, grätschte Amira dazwischen.

Holle rollte mit den Augen. »Kinderspaß für Erwachsene.«

Jakobi erläuterte genauer: »Die Mannschaft unternimmt etwas, eine Aktivität, die sie zusammenschweißt. Bogenschießen, Kanu, Klettern, Go-Kart ...«

»Spielcasino, Puff, Wettbüro«, ergänzte Schneise.

»Mein Jimmi ist verschwunden und die Deppen gehen bouldern?« Amira wirkte ernsthaft empört.

Die Reporter sahen sich an, als wollten sie sagen: *Frauen ...* »Es geht da um gruppendynamische Prozesse«, erläuterte Jakobi, und Schneise versuchte, schnell und zustimmend zu nicken.

»Also die gehen klettern und sind plötzlich alle Freunde? Wer glaubt denn einen solchen pseudo-psychologischen Stuss?«

Schneise und Jakobi antworteten im Chor: »Jocken Greensman!«

Der Trainerguru war bekannt für wirre Motivationsmaßnahmen. So ließ er Spieler über Scherben sprinten, den Mannschaftsbus ziehen und Tandem fliegen. Damit demonstrierte er, dass keine Aktion zu dumm war für Erfolg. Er galt unter Fußballern als Genie.

»Den Typen wollt ihr ernsthaft interviewen?«, fragte Amira.

Holle Schneise baute sich vor ihr auf. »Das ist unser Job.«

»Und außerdem ist Jörg Patzke vor Ort, den können wir nach dem Spielberichtsbogen fragen«, beruhigte Jakobi sie zudem.

Die Spielerfrau hatte nur eine Frage: »Und was mache ich?«

»Du könntest schon mal die Spieler beim Bouldern befragen«, schlug Schneise vor. »Wir kommen nach dem Interview dazu.«

Amira schaute irritiert. »Die absolvieren ein Teambuilding ohne ihren Trainer?«, fragte sie. »Gehört der nicht dazu?«

Jakobi musste ihr wohl erklären, wie Fußball funktionierte. »Nur weil Trainer maximalen Einsatz einfordern, müssen sie ihn doch nicht vorleben«, erläuterte ihr der Reporterveteran.

Amira sah die beiden Reporter einigermaßen erschüttert an. »Wollten wir nicht herausfinden, was mit Kurt

Kibitz und den Fotos von Jimmis Entführung passiert ist?«, wandte sie ein.

Holle drückte die Zigarette unmissverständlich zischend aus. »Die anderen Fans haben mir erzählt, dass er heimgereist ist, nachdem die beiden Schläger mit ihm gesprochen haben«, erzählte er. »Danach ist er umgehend in den Urlaub geflogen.«

Jakobi riss die alten Augen auf. »Ein Urlaub ohne Bertha? Da ist etwas faul.«

»Und dieser Kibitz sicher verängstigt«, ergänzte Amira.

Schneise nickte, während er seine Sachen zusammensuchte. Also nur seine Hose und seinen Trenchcoat. Sogar sein Flachmann war da. Den hatte ihm Jakobi wohl wieder eingesteckt. Ein toller Therapeut. »Wir haben nur eine Wahl: Wenn wir diese beiden Riesen schon nicht selbst finden, dann müssen wir wenigstens die Spieler fragen, was sie gestern beim Testspiel von ihnen wollten.«

»Und warum müsst ihr beide zur Interviewrunde und ich allein in die Berge?« Amira schien ihre Logik nicht zu verstehen.

Schneise seufzte. Musste er ihr das wirklich noch erklären? »Weil wir Profis darin sind, bei Bertha News aufzuspüren.«

»Ah ja«, sagte Amira und holte ihr Handy aus der Handtasche. »So wie diese?« Ihr Display war so groß und hochauflösend, dass Holle nicht einmal seine Brille zum Lesen brauchte. Da stand gestochen scharf auf der Website des *Lokalanzeigers*: *Wechsel nach Spanien geplatzt: Jimmi bleibt unauffindbar.*

Schneise und Jakobi beugten sich zusammen über den Artikel. Kollege Rolf Haberer berichtete exklusiv aus Bertha-Kreisen, dass Royal Madrid sein Millionen-Angebot zurückgezogen habe. Spaniens Rekordmeister sei eine Ablöse von 25 Millionen Euro offenbar zu hoch für einen spurlos verschwundenen Spieler.

Die beiden Reporter sahen einander fragend bis dümmlich an.

»Warum dreht Haberer eine Story, an der ja nie was dran war, noch weiter?«, fragte Jakobi.

»Na, weil Bertha das so will«, stellte Holle trocken fest. »Die Frage ist nur, was der Verein damit bezwecken möchte.«

In jedem Fall gab es Gesprächsstoff für das Pressegespräch. Leider würde nur wieder über Banalitäten gesprochen werden. Also mussten Schneise und Jakobi persönlich hin und fragen. Sie sahen einander an wie die drei Musketiere in zweimal alt und einmal Frau. Es war wirklich Zeit für neue Heldentypen.

So gingen Holle Schneise, Maxi Jakobi und Amira Brösel die Hoteltreppe hinunter, in dem Wissen, Wichtiges zu verfolgen.

Ein Trenchcoat, ein alter Lederranzen und eine Clutch-Tasche flatterten in der Zugluft, die frisch durchs Hotel fegte. Gastwirt Josef Hackl schloss das Fenster und schaute hoch. Der makabere Metzger schien beeindruckt. Oder beunruhigt.

Vor dem Gasthaus trennten sich die Wege der drei Detektive. Amira stieg in ihr neues Cabrio, das Leihstück von Gitti, farblich zwischen Lachs, Schweinchen und Flamingo gehalten. Holle und Maxi schwangen sich in den babyblauen Granada.

Drei Minuten später, zurückgelegt mit 150 Stundenkilometern, teils noch innerorts, war der greise Reporter kreidebleich. Holle hatte seine Art, Leute zum Reden zu bringen und zum Schweigen. Vor dem Vereinsheim parkend war klar, was hier gefragt war. Jocken Greensman redete in der Regel zu viel.

Die beiden Reporter stiegen aus. Zum Glück hatte Schneise noch eine Schiebermütze im Handschuhfach gefunden, die zog er nun stramm. Heute würde es passieren, das spürte er.

Man könnte ihre bisherigen Ermittlungen als Kreisbewegung sehen, als ständiges Verdächtigen von wechselnden Personen. Aber dennoch hatte er das Gefühl, sie machten Fortschritte. Und war es nicht das, was einen guten Reporter ausmachte: sich auf seinen Instinkt zu verlassen und nicht auf Fakten?

»Komm, wir gehen rein«, sagte er heiser zu Jakobi, wie ein Cowboy vor einem Saloon, in dem er längst Hausverbot hat.

Es war etwas absurd, dass Bertha seine Presserunde erneut im Vereinsheim des TSV Irrding abhielt statt im *Hotel Palais*. Dort oben, mit Blick auf Berge und Täler, könte Bertha sich als der Spitzenverein präsentieren, der er so gern wäre. Aber vorerst wollte man die verunsicherten Spieler abschirmen. Hier, im Flachbau mit Turnhalle nebenan, wirkte der Verein so provinziell, wie er wirklich war. Immerhin gab es hier Bier.

An sich war es das ja, was Holle einmal an Bertha mochte: Nicht das Bier. Das auch. Eher diese Eckkneipigkeit. Ein Verein des einfachen Volkes, erfolglos trifft arbeitslos. Gemeinsam konnte man sich an die Theke klammern und trösten. Warum nach mehr streben? Kneipenklub war wenigstens ehrlich.

Nun zwängten sich Schneise und Jakobi ins kleine Klublokal, wo Jörg Patzke Sponsorenlogos unter das Giebeldach hängte. Der Pressesprecher würdigte sie keines Blickes, Holle grüßte lediglich Simon Willert, hinter seiner Kamera von *Bertha-TV*. Jocken Greensman saß schon in einem Stuhlkreis und grinste.

Der Coach wirkte entrückt wie immer. Holle erinnerte er oft an eine Aufziehpuppe, entweder leblos oder völlig überdreht. Schneise verstand den Reiz dieser Gurutypen nicht, aber im Fußball wimmelte es ja von ihnen. Doch keiner davon hatte so weiße Zähne wie der gebräunte Greensman. Obwohl der Sachse mit falschem Ami-Akzent sprach, galt er als »authentisch«.

Ganz im Gegensatz zu seinem dunklen Zwilling, Martin Laake. Der Geschäftsführer von Bertha war ebenfalls anwesend, aber hielt sich im Hintergrund, lehnte an einer schattigen Wand. Als er Holle sah, wurde Laakes fahles Gesicht noch blasser.

Schneise setzte sich unbeeindruckt zu Jakobi in den Kreis.

»Ös is' miao öin besönderes Pläsjä to see you hiar, Maxi«, sagte Greensman in Richtung des Reporterveteranen vor ihm. Holle vermutete, beide kannten sich noch gut aus Ostzeiten.

»Der hat keine Ahnung, wer ich bin«, flüsterte Jakobi zu Holle. »Der merkt sich die Vornamen und improvisiert dann.«

Es schienen nun alle anwesend zu sein. Greensman strahlte vor allem die Kollegen von der *BUMS* und vom Fernsehen an.

»Ich bin mir sicher, Sie haben eine Menge dringende Fragen«, eröffnete Patzke die Runde. Holle dachte gleich an Jimmi. »Zu unserem Testspiel gestern«, beeilte sich Patzke zu ergänzen. Bitte haben Sie Verständnis, dass unser Trainer sich nur zu sportlichen Dingen äußert.«

Schneise schnaufte, weil Bertha wieder mal alles abblockte.

Er hob seine Hand für eine Frage, Patzke nahm Timur Lang dran. Zur *BUMS* hatte Greensman ein blendendes Verhältnis.

»Jocken, wie zufrieden warst du denn mit diesem tollen 1:0?«

Der Coachingguru, ganz in weiß, leuchtete nun noch heller. »Tsänk ju för se Quästschn, it was rilly äxzeiting, Timur.« Dann redete er von den Perspektiven des Projekts Bertha, dem spannendsten in Europa. Man könne ein Herbstmärchen schreiben.

Von der Seite nickte Laake, zufrieden mit der Formulierung, wobei er die Ansprüche zum Saisonstart sicher senken würde. »Wie Sie sicher wissen, folgt auf Herbst bekanntlich Winter ...«

Holle konnte die immer gleiche Soße schon nicht mehr hören. Der *Bote*-Mann blieb unbequem. Er reckte erneut die Hand.

Rolf Haberer kam dran. »Wie zufrieden bist du mit Angelo?« Der duzende Ranwanz-Reporter meinte Mittelfeldtalent Möller.

Die Frage war zumindest interessant, dachte Holle und lehnte sich gespannt vor. Indirekt lautete sie: Fehlt euch Jimmi?

»Oh, ör war fänomenal, rilly fäntästic«, lobte Greensman.

Holle ließ den Kopf hängen. Die gewohnten Positivphrasen. Ob Greensman Möller tatsächlich als logischen Jimmi-Ersatz sah, blieb also unklar. Da der Coach grundsätzlich jeden lobte, bedeutete es nichts. Holle vermisste die alten Zeiten, als Trainer und Spieler einfach sagten, was sie wirklich dachten.

Dann hätte Holle eine schnelle Schlagzeile für heute gehabt: *Greensi kritisiert: Möller kein Jimmi!* Hm, dachte er da, womöglich waren gerade solche Schlagzeilen der Grund für die Herumdruckserei.

Als Nächstes meldete sich Jakobi. Der Reporterroutinier setzte sein gewinnendstes Lächeln auf. Als wolle er sagen: Jocken, wir kennen uns doch schon lange.

Greensman konnte sich offenbar nicht erinnern, ob es so war.

»Aber reicht die Qualität im Mittelfeld zum Klassenerhalt?«

Der Trainer war nun in einer Zwickmühle, erkannte Holle. Gab er an, auch ohne Jimmi auszukommen, musste er sich daran messen lassen. Forderte er

Verstärkungen, eckte er beim Verein an. Greensman schaute unsicher hinüber zu Laake.

Der Manager schüttelte den Kopf, der Trainer nickte dennoch. Offenbar überschritt hier jemand gleich seine Kompetenzen.

»Mia würde zugesöchert, dass sich bald neuä Möglichgeiten auf dem Trönsfermorkt auftün«, sagte Greensman sächselnd.

Mit-Ossi Jakobi nickte verstehend, Laake wurde noch blasser. Er war kaum noch von der Wand hinter ihm zu unterscheiden.

Holle betrachtete das Schauspiel mit einer Mischung aus Zufriedenheit und Verwunderung. Woher sollten sich denn für Bertha neue Möglichkeiten auf dem Transfermarkt auftun, wenn der beste Spieler verschwunden war und nicht verkauft wurde?

Es war an der Zeit, das Schweigen des Managers zu brechen. Noch während die Presserunde lief, stand Schneise auf und schritt Richtung Wand, die Schiebermütze nach vorne rückend. Laake sah ihn kommen und versuchte, sich als Wand zu tarnen.

Da sprang Patzke auf wie eine Bärenmutter, deren Junges bedroht wurde. Er lief zu Laake und baute sich vor Holle auf. Der Pressesprecher griff nun zu seiner schärfsten Waffe: unnötige Bürokratie. »Ein Interview mit dem Geschäftsführer muss vorher schriftlich beantragt werden«, brummte er laut.

Bevor es zur Eskalation kommen konnte, eilte Jakobi hinzu. »Eigentlich, Jörgi«, sagte der alte Mann milde und legte dem aufgeplusterten Pressesprecher eine Hand auf die Schulter, »wollten wir uns nur erkundigen, ob ihr zufällig noch den Spielberichtsbogen von gestern habt. Nur eine Formalie.«

Patzke behielt Holle hinter sich im Augenwinkel, während er zu seiner Aktentasche tapste und die Papiere durchsuchte. Dann brummte er und drückte Jakobi einen Ausdruck in die Hand. »Wenn das dann alles wäre, die Herren«, brummte er.

Schneise starrte ihn direkt an. »Das werden wir noch sehen.«

Jakobi zog ihn zur Seite, damit sie sich den Zettel in Ruhe ansehen konnten. Sie hatten ja noch eine Frage zu klären: Wer hatte die Schläger als Spieler im Testspiel registriert?

Holle versuchte, nicht zu Laake und Patzke zu schauen, nur aufs Papier. Er sah eine Liste aller Spieler, die gestern zum Einsatz gekommen waren, plus den Klub, für den sie spielten. Hinter zwei Namen stand nicht SCA bet-all-your-money.com als anmeldender Verein. Es waren Dragan und Zoran.

Bei ihnen stand: angemeldet von Sputnik Moskau. Ein russischer Klub und bald Berthas nächster Testspielgegner.

»Was haben Russen mit Ex-Jugoslawen zu tun?«, fragte Jakobi.

Schneise schwante Schlimmes. »Wir müssen Amira finden und warnen«, sagte er und schaute unheilvoll in Richtung der Berge.

TaG 5: MITTAGS

Amira war froh, endlich allein zu sein. Sicher, sie hatte vorhin protestiert, in die Berge zu müssen, während die zwei Machos Medienzirkus spielten. Aber so unverhofft die Allianz zustande gekommen war: Sie kam auch gut ohne die beiden klar.

Sie war einen weiten Weg gekommen und meinte nicht nur die 800 Kilometer von Berlin-Britz nach Irrding-Irgendwo. Die Strecke hatte sie dank der Hilfe von Mario Ferrari zurückgelegt. Mittlerweile war sie Powerfrau und fuhr einen eigenen Wagen.

Sie kontrollierte ihr Make-up im Rückspiegel und ihren Plan im Geiste, während das Auto schlingerte. Ob Holle klarkam?

Der versoffene Reporter war ihr etwas ans Herz gewachsen, sie wusste nicht genau, warum. Er war vollkommen unzuverlässig. Erinnerte Holle sie damit an ihren früh verschwundenen Vater? Sah sie in ihm eine Vaterfigur oder jemanden zum Bemuttern? Klang nicht nach ihr. Oder sah sie in diesem Mann den Mann?

Sie schüttelte alle dahin gehenden Gedanken ab wie den Verkehr hinter sich. Amira Brösel hatte sich auf ihre Mission zu konzentrieren. Ihr Jimmi war hier irgendwo versteckt wie eine Schatzkiste. Nur dass es in den Bergen keine Inseln gab.

Sie blickte zum Grimmig. Man kam an diesem Berg nicht vorbei in Irrding. Es schien konsequent, dass Bertha dort kletterte.

Es war Amira nicht schwergefallen herauszufinden, wo das geheime Teambuilding stattfand. Die sozialen Netzwerke waren voller Fotos, die Bertha-Profis oben im Gebirge posteten.

Amira schnaufte. Sie gab noch mehr Gas und hoffte, Gitti hatte gut getankt.

Die Landstraße ließ sich so deutlich angenehmer überwinden als tags zuvor zu Fuß. Sie begann sogar, die Landschaft zu schätzen. Wenn sie schnell vorüberzog, war sie fast schön.

Amira blickte zum Horizont. Im Angesicht der Alpen fühlte man sich klein und unbedeutend, aber auch erhaben und erhoben über die Mühen der Ebene. Alles wirkte so rein und klar, so aufgeräumt und geordnet zwischen Dorf, Feld, Wald und Berg.

Da schien es fast unvermeidlich, dass die Leute hier von natürlicher Ordnung faselten und wirr in der Birne wurden. So wie Amira die Einheimischen erlebte, fürchteten sie alles Fremde und nahmen trotzdem oder deshalb ihre Gäste gern aus. Ständig bedroht durch Hochwasser, Lawinen und Massentourimus, schätzten sie Gemeinschaft, Zusammenhalt und Cousinen-Ehen.

Mit steigender Höhe nahm der Grad an Offenheit für Anderes ab. Am Berg galten eigene Gesetze, die dafür sorgten, dass für die Gemeinschaft gesorgt war, egal was im Tal legal war. Nach dieser Logik waren Fußballer für das Volk hier Freiwild. Sie hielten sich für Stars, am Berg waren sie kleine Lichter. Vielleicht lockte man deshalb Vereine her. Für eine Lektion.

Amira fragte sich, wo all diese Gedanken plötzlich herkamen. Lange hatte sie vermieden, tiefer über Dinge nachzugrübeln. Das machte nur Falten und ließ einen extrem unlasziv wirken. Offenbar bekam ihr die Bergluft nicht. Oder sogar zu gut.

Als Amira den Mannschaftsbus auf einem Parkplatz stehen sah, wusste sie, dass sie richtig war. Sie parkte das Cabrio und schaute hoch zum Berg. Dabei kam ihr ein ganz eigenwilliger Gedanke: Wie sollte sie nach oben kommen? Der Grimmig war 2400 Meter hoch, hatte sie im Internet gelesen, gar nicht mal so viel für die Alpen. Aber Amira hatte unpraktischerweise hohe Absätze angezogen.

Immerhin musste sie nicht ganz zum Gipfel. Die Grimmighütte, wo sich das Team zur Klettertour traf, lag auf 1000 Metern. Der Parkplatz befand sich schon auf gut 700 Metern. Vor dort schlängelte sich ein Weg durch den Wald, angeblich war es nur eine Stunde zur Hütte. Wenn man keine Pumps trug.

Amira verfluchte sich und ihren guten Fashion-Sinn. Aber sie konnte doch nicht einem Rudel Fußballer gegenübertreten und nicht präsentabel aussehen. Sie musste da praktisch denken. Praktisch bedeutete es, dass sie nach zehn Minuten Stolpern über Stock und Stein die Schuhe nahm und den Absatz abriss.

Im Schatten der Bäume war sie immerhin vor Sonne geschützt, schwitzte dennoch, warf ihr Jeansjäckchen weg und lief nur noch in Tanktop und Minirock. Während sie so durch den finsteren Wald lief, dachte sie kurz an die zwei Riesen: Wenn sie ihr auflauerten? Egal, das hier war kein Märchenwald.

So dachte sie jedenfalls und landete an einer Art Hexenhütte. Nach über einer Stunde über Wander-,

Holz- und Forstwege, mit Aussicht auf das Tal oder auf das graue Gesteinsmassiv, war sie endlich angelangt an ... es sah aus wie eine Heimatfilmkulisse.

Ein hölzernes Spitzdachhäuschen, vor dem Bänke und Tische standen, gaukelte Wanderern eine gewisse Urtümlichkeit vor. Doch überall hingen Werbeschilder für Fanta, Cola und Bier. Eine Kellnerin in Tracht stand davor und grinste Amira an.

Die Spielerfrau beäugte kritisch die Schürze und die Wollsocken.

»Grias Gott, gnädge Frau, möachten's viallaicht oankeahren?«

Amira verstand kein Wort, aber sie ahnte, es war eine Falle. Zumindest eine Touristenfalle. »Ich suche nach Fußballern.«

Die Wirtin deutete nach oben. »Doa sind's voarhin 'nauf.« Sie deutete direkt zum Gipfel des Grimmigs.

Amira wusste, beziehungsweise Google wusste, dass das letzte Stück nur noch aus nacktem, rauem Fels bestand. Sie sah da oben einige Bergsteiger mit Helmen herumklettern. Sie schluckte. Allein die Aussicht ließ sie schwindeln.

»Schmarrn, i moach nuar Spoaß«, sagte die Kellnerin lachend, als sie Amiras Gesicht sah. »Die sind's doa loang.« Sie deutete auf einen ausgeschilderten Waldweg nach Norden. »Des is da Treppenstein, oan Neabengipfl oauf nuar 1200 Metern.«

Amira wollte die Frau gern erwürgen. Und war doch dankbar. Weitere 200 Höhenmeter auf einem Weg durch den Wald, das würde sie noch schaffen. Das dauerte angeblich eine Dreiviertelstunde.

Sie verabschiedete sich von Kellnerin, Hütte und Getränkewerbung.

Eine Stunde später verfluchte Amira all die Buchen, die nie enden wollten. Es folgte Baum auf Borke, immer etwas höher. Die Bergsteiger oben am Grimmigmassiv mussten sich beim Anblick der stolpernden Tanktop-Frau unten sicher amüsieren.

Das letzte Stück drohte, ihr den Rest zu geben: Es handelte sich um 50 Meter Fels, steinig-struppig zur Spitze hinauf. Echte Bergsteiger würden hier eher hochwandern als -klettern. Der Treppenstein als Nebengipfel wäre für sie nebensächlich. Aber für ein Stadtmädchen schien er nach über zwei Stunden Latscherei wie der Mount Everest. Dann sah Amira jemanden, der auch bei Aufstiegen schwächelte: die Bertha-Mannschaft.

27 Fußballprofis kämpften sich mit Mühe die Böschung hinauf. Einige glitten am Geröll ab, andere umklammerten Gestrüpp. Die austrainierten Kickerbeine schienen kletterinkompatibel.

Ihre bescheidenen Bemühungen bewachte am Boden Adi Hirscher, Polizeimeister mit Nebenjob Waffenhändler und Fremdenführer. Der kartoffelige Trachtenträger paffte kopfschüttelnd eine Pfeife. »Denkt's ia droan: Schöan Tiemwoark!«, rief er hoch.

Amira war enttäuscht, erleichtert und erbost, hier Hirscher zu sehen. Dabei hätte sie sich denken können, dass er lieber als Kletter-Animateur nebenjobbte, als nach Jimmi zu suchen. Sie näherte sich selbstbewusst dem schnauzbärtigen Sexisten.

»So sieht man sich wieder«, sagte sie, süffisant schwitzend.

Hirscher war überrascht, aber zuppelte sich schnell den Hut mit Feder und die Filzjacke mit Polizeimarke zurecht. »Grias Gott, oan Waibsbild hiar oben goanz oallein?«, sagte er mit herablassender Anteilnahme. »Hoaben's sich verlaufn?«

Amira starrte ihm in die Augen, ihr Blick ließ ihn frösteln. »Als braves Spielerfrauchen besuche ich mal die Spieler«, sagte sie mit sarkastischer Stimme.

Hirscher merkte nichts, ihm leuchtete die Begründung wohl ein. »Doa müassn sich's sputn«, sagte er nur und zeigte mit der Pfeife nach oben. »Oanige hoaben's toatsächlich foast zuam Giipflkreuz 'naufgschafft.«

Amira schluckte, als sie die Spitze im Schatten des Grimmigs sah. Dort oben hatte ein guter Christ ein Kreuz aufgestellt. Als Warnung, wie um zu sagen: Das hier ist totes Gebirge. Passenderweise hieß das Massiv rund um den Gipfel genauso.

Totes Gebirge. Kein gutes Omen für Jimmi. Sie verdrängte es.

Und sah, wie der Schwede Kjell-Bjarne Lindholm die Spitze erreichte, natürlich mit freiem Oberkörper trotz Schatten. Die anderen Spieler hingen planlos im Mittelfeld herum, wie auf dem Rasen. Der langsamste Spieler, Philipp Schnell, knipste noch auf halber Höhe Selfies seiner vielen Tattoos.

Waren der Ausblick von oben aufs Tal und ein Verhör schnaufender Spieler den weiteren Aufstieg wert? Amira zweifelte daran. Ihr Blick schweifte über den Horizont und noch höhere Berge. Dann sah sie weit oben zwei Giganten den Grimmig erklimmen.

Es waren eindeutig die Riesen Zoran und Dragan. Das erkannte sie daran, dass die behelmten Männer in Schwarz größer waren als andere Bergsteiger, sie gar als Steigbügel benutzten. Sie hatten es offenbar eilig, nach oben zu kommen. Erst suchten die beiden Gangster ganz Irrding nach Jimmi ab, dann die Fußballplätze, nun den höchsten Berg der Gegend.

Was hatten sie vor? Amira bemerkte, dass Adi Hirscher sie ebenfalls bemerkte. Dem alten Polizisten fiel vor Schreck fast die Pfeife aus dem Mund. Er wirkte äußerst beunruhigt, was nicht zu seiner gemütlichen Grundart zu passen schien.

»Wenn's mich's kuarz eantschuldign wüarden, gnädge Frau«, sagte er kurzatmig und eilte durch den Wald zur Bergwand.

»Und was ist mit ihren Bertha-Spielern?«, rief Amira ihm hinterher. Auf der Anhöhe des Treppensteins erblickte sie verängstigte Fußballer. Sie fühlten sich wohl hängengelassen.

Amira hatte andere Probleme, als hier wieder mal Männern zu helfen. Sie musste Hirscher und den beiden Riesen folgen. Dort oben am Felsmassiv ging etwas vor sich, was mutmaßlich mit Jimmi zu tun hatte. Sollte ihr Verlobter dort stecken?

So schnell es ihre abgebrochenen Absätze hergaben, rannte sie zum Wald. Beseelt von der eigenen Euphorie hüpfte sie über Stock und Stein, es half zudem, dass der Wanderweg nun bergab führte. Der Rückweg dauerte so nur eine halbe Stunde.

Unter dem Grimmig führten wohl alle Wege zur Grimmighütte. Doch vom Gastrobetrieb gingen auch

Gabelungen zum Gipfel. Die Kellnerin stand noch immer davor und grinste unentwegt.

»Ich muss da rauf«, sagte Amira und zeigte hoch zum Grimmig.

Die Wirtin ignorierte, dass sie völlig außer Kräften schien. »Nun, doa hätten's wiar zwai Tourn, den Earstbegehergroat und den Todesgroat. Der Todesgroat is scho a bisserl schwerer.«

Amira sah die Frau entgeistert an. »Dann den leichteren.«

»Gut«, sagte die Frau, unbeirrt lächelnd und erklärte: Der Einstieg zum Erstbegehergrat liege auf gut 1800 Meter Höhe. Das seien von der Grimmighütte noch 800 Höhenmeter aufwärts. Dann kämen 600 Meter steile Bergwand. Es sei sehr einfach. Viele Bergsteiger kletterten das ohne Seil in drei Stunden.

Amiras Ohren klingelten schon beim Zuhören. Zu viele Details verursachten bei ihr Höhenkoller. Wusste die Frau, dass Amira nie kletterte? Nicht mal boulderte?

»Oder doch der Todesgrat?«

Die Frau schüttelte den Kopf. »Normoalerwaise stoartet niemand so a Touar noachmittags«, sagte die Wirtin. »Oaber hoaben's Glück, doa is a Herr, da heut noch 'nauf wollt.« Sie nickte ins Hütteninnere. »Oabwohl i miar net sicher bin, ob da noach nüchtern is.«

Amiras riss erwartungsfroh die Augen auf. Konnte es sein? Sie lief in die Hütte und sah ihn tatsächlich dort sitzen. Er lag fast am Tisch vor Tellern mit Knochenresten und Gläsern voller Schaumpfützen. Der Reporter grinste satt.

Sie hätte ihn am liebsten umarmt, aber erstens saß Holle hinter zu viel Holz und war zweitens zu dick eingefettet. Er bedeutete ihr mit tropfenden Fingern, sich zu setzen.

»Holle, was machst du hier?«, sagte sie erstaunt-erfreut.

»Ich habe dich gesucht.«

»In einem Gasthaus?«

»Nun ja ...«

Hätte die Zeit nicht so gedrängt, Amira hätte laut gelacht. »Ich habe die zwei Riesen gefunden. Sie sind hier am Berg!«

Sein Blick schaltete schnell um von schwammig auf messerscharf. Blut schien vom Magen in den Kopf zu schießen, Holle war plötzlich voll da. »Amira, nimmt dich vor diesen Jugos in Acht! Die stecken irgendwie mit Russen unter einer Decke. Üble Ganoven!«

Die Spielerfrau sah ihn lange und irritiert an. »Also Holle, ich finde es falsch, wie du mit Vorurteilen über verschiedene Volksgruppen hantierst und Stereotype klischeehaft reproduzierst.«

Der Reporter rieb sich unruhig über den eigenen Nasenrücken. »Hör mal, Amira, ich erkenne harte Jungs, wenn ich sie sehe.«

Amira gab ihm den Jeder-verdient-eine-faire-Chance-Blick, gegen den sich schwer andiskutieren ließ.

Holle ließ sich offenbar davon erweichen. »Du meinst, die hegen positive Absichten bezüglich Jimmi?«, fragte er.

»Oh nein, auf gar keinen Fall«, entgegnete Amira. »Ich wollte nur, dass wir nichts auf die Herkunft schieben.«

Er schwieg dazu.

»Wo ist Jakobi?«, fragte sie, versöhnlich das Thema wechselnd.

»Hat sich hingelegt«, sagte Holle. Als der alte Mann erfahren habe, dass Schneise hinauf wolle zur Klettertour, habe er sich in sein Hotel verabschiedet. Auch er selbst habe gezögert bei 1000 Metern Höhe. Doch er habe gehört, der Weg bis zur Hütte sei machbar und es gebe hier Bier. Über das gastronomische Angebot habe Holle dann vergessen, dass er eigentlich hier war, um Amira zu warnen.

Amira erwiderte, dass sie sich der Gefahr bewusst sei, leider.

»Okay, wie wollen wir nun vorgehen?«, fragte Holle gähnend.

Amira schaute aus dem Fenster der Hütte, deutete nach oben. »Wir müssen da hoch«, sagte sie. »Zum Gipfel des Grimmigs.«

Schneise hustete laut und spuckte ein Stückchen Knochen aus. Dann echauffierte er sich über ihre Ansage. »Auf den Berg?«

Amira meinte es ernst. »Dort oben ist irgendetwas. Die Riesen suchen es und Nazi-Cop Hirscher ist ihnen hinterher.«

»Jimmi«, brummte Holle. »Oder ein sehr entlegener Kegelklub.«

Amira musste lachen. Offenbar kannte er Gittis Geheimnis.

»Wie hoch ist das denn?« Scheinbar hatte er Schwierigkeiten, sich 2400 Meter vorzustellen.

Amira klärte ihn über den Weg auf. Falls sie wirklich bis zum Gipfel des Grimmigs hochmussten, warteten Geröllrampen, Platten, Kämme und Scharten auf sie.

»Ich versteh kein Wort, aber lass uns rauf«, sagte Schneise.

Amira musterte Holle: ein Endvierziger bis Anfangsechziger ohne Muskulatur und mit Blähbauch, dazu arg alkoholisiert. »Bist du sicher, dass du es da hochschaffst?«, fragte sie.

Schneise schlürfte den letzten Schaum. »Klar, wieso nicht?«

Die Spielerfrau konnte nicht behaupten, dass solcher Wagemut ihr nicht imponierte, so unbedacht und riskant es auch war.

Der Reporter erhob sich hinter seinem Tisch und setzte seine Altmännermütze auf. »Wir sollten nicht ewig warten«, sagte er.

Amira fand ihn auf eine rührende Art fast ansehnlich. Sinnloses Draufgängertum zog bisweilen immer noch bei ihr. Hätte sie erwähnen sollen, dass schon der Fußweg zum Zustieg drei Stunden dauerte? Und das Klettern dann noch mal so lange?

Als sie ins Freie trat, sah Amira zum Himmel. Dem Stand der Sonne nach war es Nachmittag. Ihre Handyuhr sagte dasselbe. Es wäre dunkel, wenn sie oben ankämen. Wenn sie dort ankämen.

TAG 5: ABENDS

Amira war am Ende. Eine äußerst unschöne Art, so zu sterben, allein über einem Abgrund, unter sich nichts als Schlucht. Am Ende des Sturzes würde es immerhin recht schnell gehen. Der Bergrücken war derart zackig, dass ihr irgendein Fels schon das Genick bräche, bevor sie wirklich etwas spürte.

Es fiel ja niemand wirklich 2400 Meter von einem Berg herab. Meist war schon vorher Schluss. Sie konnte unterwegs nicht einmal die Aussicht genießen. Der Blick aufs Tal war ständig verstellt von Gestein und wo nicht, verschwamm Amiras Sicht.

Es war, als käme der Erdboden auf sie zu und nicht umgekehrt. Sie schnappte nach Luft, aber die war hier oben recht dünn. Obwohl sie kaum noch Sauerstoff bekam, raste ihr Herz und die Lungen pumpten wie wild. Die Kopfschmerzen waren enorm. Und Amira wusste nicht mehr, wo aktuell oben und unten war. Ihr fröstelte, klatschnass geschwitzt in Tanktop und Rock.

Womöglich fiel sie gar nicht. Zumindest bewegte sich nichts.

Eigentlich war alles hier still, außer ihrer Schnappatmung. Wie ein nasser Lappen lag Amira ausgestreckt auf einem Fels, der zwei Schritt breit nach vorn ragte. Ihr fiel wieder ein: Sie hatte sich hier vorhin hingelegt, um einfach zu sterben.

Von oben schien der Mond auf die entkräftete Spielerfrau, die sich einsam unter Steinen ihrem Schicksal ergeben hatte. Ein unbedeutender Mensch am Rücken eines mächtigen Gebirges.

Holle Schneise hatte sie schon vor geraumer Zeit aus den Augen verloren, der Reporter war über den Bergkamm gehüpft wie eine junge Gämse. Wo hatte der Typ nur die Energie her?

Dabei war er es gewesen, der schon unten gezweifelt hatte. »Nur für Geübte« hatte jemand mit roter Farbe auf den Fels gepinselt, dazu ein Pfeil nach links, zum steilen Aufstieg. »Damit meinen die eindeutig nicht uns«, hatte Holle geunkt.

Und wie eine Unke war er unten herumgehopst, auf der Suche nach einer Abkürzung, nach einem schnelleren Weg zur Spitze. Die Sonne war schon im Sinkflug begriffen und Schneise nicht mehr nüchtern gewesen. Doch das schien ihn eher zu beflügeln.

All die Pfeile und Marker führten zu gerilltem Gestein, das wie eine Rampe hinaufführte. Man musste aufpassen, wohin man den Fuß setzte. Holle hoppelte aber drauflos wie ein Hase, wieselte die Wand entlang, auf allen Vieren oder nur Zweien.

Amira war richtiggehend beeindruckt: Da, wo sonst erfahrene Bergsteiger in Funktionskluft sorgfältig Schritte wählten, torkelte der angetüdelte Trenchcoatträger traumwandlerisch hinauf. Was war sein Geheimnis? Sie sah ihn oft nach seinem Flachmann greifen, aber offenbar nur, wenn er Durst hatte.

Sie hingegen hatte diesen Berg kolossal unterschätzt. Amira hätte eigentlich klar sein müssen, dass sie keine 600 Meter steil hinaufklettern konnte, vor allem weil ihr die 800 Meter Waldweg bis zum Anstieg schon zu viel waren. Als Powerfrau ließ Amira sich nichts anmerken. Sie dachte, sie würde sich gewöhnen an all die Platten, Rinnen, Grate und Scharten, die hier nacheinander kamen. Für sie war das alles rauer Stein, mal steiler, mal flacher. Ihre French Nails hatten sich schon früh verabschiedet, ab da war Amiras Laune auf dem Tiefpunkt.

Unter ihr gaben die wenigen Wolken eine traumhafte Aussicht auf das Tal frei. Aber Sonnenuntergänge, die saftige Wiesen und Wälder in satte Farben tauchten, interessierten sie gerade nicht.

Sie klammerte sich an nackten Fels und setzte ihre Füße über schmale Scharten, um nicht in Schluchten zu fallen. Sie folgte den roten Farbklecksen, als hinge ihr Leben daran. An glatten Wänden suchte sie endlos nach ein wenig Halt. Selbst, als sie sich noch von Männern hatte kutschieren und aushalten lassen, war sie sich nie derart ausgeliefert vorgekommen.

Der Berg hätte sie Demut lehren können, aber es war nur Wut. Warum war sie nicht einfach in Berlin geblieben? Sie hatten eine wohnliche Eigentumswohnung im Wedding, da hätte sie auf dem Velourssofa sitzen und in Möbelkatalogen blättern können. Irgendwann wäre Jimmi heimgekommen oder zumindest ein Scheck. Er war ja versichert ... Amira bereute umgehend diese Gedanken.

Bergsteigen machte sie offenbar bitter. Mit jeder Minute, die ihre Muskeln brannten, wurden ihre Gedanken nur negativer. Als ob dieser Grimmig nur hier stünde, um Amira zu quälen. Statt sich gesünder zu fühlen, spürte sie das Bedürfnis, sich in Ungesundes zu flüchten, wie Zynismus und Selbstmitleid.

Moment ... War Holle etwa auf diese Art so geworden, wie er war? Dann wäre Bertha wohl so etwas wie sein persönlicher Berg, der sich ihm so oft in den Weg stellte und Ziele versperrte. Der Moby Dick zu seinem Ahab, nur dass er nicht jagte, sondern gezwungen war, dem Dickfisch stets zuzusehen, weil er einfach zu groß war. Als ginge es nicht ohne Bertha.

Warum machte er sich nicht einfach frei, hatte Amira sich gefragt, während sie sich in ein winziges

Felsloch zwängte. Offenbar war es das, was Bergsteiger einen Kamin nannten. Nur dass man nicht herunterrutschte wie der Weihnachtsmann. Im Gegenteil, man kletterte da hinauf. Amira ächzte vor Angst und Anstrengung. Nach dem zweiten Kamin gab sie einfach auf.

Womöglich war es der Sauerstoffmangel auf mittlerweile gut 2000 Metern, aber sie konnte und wollte nicht mehr. Auf dem erstbesten Felsvorsprung legte sie sich einfach hin. Ihr egal, ob da noch ein Gipfel kam. Aufgeben zur rechten Zeit war eine Kunst, die viele Männer nicht beherrschten. Sie hingegen als Frau konnte es sich leisten, auch mal …

Sie konnte schon nicht mehr klar denken. Die Nacht umfing sie wie eine kühle Decke. Die Felswand, die in der Sonne so heiß gewesen war, fühlte sich nun an wie eine kühle Gruft. Am Abendhimmel begann jemand, etwas Glitzerschmuck aufzuhängen. Wie hießen die Dinger nochmal? Ihr fiel gar nichts mehr ein.

Es hatte schon eine gewisse Ironie, als Berlinerin in den Bergen zu sterben. Amira hatte immer vom Strand geträumt. So wie der, an dem sie einmal mit ihrem Vater gewesen war. Die Erinnerung wirkte auf einmal golden, so kurz vor ihrem Tod.

So geborgen wie damals hatte sie sich nie wieder gefühlt, die Wellen hatten sie kalt umspült, während sie ins Wasser lief, immer tiefer hinein, doch sie fror nicht, denn ihr Vater fasste sie von hinten und hob sie hoch über die Fluten.

Sie wäre nun gern in diesem Bild versunken, in dessen Tiefe.

Womöglich war sie auch schon bewusstlos und träumte bereits, doch da war wirklich ein Paar Hände, das sie fest packte und anhob, wenn auch etwas ungeschickt, wankend und arg wackelnd. Sie streifte trotzdem zart über die Brust ihres Vaters, der tatsächlich gekommen war, sie zu holen, nach all den Jahren. Er roch sogar noch nach Zigaretten und Alkohol, wie früher.

Moment mal, dachte Amira, er hat nie so stark gestunken. Sie öffnete ihre Augen. Die fremde Gestalt, die sie in den Armen hielt, versuchte sie über eine Felskante zu bugsieren.

»Hey!«, rief sie. Plötzlich war sie wieder bei Sinnen, schlug um sich und versuchte, sich aus der Umklammerung zu lösen. War es einer der Riesen? Dafür wirkte er recht schwächlich. Waren seine Bemühungen bisher erfolglos, ließ ihr Entführer sie nun endgültig fallen.

»Au, Amira, hör auf!«, rief Holle.

Zum Glück fiel sie trotz Fallens nicht den Grimmig hinunter. Tatsächlich war der Untergrund, auf den Holle vergeblich versucht hatte, sie zu heben, hier fast vollkommen flach.

Das hieß, sie waren auf dem Gipfel! Aus der Ferne glich der Grimmig einem Tafelberg. Er war oben ganz eben. Auf dieses Plateau hatte sie es fast geschafft, ohne es zu bemerken.

Amira rollte über Rasen, denn hier oben gab es sogar Gras. Einige Meter weiter stand ein Gipfelkreuz, auf einer Anhöhe, der letzten, die der Berg zu bieten hatte. Sie waren oben!

Sie war völlig außer sich. »Holle, wir haben es geschafft!«

Schneise hielt sich den Arm, auf den sie geschlagen hatte. »Du hast wieder eine seltsame Art, mir zu danken«, jaulte er. »Ohne mich wärst du sicher unten auf diesem Felsvorsprung ... nun ja, wohl einfach eingeschlafen. Gefährlich war's nicht.«

Amira begriff allmählich: Nachdem sie tapfer drei Stunden lang durchgeklettert war, hatte sie kurz vor dem Gipfel aufgegeben, verkennend, wie nah sie dem Ziel eigentlich war.

Holle war da schon längst oben gewesen und hatte genossen, dass es keine Aussicht zum Genießen gab, wie er berichtete.

Amira traute sich nun auch, über die Klippe zu schauen. Das grüne Irrtal am Irr war bereits in tiefes Blau gehüllt. Unten waren nur Umrisse, Schatten und Lichter auszumachen. Alle Irren im Tal schliefen. Amira fand es sogar fast friedlich. Und das Schönste hier oben: Man sah den blöden Grimmig nicht. Seinem Blick zu entkommen, allein dafür lohnte der Aufwand.

Es hatte sicher Gründe, dass niemand abends Berge bestieg. Wozu all die Anstrengung, wenn man dann von oben fast nichts sah? Aber das Plateau hatte eine einsame Entrücktheit, die Amira sehr angenehm fand. Sie vermisste nicht einmal ihre Follower.

Sie schaute auf ihr Riesensmartphone. Kein Empfang. Herrlich. Amira fragte sich, warum sie nicht schon früher auf Berge gestiegen war. Ach ja: Sie hatte ganz klar kein Talent dafür.

Doch woher konnte Holle das? Kaum war er am Aufstieg über die erste Anhöhe, ging bei ihm alles wie von alleine, vor allem seine Beine. Sie bewegten sich schnurstracks aufwärts.

»Hast du das schonmal gemacht?«, fragte sie.

Schneise hob die Schiebermütze und lüftete das schmierige Haar, das völlig unverschwitzt war. Er erzählte, dass er nie in nennenswertem Maße Sport getrieben habe. Früh habe er entdeckt, dass sein wahres Talent im Zusehen und Meckern lag, das hatte er vom Vater. Und anderen Sport außer Fußball hatte er nie versucht. Mit Joggen könnte man ihn jagen, er betriebe höchstens Kneipenmarathon und Sportrauchen.

»Woher hast du die Kondition zum Klettern?«, fragte Amira. Sie ging wöchentlich zum Crossfit und war nicht so krass fit.

Schneise spekulierte, es gebe eine körperliche Ertüchtigung, die ihn wohl für die Berge trainiert hatte: »Stadiontreppen«, sagte er nüchtern. Jahrelang sei er zu Pressetribünen hoch unter Stadiondächern gekraxelt und mit Schlusspfiff hinab in Mixed Zones geeilt. Besonders Berthas ehemalige Spielstätte, das Reichsstadion, erbaut 1914, glänze mit Tunnelsystemen, die neben der Kondition den Orientierungssinn schulten. »Im Gegensatz dazu ist der Grimmig Kinderkacke«, prahlte Holle.

Bei Amira war das anders, sie war es nicht gewohnt, längere Strecken ohne Stöckelschuhe zu gehen. Holle hätte mal auf sie warten können, doch er hatte wie im Höhenrausch gewirkt. Nach Jahren der Stagnation schien es endlich bergauf zu gehen.

Immerhin war ihm am Gipfel aufgefallen, dass Amira fehlte. Also war er noch einmal zurückgeeilt, nur

wenige Schritte. Dann hatte er sie wohl zusammenge-
brochen am Boden gesehen. Amira fluchte. Hätte sie
sich zusammengerissen, hätte sie oben auf Rasen ausru-
hen können, statt auf Fels zu frieren.

»Alles okay?«, heuchelte Holle Mitleid vor. Er musste
fast platzen vor Stolz, sie diesmal wirklich gerettet zu
haben. Wenn auch nur vor Unterkühlung.

»Sicher«, log Amira. Sie rappelte sich schnell auf und
schüttelte die Waden aus.

»Also, wo ist jetzt Jimmi?«, fragte Holle und streckte die Arme weit aus, als wäre er selbst hier oben das
Gipfelkreuz.

Amira fühlte sich etwas überfragt, denn außer Dunkelheit gab es hier wirklich wenig. Eigentlich nur Gras
und Geröll. Von Ganoven-Gorillas, Polizeimeistern oder
Verlobten keine Spur. Waren die von ihnen Verfolgten
überhaupt jemals hier gewesen?

Aber die Nacht war jung und ihre Fährte womöglich
frisch. Amira warf sich auf den Boden.

»Kriechst du endlich zu Kreuze?«, witzelte der Reporter. Doch dann krabbelte sie los.

Hier musste irgendetwas sein, ein kleiner Hinweis
zumindest.

Amira konnte sich keine Blöße geben, sie gönnte Holle keinen weiteren Triumph. Er genoss seine Retterrolle
in etwa so schamlos, wie er nun auf ihren Hintern stier-
te. Sie musste dem dringend etwas entgegensetzen.

Sie wollte schon fast aufgeben, da fand sie tatsächlich
etwas am Boden. Im Dunkeln sah es fast aus wie – eine
Feder. Sie fragte sich, ob sich Vögel bis auf 2400 Meter
verirrten. Sie hörte und sah keinen, außer dem schrägen

Vogel Schneise, der ihr zurief, sie solle endlich aufgeben, hier sei nichts.

Sie zerrieb den Flaum mit ihren Fingern. Eindeutig Fasan. Amira war auf genug Vernissagen und Galerieeröffnungen gewesen, um sich mit Federschmuck an Klamotten auszukennen. Und dass Fasane nicht in den Bergen lebten, wusste selbst sie.

Wie kam also die Feder hierher? Der Hut von Adi Hirscher! Sie erinnerte sich an seine Tracht und den Schmuck am Kopf. Unglaublich, dass der Kartoffelmann es zum Gipfel geschafft hatte, aber er war offenbar hier gewesen. Oder noch immer?

Sie sah sich um. Auf dem gut 200 Meter langen Plateau ließ sich ebenso wenig erkennen wie am Gipfelkreuz zu ihrer Linken oder am Treppenstein, dem niedrigeren, entfernteren Gipfel.

Holle hatte sich ans Kreuz mit der Markierung *2400 m* gelehnt und packte eine Flasche aus, die er als Proviant im Mantel mitgenommen hatte. Es war Zeit für einen Klaren – Gedanken. Wenn Jimmi nicht hier war, war es das dann mit der Story?

Holle dachte über den Newsroom und Online-Journalismus nach. Vielleicht war das doch die Zukunft und er die Vergangenheit? Er verschwendete oft eine Stunde für Recherche und Schreiben. Womöglich wollten Leser lieber Texte wie vom Vollautomaten: schnell, umsonst, sofort verfügbar und leicht zu vergessen. Wenn das so war, hoffte Holle, dass Maschinen ihn recht bald ersetzten. Dann könnte er sich seiner eigenen Zukunft widmen: Nur wie sah die aus? Er konnte ja sonst nichts, außer Saufen.

Aber nach nur einem Schluck packte er den Wodka weg – denn Amira war nun verschwunden. Einen Moment lang war sie da, im nächsten plötzlich weg, während Holle sich Suff und Sinnieren gewidmet hatte. Wie konnte das sein? War sie doch vom Berg gefallen? Dann hätte Schneise Sturz und Schrei hören müssen.

Er stand auf.

Die Dunkelheit spielte einem oft Streiche und der Alkohol half da in großer Höhe auch nicht, das wusste er von Flügen. Tapsig suchte Holle das Plateau ab, lallte laut ihren Namen. »Ammm...raa!« Keine Ammra antwortete. Schneise wurde es bang.

Vielleicht, dachte Holle in reumütiger Angetrunkenheit, war er zu hart zu ihr gewesen. Hatte sie zu oft ausgelacht und dumm angemacht, dabei konnte er nur keine Zuneigung zeigen. Nach kurzer Suche setzte er sich verzweifelt auf einen Fels. Dann hörte er eine Stimme, vielleicht war es die Einsicht.

»Hör endlich auf mit dem Quatsch und komm runter, Holle!«

Er drehte sich um und sah, dass Amira dort unten herumstand. Sie schien genervt, ständig auf ihn warten zu müssen. Als hätte sie ein höheres Niveau, obwohl sie tiefer stand.

Holle erkannte, dass zwischen einigen zackigen Felsbrocken ein Pfad lag, der nach Norden hin vom Berg hinabführte. Sie waren ja von Südosten gekommen und hatten den Pfad zuvor nicht sehen können. Noch bemerkenswerter aber war die Hütte dort.

Sie stand versteckt hinter Felsen auf einer kleinen Ebene aus Steinen, die jemand als Fundament aufgeschüttet hatte. Gemütlich sah sie nicht gerade aus, es handelte sich eher um eine Schachtel aus Stahl, groß genug für ein paar Personen. Sie ähnelte einer öffentlichen Parktoilette mit Solarzellen. Offenbar handelte es sich um ein Notlager für Alpinisten, die hier oben in den Bergen unerwartet übernachten mussten. Und interessanterweise drang aus dem einzigen Fenster Licht.

Offenbar befand sich jemand darin, was erklären würde, warum Amira aufgeregt davorstand und wild mit den Händen winkte. Schneise solle still sein und unauffällig herüberkommen. Er setzte einige vorsichtige Schritte und rutschte sofort aus.

Auf Knien schlitterte er zu Amira, die sich den Kopf hielt angesichts der Lautstärke, die dieses Manöver verursachte. Doch aus der Hütte kam kein Laut, das Licht flackerte nicht. Wer immer dort drin war, hatte sie zum Glück nicht gehört.

»Wer ist da drin?«, flüsterte Holle nun.

»Keine Ahnung«, wisperte Amira. »Im besten Fall: Jimmi. Im schlechtesten …«

»… die beiden Riesen«, beendete Holle zögernd den Satz. Ihm wurde trotz seines Trenchcoats kalt. Warum hatte er eigentlich nicht daran gedacht, Amira den Mantel anzubieten? Doch nun war es zu spät.

»Oder mittelschlimm: Adi Hirscher«, raunte Amira, während der Reporter Mühe hatte, den Höhenrausch abzuschütteln.

Sie besprachen ihre Optionen. Und waren schnell fertig damit. Es wurde ab jetzt nur noch kälter und dunkler, nie im Leben hätten sie es lebendig zur Grimmighütte hinunter geschafft. Die Schutzhütte war ihre einzige Übernachtungsmöglichkeit.

Holle sah Amira vorsichtig zu dem Metallkasten schleichen und sich unter das Fenster bücken. Dann zog ihre Hand ihn hinter sich her. Im Lichtschein erkannte er eine Plakette: *Dollfuß-Schuschnigg-Biwak*. Mussten zwei Bergsteiger gewesen sein.

Amira war da weiter. Sie wies Holle auf einen Türschlitz hin, aus dessen Ritzen ebenfalls etwas Licht drang. Alles, was sie von Jimmi oder seinen Verfolgern trennte, war nun diese Tür. Amira drückte langsam die Klinke. Holle hielt den Atem an.

Im Hütteninnern herrschte augenblicklich helle Aufregung. Irgendjemand oder irgendetwas sprang von einem der Betten, die da standen. Im hellen Schein der Lampen, speziell derer, die Holle bereits anhatte, hätte es ein Bär sein können. Die Kreatur bewegte sich gleichzeitig behäbig und behände, schlug mit undefinierbaren Lauten und Gliedmaßen um sich.

Einen Moment fürchte Schneise, das Biest könnte angreifen, aber dann zog es sich zu einer der hinteren Wände zurück. Auf seinem Rückzug knackte der ganze Boden, als würde es auf Geäst laufen oder auf ... Kartoffelchips. Überall lagen Tüten herum. Das Vieh hatte wohl Rationen von Wanderern verwüstet.

Holle wollte nach seiner Waffe greifen, als ihm einfiel, dass er gar keine hatte, weil er Reporter war und kein Cop. Eigentlich hätte er sich schützend vor Amira stellen sollen, aber sie starrte dieses Wesen nur an, als täte es ihr leid, wie es dort mittlerweile verängstigt in einer Ecke kauerte.

»Jimmi?!«

Als Schneise Amiras Ausruf hörte, schaute er genauer hin. Das Geschöpf, das er durch Schattenspiel und Schnapskonsum für ein Tier gehalten hatte, war in Wirklichkeit ein Mensch; auch wenn Einsamkeit und Wildnis ihre Spuren hinterlassen hatten.

Sein Gegenüber, in Unterhemd, T-Shirt und Socken dastehend, war unrasiert und voller Chipskrümel und Limonadenflecken. Dennoch erkannte Holle in dem Look des Langzeitarbeitslosen noch den Profifußballer: Es war José Iago Marcelo de Máximo Ingênuo. Der Brasilianer mochte etwas Bauch zugelegt haben, aber die stolze Haltung und der glasige Blick zeugten davon, dass es sich hier wahrhaftig um einen Fußballstar handelte.

»Oh mein Gott, Mausebär, was haben sie dir nur angetan?«, rief Amira und lief mit offenen Armen zu ihrem Verlobten.

Sie hielt auf halbem Wege inne, vermutlich weil sie den Schweißgeruch wahrgenommen hatte, der im Raum hing. Auch Jimmi schien zu zögern. Schämte er sich für seinen Zustand, die lange Abwesenheit?

Schneise fiel auf, wie Jimmis Blick zum Bett wanderte, von dem er vorhin aufgesprungen war. Da lag ein flaches, buntes Plastikgerät, das Holle als tragbare Spielekonsole erkannte. Auf dem Bildschirm war ein virtuelles Fußballspiel zu sehen. Offenbar hatte Jimmi nicht gespeichert und war daher nervös.

Holle hoffte, dass Amira nicht bemerkte, was die Beklemmung ihres Verlobten auslöste. Und die vielen Flaschen nicht sah, die einst Limo enthielten und nun zur Erleichterung dienten.

Doch sie war abgelenkt, musterte ihn. »Jimmi, nun sag doch was!«

»Amira, ich-e...«, brachte der Bertha-Profi nur hervor und fiel dann in ihre Arme. Amira hatte Mühe, ihn zu halten. »Es-e war-e furchtbar ...«, sagte er und schluchzte sehr laut.

Holle wurde betreten und nüchterner im Angesicht der emotionalen Szene, legte Decken über die Konsole, schob Flaschen hinters Bett. Er verspürte widersprüchliche Gefühle. Vor allem empfand er Stolz, dass sie den entführten Fußballer tatsächlich gefunden hatten. Dass seine Story sicher schien.

Tief im Innern, wo die meisten Menschen ein Herz hatten und Holle eine verteerte Kläranlage, war er sogar etwas gerührt. Dennoch tat es ihm weh, Amira nun in Jimmis Armen zu sehen.

Schließlich war es die Suche nach dem verschwundenen Spieler, die sie überhaupt erst zusammengeschweißt hatte. Tatsächlich tat Amira ihm auf eine eigenwillige Weise gut, sie half Holle, sich zu öffnen. Was ihm nun wiederum nicht half.

Schneise schluckte seine Gefühle herunter, steckte dann den Flachmann zurück in die Innentasche und hörte den beiden zu.

»Jimmi, was ist passiert?«, fragte Amira und setzte sich mit ihrem Verlobten auf eines der Betten, die im Biwak standen.

»Oh-e Scha-tzi, ich lasse dich-e nie mehr-e allein-e«,
säuselte Jimmi und beugte sich vornüber, um sie zu
küssen.

Holle konnte nicht hinsehen, aus Eifersucht oder
Fremdscham?

Ihn interessierte zwar, was dem Bertha-Star wider-
fahren war, aber auch ein Holle Schneise hatte seinen
Stolz. Er zog sich diskret aus der Hütte zurück, lehnte
leise die Tür von außen an. Er seufzte lang, atmete tief
wieder ein, mit Kippe im Mund.

Sein Blick ging zum Himmel, weil er nicht wusste,
wohin sonst. Eine endlose Anzahl an Sternen hing nun
dort herum. Nie zuvor im Leben hatte Holle so viele
Lichter gesehen.

Die Sterne hingen derart tief, dass sie ihn fast erdrück-
ten. Wunderschön und überwältigend, gerade unter Al-
koholeinfluss. Holle setzte sich auf einen Felsvorsprung,
unter sich eine leere Schlucht, die Beine baumelten darüber. Melancholisch schaute er in seine Flasche und seine Flasche schaute zurück.

Er warf sie in den Abgrund.

Auch wenn der Fund Jimmis seine Rettung als Reporter war, spürte Schneise, dass hier etwas Grundlegen-
des zu Ende ging. Er konnte es nicht in Worte fassen,
trotz loser Zunge. Die Story würde einschlagen wie eine
Bombe, Holle wäre bald am Gipfel seiner Karriere. Dort,
wo es bekanntlich einsam wurde.

TaG 5/6: naCHTS

Amira fühlte sich frei wie ein Vogel, anmutig wie eine Eule. Sie glitzerte, dass jede Elster auf sie geflogen wäre, ihr Make-up war derart bunt, dass Pfauen glatt neidisch würden. Ihr Pailletten-Kostüm mit Püscheln sah aus wie ein Strauß, nur dass sie den Kopf nicht vergrub. Sie hob ihn voll Stolz.

Ihr gebleachtes Gebiss glänzte im Scheinwerferlicht, zur Sicherheit hatte sie noch kleine Edelsteinchen angeklebt. Die Zuschauer waren entzückt, der Applaus schien endlos zu dauern. Amiras Tanzpartner neben ihr klatschte apathisch mit.

Überrascht stellte sie fest, dass ihr Partner Jimmi war.

Sein tief ausgeschnittenes Glitzeroutfit spannte am Bauch. Kaum vorstellbar, dass der phlegmatische Brasilianer soeben mit ihr einen Cha-Cha-Cha mit einem Paso Doble kombiniert hatte, abgerundet vom Finale mit *Macarena* und *Mambo No. 5.*

Der Jury schien es gefallen zu haben. Hinter ihrem Tisch hielten sie die besten Noten hoch, 10, 10, 10 und ... eine 5! Was für eine Frechheit! Vergeben hatte sie: Luis Andrés Castro. Amira war überrascht. Was machte der Bertha-Stürmer in der Jury von »Let's Dance«? Und warum sah er anders aus?

Seine dunklen Haare waren statt kurz nun lang und geglättet, zudem hatte er sie mit Haarspray zu einer Art Turm toupiert. Er trug einen Hosenanzug für Damen und grinste unentwegt.

»Chicaaas, also dass-a war-a nichts-a«, sagte er, als hätte er mehrere Kartoffeln im Mund. Amira verstand fast nichts.

Vor allem nicht, warum Castro so überdreht agierte. Sie wusste um seine geheimen Vorlieben, aber er war ja kein Klischee eines … Moment, hatte er gerade den Tanz kritisiert?

»Sorry Chicaaa, aber-a du-a bist-a einfach-a zu dick-a.«

Amira schaute an den Pailletten hinunter auf ihren Bauch, der eigentlich normal aussah. Aber alle Zuschauer lachten.

Vor allem die Spielerfrauen in der ersten Reihe, sie zeigten mit dem Finger auf sie. Amira kamen die Tränen, ihr Pfauen-Make-up verlief. Hilfesuchend schaute sie herüber zu Jimmi, der ihr nur eine Tüte Chips anbot. Sie schüttelte den Kopf.

Wann war das alles nur so gekippt? Die Leute hatten sie doch vorhin noch geliebt, jetzt lachten sie sie auf einmal aus!?

»Guck mal, der fette Vogel!«

»Warum trägt *die das* Kleid!?«

Amira dachte, sie gäbe nichts auf die Meinung anderer Leute. Das galt aber wohl nur, solange sie von allen geliebt wurde.

Sie vergrub ihr Gesicht in ihren Händen, in denen sich allmählich eine pfauenfarbene Pfütze bildete. Sie konnte nicht aufhören zu weinen. Warum tröstete sie keiner?

Dann hörte sie eine sonore Stimme. »Na na na, mein Täubchen, ist doch alles halb so schlimm.« Was für ein Macho-Spruch! Aber die Stimme kam eindeutig von Holle! War er etwa hier?

Sie hob den Blick und sah Schneise im roten Sessel sitzen. Er hielt einen Stapel Karten auf überschlagenen Beinen, dahinter lag ein Flachmann, an dem er immer wieder nippte. Amira saß plötzlich auch auf einem Sessel, auf einem Podest. Hinter sich eine Fernsehwand, vor sich Publikum und Kameras.

»Willkommen zurück bei *Bote-TV*«, sagte Holle arg mechanisch. »Zu Gast bei uns Amira Brösel, die bekannte Spielerfrau und Influencerin, die erstmals über ihre Magersucht reden wird.«

Amira war empört: Hey, ich bin doch gar nicht magersüchtig!

Dann sah sie ihre Arme und Beine an: nur noch Haut, Selbstbräuner und Knochen. Ihr Gesicht auf der Fernsehwand: Ein Totenkopf mit bemerkenswert betonten Wangen. Wie hatte sie das mit den Wangen hinbekommen? Das war nicht der Punkt. Sie war tatsächlich krank.

»Also ich weiß nicht, wann das alles anfing«, stammelte sie. Sie stutzte über ihre Stimme. Seit wann sprach sie piepsig? Die Fernsehproduzenten mussten sie wohl hochgepitcht haben.

»Verstehe, verstehe«, brummte Holle, dem sie extra mehr Bass verpasst hatten. »Der Ruhm ist Ihnen wohl nicht bekommen?«

Amira wollte gerade antworten, dass es doch etwas komplexer sei, da lief bereits ein Beitrag über sie auf der Videowand. »Amira Brösel, eine Frau mit vielen Talenten«, hieß es dort. »Influencerin, Fashion-Kolumnistin und Schmuckdesignerin. Leider ist nichts davon ein Beruf. Dazu ist sie noch fett. So jemand möchte für

Möbelmärkte modeln? Wohl als Schrank!«

»Hey!«, rief Amira empört.

»Es lief im Beitrag, also stimmt es«, sagte Schneise schulterzuckend. »Und hier ist schon der nächste Gast. Nach vielen Jahren: der verschwundene Vater von Amira Brösel.«

Das Publikum klatschte gelangweilt.

Amira konnte es nicht fassen: Da saß er plötzlich, nach all der Zeit. Sie wusste gar nicht mehr, wie ihr Vater aussah. Also war sein Gesicht sehr unscharf, eine milchige Wolke.

»Na, ich bin schon enttäuscht, dass sie nicht mehr aus sich gemacht hat«, sagte ihr Vater mit einer Stimme, die klang, als habe ihn der Sprecher aus dem Beitrag synchronisiert.

Amira wollte gleichzeitig heulen und schreien. Was sollte das? »Ich habe immer gedacht, mit mir stimmt was nicht, weil du damals einfach abgehauen bist. Dass ich zu nichts tauge!«

Holle und ihr Vater schauten sich nur schulterzuckend an.

Sie hatte endgültig genug gehört. Sie sprang vom Sessel auf.

Sie hörte eine Produzentin auf Holles Ohrstöpsel sprechen: »Aber sie ist doch das Opfer heute, wann weint sie endlich?«

»Checkt ihr nicht, was ich alles auf dem Kasten habe?«, schrie sie.

Das Publikum zögerte, ob es klatschen sollte.

»Ich habe mich auf eigene Faust in Irrding durchgeschlagen, meinen Verlobten gefunden und gerettet«, rief Amira stolz. »Ich habe das Zeug, den Menschen um mich herum zu helfen!«

Holle las stumpf die nächste Karte vor. »Ach ja?«, sagte er. »Fragen wir ihren Verlobten doch selbst. Hier ist Jimmi!«

Plötzlich saß der brasilianische Bertha-Kicker neben ihrem schwammigen Vater auf der Couch. Er beugte sich traurig über eine Tüte Chips, sprach unter Tränen, mit vollem Mund. »Sie hat mich nie wirklich geliebt«, sagte er mampfend. »Alles, was sie interessierte, war mein Geld.«

Auf einmal ertönte dramatische Musik, die Kamera fokussierte auf Amira, ihr Gesicht erschien überlebensgroß auf der Videoleinwand.

»Stimmt das, Fräulein Brösel?«, sagte Holle und beugte sich investigativ vor. »Ging es Ihnen am Ende nur um die Kohle?«

Amira war sprachlos. »Nein, ich ... also ... ich wollte wirklich ...«

Schneise ließ nicht locker und schaute sie durchdringend an.

»Nein, das war alles ganz anders«, flehte Amira, selbst nur halb überzeugt. »Ich wollte helfen. Nur das Beste für ihn.«

Die Kamera machte einen ruckartigen Schwenk direkt zu Jimmi.

»Was sagen Sie dazu?«, fragte Holle.

Jimmi sah aus, als würde er bald heulen.

»Na endlich«, hörte Amira die Stimme der Produzentin sagen.

Jimmi legte die Chipstüte weg, schaute ernst in die

Kamera. »Alles, was ich will«, sagte er, »ist zurück nach Hause.«

Amira wusste genau, was er damit meinte. Keine Hütte in den Alpen, auch keine Eigentumswohnung in Berlin-Wedding. Ihr Verlobter wollte heim zu seiner Familie, nach Brasilien.

Dass Amira das nie erkannt hatte, war ihr nun sehr peinlich. Peinlicher als Tanzperformance und angebliche Figurprobleme.

Sie wachte auf und hörte Jimmi im Bett nebenan leise weinen.

TAG 6
MORGENS

Holle wurde wie so oft vom Adler geweckt. Sein alter Kumpel Bernd Adler kam gern morgens an Schneises Wohnung am Kotti vorbei, warf Steinchen an die Scheibe und winkte mit zwei Bierdosen in der Hand. Dann wurde gemeinsam gefrühstückt.

Heute morgen handelte es sich aber um einen anderen Adler. Einen echten Adler. Das Vieh saß nur wenige Meter entfernt und starrte Holle an. Seine durchdringenden gelben Augen musterten den versoffenen Reporter, der auf seinem Felsbett langsam zu sich kam und mit schwammigem Blick zurückschaute.

Die Morgenluft war mehr als frisch, sie waren immerhin auf einem Berg auf immer noch über 2000 Metern Höhe. Selbst im Sommer wurden es nachts hier nicht viel mehr als fünf Grad. Aber Holle war abgehärtet, er hatte schon bei jedem Wind und Wetter am Trainingsplatz bei Bertha gestanden und gefroren. Irgendwann spürte man es nicht mehr; Schnaps vorausgesetzt.

Offenbar hatte er die Nacht draußen verbracht, zu stolz und zu desorientiert, um in die Hütte zu kriechen. Dafür genoss er auf seinem Felsvorsprung ein irres Panorama: Das Irrtal unter ihm war wie von rosigem Schimmer überzogen. Die Morgensonne streichelte Hügel, Wälder und Dörfer wach.

Schneise hatte dafür keinen Sinn. Ihn beunruhigte der Adler.

Der Reporter hatte noch nie einen echten Raubvogel gesehen, außer im Zoologischen Garten und bei Berthas Auswärtsspielen bei Attila Frankfurt, deren Maskottchen ein Steinadler war. Daher wusste er, dass so ein Vogel gut zwei Meter Spannweite hatte, etwa fünf Kilo wog und mit Schnabel und Krallen einen erwachsenen Menschen zerhacken konnte. Sogar in Hessen waren sie nicht so irre, den Stadionadler frei fliegen zu lassen.

Nun saß so ein Exemplar nur wenige Meter von Holle entfernt und startete einen Staring Contest. Wer blinzelte zuerst? Holle hatte dabei einen entscheidenden Vorteil: Er war noch nicht ganz wach. Also setzte er sich zunächst einmal auf und schaute nach, ob noch Frühstück im Flachmann vorhanden war.

Dem war nicht so und die Flasche hatte er gestern entsorgt, als symbolische Geste. Aber jetzt hätte er einen Schluck vertragen können. Schneise sackte ernüchtert zusammen. Der Adler betrachtete ihn neugierig und legte den Kopf quer.

»Ach, weißt du«, fing Holle an, mit dem Raubvogel zu reden, als wäre er sein Kumpel Bernd, »manchmal frage ich mich: Warum mache ich das alles? Und wo habe ich mich verloren?«

Dann begann Schneise einen Monolog: Von der Ungerechtigkeit des Lebens, von Chefs, die Leistung erwarteten, und Frauen, die Typen wollten, die zuhörten, vom Alkohol, der nie lange hielt, und dem Fußball, der nicht mehr war, was er nie war.

»Was mache ich nur falsch, Bernd?«, fragte er den Adler.

Der Vogel nickte nur, breitete die Schwingen aus und flog davon.

Die Botschaft dieser stummen Bergpredigt schien Holle klar: Hör auf zu labern und pack endlich deine Probleme selbst an. Oder: Mach rechtzeitig den Abflug, dann entkommst du ihnen. Er verstand den Adler nicht. Eigentlich genau wie bei Bernd. Die ganz großen Weisheiten blieben eben immer ungesagt.

Egal, er musste wohl oder übel aufstehen und nachsehen, ob Amira und Jimmi in der Hütte wohlauf waren. Auch wenn Holle sich das kaum traute. Er mochte sich gar nicht vorstellen, wie wild das Wiedersehen des Paares noch ausgefallen war.

Ein Lungenfrühstück angezündet, den Mantel eng umgeschnallt, klopfte er also an die Tür der Schutzhütte und öffnete dann. Der Anblick, der sich ihm bot, überraschte ihn: Amira und Jimmi lagen nicht eng umschlungen unter einer Bettdecke, sondern je an einer Wand der Hütte, mit maximalem Abstand.

Das Einzige, was Jimmi mit ins Bett genommen hatte, waren zwei Chipstüten. Friedlich schlummerte der Fußballer in Krümeln, während Amira sich die Decken von zwei freien Betten stibitzt hatte. Es wäre also noch Platz für Holle gewesen.

Amira sah so friedlich und unschuldig aus, wenn sie schlief.

Trotzdem musste er beide wecken. »So, ihr zwei Liebesvögel!«, rief er lauter, als es nötig war, ungehemmt weiter rauchend.

Jimmi und Amira husteten sich wach, erhoben sich allmählich.

»Ich hoffe, ihr habt so gut geschlafen wie ich da draußen.« Schneise hockte sich vor einen kleinen Ofen, der hier stand. »Ich weiß nicht, wie es euch geht«, sagte er, »aber ich könnte ein Frühstück und eine Erklärung vertragen.« Er nahm sich eine Handvoll Chips und paffte Jimmi herausfordernd an. »Sag, wer dich entführt hat.«

Amira schaltete schneller als ihr Verlobter, der mit offenem Mund überlegte, ob die Frage an ihn gerichtet war. »Jimmi hat mir schon alles erzählt«, sagte sie an Schneise gewandt.

Sie wickelte sich in eine Bettdecke, damit keiner der Männer mit offenem Mund ihre nackten Beine begaffte und berichtete: Vor fünf Tagen war Jimmi aus Berthas Teamhotel geschlichen, nach dem Anruf seines Agenten, der Süßes versprochen hatte. Auf dem Parkplatz wurde er, wie von Holle beobachtet, aus einem schwarzen SUV angesprochen. Am Steuer des Autos saß: Adolf »Adi« Hirscher. Polizeimeister, Bergführer, Entführer.

»Moment, der SUV ist doch von Dragan und Zoran«, hakte Holle ein.

Amira zuckte mit den Schultern. »Wohl nur das gleiche Modell.«

Dass Hirscher beteiligt war, schockierte Schneise weniger, als dass Polizisten wie Verbrecher heute

Öko-Luxus liebten. Wahrscheinlich nur geliehen, deshalb auch das Grazer Kennzeichen. Der Cop war wohl nicht so dumm, seinen Dienstwagen zu nehmen.

Mittels einer hinterlistigen Tortenreichung köderte Hirscher jedenfalls Jimmi und brauste davon, bevor der Brasilianer bemerkte, was geschah. Sie fuhren direkt Richtung Grimmig. Dort parkte der Polizist das Gefährt abseits der Ortschaft und brachte den Brasilianer hier hoch auf die Gipfelhütte.

Holle hatte weitere Einwände, aber sprach sie nicht mehr an. Wie kam der dicke Jimmi auf den Berg? Selbst wenn Hirscher Waffengewalt anwendete: Hochklettern musste er noch selbst.

Amira schien seinen Argwohn geahnt zu haben und löste ihn sogleich auch: Bis zur Grimmighütte konnte Hirscher Jimmi mit Gummibärchen ködern. Nach einem ausführlichen Gastmahl unter den Augen der diskreten Wirtin ging es gleich weiter.

Was die Dame Amira verschwiegen hatte: Es gab noch einen Weg hinauf auf den Gipfel. Er war zwar etwas länger, aber längst nicht so steil. Statt in drei Stunden hochzuklettern, konnte man in fünf Stunden hochwandern. Mit Jimmi im Gepäck und zahlreichen Snackpausen brauchte der Polizist dann sieben.

Holle unterbrach sie, weil er es kaum glaubte. Wieso ließ Jimmi das alles mit sich machen? Es musste doch unterwegs sicher tausend Gelegenheiten gegeben haben, um zu entkommen.

»Das habe ich mich auch gefragt und dann ihn«, sagte Amira und schaute zu Jimmi, der mit offenen Augen und Mund einfach dasaß, als wisse er nicht, dass es hier gerade um ihn ging. »Er hat natürlich sofort verlangt, mit seinem Agenten zu sprechen, der ihn ja erst per Telefon zum Parkplatz gelockt hatte, mit dem Versprechen, dort stünde ein Snackautomat.«

»Hirscher hat ihn einfach mit Mario telefonieren lassen?« Holle hatte gleich gewusst, dass Ferrari mit drinsteckte. Was er nicht verstand, war, was der Polizist von der Sache hatte. Wenn Hirscher mal handelte, dann sicher auf Faschls Befehl. Aber wieso sollte der Bürgermeister eine Entführung inszenieren? Er dachte an Berthas Pressekonferenz und die Werbebroschüre.

Amira holte Holle zur Frage zurück, die er ja gestellt hatte. »Hirscher hat Jimmi sogar sein Handy gereicht«, sagte sie. Mario habe Jimmi gesagt, er solle mitgehen. Alles sei mit dem Verein abgesprochen. Wenn der Spieler das Spielchen mitmache, springe sogar eine fette Vertragsverlängerung für ihn raus.

»Mario behauptet, dass Bertha von allem weiß?« Holle konnte es nicht glauben. Obwohl, eigentlich konnte er es sehr gut. Er musste daran denken, wie Laake, Faschl und Hirscher auf dem Podium zusammensaßen und beim Testspiel auf der Tribüne.

Natürlich sei Jimmi skeptisch gewesen, fuhr Amira fort. Also habe er noch einmal bei Laake angerufen. Der Manager habe die Version des Beraters bestätigt. »Halt einfach still und genieße den Urlaub«, habe der Geschäftsführer Jimmi gesagt. Hirscher habe dem Spieler versichert, die ganze Geschichte werde nur einige Tage dauern, und ihm dann beutelweise Snacks gebracht, dazu eine Spielkonsole und diese Limo, von der er immer sehr müde wurde. Trotzdem trank er täglich drei Liter.

Schneise hielt es nicht mehr auf seinem Sitz. »Das ergibt doch alles keinen Sinn!«, rief er. »Was hat Bertha davon, wenn der beste Spieler mehrere Tage Trainingslager verpasst? Warum hilft die Polizei mit und tut so, als würde ermittelt? Wer sind diese Gorillas, die auch im SUV nach Jimmi suchen?«

Jimmi sah ihn nur mit verständnislosen Augen verwundert an.

Amira antwortete wieder einmal für ihn. »Er weiß es nicht. Aber Jimmi sagt, Hirscher habe riesige Angst vor den beiden. Gestern ist er nochmal in die Hütte gekommen und hat Jimmi gewarnt, unauffällig zu bleiben, sie seien hier unterwegs. Zum Glück für uns hat Jimmi trotzdem das Licht angelassen.«

Holle konnte sich auf all das keinen Reim machen. Aber er war ja auch kein Dichter, sondern Reporter. Seine Aufgabe war es nicht, Vorgänge zu verstehen, er schrieb sie nur auf. »Egal«, sagte er und rieb sich bereits die ofenwarmen Hände. »Die Story steht so oder so, eine Superschlagzeile für mich: *Bertha-Betrug: Entführter Star im Snack-Trainingslager.*« Die Hintergründe könnten dann die Abo-Zeitungen ermitteln. Schneise fühlte sich regelrecht von Arbeitseifer erfasst. »Amira, gib mir dein Handy, ich mache schon mal ein Foto. Jimmi, könntest du noch etwas Chips über den Bauch krümeln?«

Doch die beiden sahen ihn nur missmutig an.

»Was habt ihr?«, fragte Holle irritiert. »Wofür sind wir denn sonst hier?«

Den Blick, den Amira ihm zuwarf, hatte er schon oft gesehen. Er bedeutete: Du solltest von allein auf das

Problem kommen. Den Blick bekam Holle öfter von Frauen. Er kam nie darauf.

Amira gab auf. »Holle, Jimmi ist hier das Opfer. Willst du ihn wirklich bloßstellen und Bertha davonkommen lassen?«

Die schneiseschen Schultern zeigten ihr routiniertes Zucken. »Am Ende kommt Bertha immer davon. Fans verzeihen dem Verein alles und Journalisten auch, um ihre Interviews zu kriegen.«

Amira stand auf, um ihrem Verlobten beizustehen. »Da machen wir nicht mit!«, sagte sie entschieden.

Holle lachte heiser und kehlig-tief. »Was wollt ihr denn dagegen machen?«, fragte er belustigt.

»Du kriegst mein Handy nicht, Jimmi gibt dir kein Interview. Versuch es mal mit dem Knochen und einem Gedächtnisbericht.«

Das arg ungesunde Lächeln verschwand aus Schneises Gesicht. »Das könnt ihr mir doch nicht antun! Dann muss ich in den Newsroom! Nach all dem, was wir durchgemacht haben, Amira?«

Amira, sich am Bett erhebend, war nun einen Kopf größer als er. »Ohne mich säßest du nur in Kneipen herum!«, sagte sie.

So ging das hin und her, die zwei keiften sich an wie Hunde, Jimmi saß dazwischen und schaute zu wie ein Scheidungskind.

»Aufhor-e!«, schrie Jimmi schließlich. »Sofort-e aufhore-!«

Überrascht von so viel Leidenschaft schauten Holle und Amira den Brasilianer an.

»Ich geh-en nirgendwo hin-e«, sagte er.

»Du willst doch nicht hier oben bleiben, Jimmi!«, entgegnete Amira ungläubig. Dann schweifte ihr Blick über die Chips, die Limo und die Konsole. »Oder vielleicht willst du das doch ...«

Selbst Holle mochte da nicht zustimmen. »Jimmi, du kannst den Verein doch nicht durchkommen lassen mit seinem Plan, wie immer der aussehen mag. Du musst zurück auf den Platz!«

Die Bertha-Fans würden ihn vermissen. Immer wenn es einen Freistoß gab in der Berliner Tropen-Arena, schrien tausende Zuschauer seinen Namen. »Jiiimmiii!« Eigentlich war es nur ein Gag, der Brasilianer hämmerte den Ball meist mit Wumms auf die Tribüne. Aber Fans brauchten eben etwas Tradition.

Unter dem Druck ihrer beider Blicke brach Jimmi zusammen. So schien es zumindest, denn er vergrub sein Gesicht in seinen fettigen Fingern und fing bitter an zu schluchzen.

Amira war die Erste, die alle Aggressivität ablegte und sich neben ihn setzte. »Was ist los, Schatzimausi?«, fragte sie.

Bei all dem Schniefen und Wimmern war es schwerer als sonst, Jimmi zu verstehen. Ein Satz stach jedoch klar im Geheul heraus: »Ich will-e mehr-e Geld-e nicht-e. Ich will zuruck-e nach Hause-e, zuruck nach-e Brasili-a.« Jimmi hatte wohl Heimweh.

Ehrlich gesagt wusste Holle nicht viel über seine Heimat. Es gab aber Homestorys, die er mit der *BUMS* in Brasilien gemacht hatte. Da war zu lesen, dass die Familie früher in einer Favela gewohnt hatte, mitten in einer Millionenstadt.

Jimmi und sein Bruder Jonni teilten sich ein Zimmer, in einem Haus ohne echtes Dach und Fenster, lernten im Hof kicken, ohne Schuhe. Heute, da beide Söhne in Deutschland spielten, besaß die Sippe eine abgezäunte Luxusvilla am Stadtstrand.

»Ich vermissen Barbacoa und Bier am Beach mit mein Bruder«, klagte Jimmi. Obwohl Jonni mittlerweile auch in Berlin war und beim Lokalrivalen Fusion spielte, sahen sie sich kaum. In Europa wurde viel zu oft trainiert für Barbacoa und Bier. Angeblich stand Jonni kurz vor einem Wechsel in die Heimat.

Nun liefen Tränchen Jimmis Hamsterbäckchen herab. Im Grunde, dachte Holle, war der Kicker nur ein armer, reicher Junge, eine gute Kindsseele, die auf die falschen Berater hörte. Und zugegebenermaßen auch sehr gierig nach Geld und Süßkram war. Doch jetzt schien es, als habe Jimmi seine Lektion gelernt.

Ohne Familie, Freunde und Heimat war das Leben hart, egal wie viel Geld man besaß. Und Jimmi besaß wirklich viel Geld. Aber es war wohl an der Zeit, nach Hause zurückzukehren. Amira ließ die Hand auf seiner Schulter, sah hinüber zu Holle.

Auch der Reporter hatte mal eine Heimat gehabt. Den Fußball. Seine Kindheit. Konnte man dahin nochmal zurück? Man musste es zumindest versuchen. Vielleicht war es noch nicht zu spät.

»Adler müssen fliegen«, murmelte er in den Zigarettenrauch hinein. »Das habe ich von einem Freund gelernt.« Es klang ein bisschen nach Schlagertext. Aber Schneise glaubte wieder an etwas. Hatte Amira ihn das gelehrt?

»Okay, hör mal, Holle, wie wäre es damit: Wir helfen Jimmi, nach Brasilien zu kommen. Bertha wird ihn nie ziehen lassen. Nicht mit dem Insiderwissen über die Entführung. Und nicht für eine Ablöse, die ein Verein aus Fortaleza zahlen kann.«

Jimmi hörte den Namen seiner Heimat und lächelte.

Schneise rieb sich mit dem Handrücken das stoppelige Kinn. »Ich habe seit meinem Zivildienst niemandem mehr geholfen. Soweit ich mich erinnere, ist das ziemlich schlecht bezahlt.«

Amira sah ihn auffordernd an. »Schlechter als Journalismus?«

»Guter Punkt. Aber ich will trotzdem nicht in den Newsroom.«

Die Spielerfrau machte ein nachdenkliches Gesicht. »Wenn dir Jimmi ein Exklusiv-Interview gibt, in dem er alles offenlegt? Dass alles Berthas Idee war, der ganze Betrug?«

Holle war noch nicht überzeugt. »Aber er weiß doch nichts!« Er deutete mit der Zigarette auf Jimmi, der dackelblickte.

Amira fing an, auf und ab zu laufen. »Und wenn wir uns verkabeln? Du konfrontierst Laake, ich Ferrari. Wir nehmen alles auf. Sobald wir etwas gegen sie in der Hand haben, müssen sie Jimmi die Freigabe erteilen. Dann kann er endlich heim.«

Schneise schwankte. »Vor Gericht hätte sowas keinen Bestand. Aber im Interview dürfte ich so ein Gespräch mitschneiden.«

Amira sprang aufgeregt vom Bett. »Dann ist das die Lösung! Du interviewst Laake, ich treffe Mario.«

Holle winkte ab. Laake gebe keine Interviews. Zumindest nicht dem *Boten*. Oder irgendeinem Medium, das nicht Jörg Patzke ausgesucht hatte.

Die Spielerfrau strich sich übers Kinn, ihres ohne Stoppeln. Dann schnipste sie, auf Schneise zeigend. »Und wenn Jakobi ihn anfragt, aber du das Interview übernimmst? Ihr seid doch immerhin ein Verlag«, sagte sie und klatschte in die Hände.

Holle musste zugeben, dass die Taktik funktionieren könnte. Maxi Jakobi sprach oft mit Laake wegen seiner Bertha-Bücher. Immerhin war der Ex-Profi eine Spielerlegende des Vereins, daher verehrten ihn Fans, trotz des Misserfolgs als Manager. »Aber wie willst du Mario aufspüren und ihm dann unauffällig ein Diktiergerät unter die Nase halten?«, fragte er Amira.

Sie grinste breit. »Holle, Handys können heutzutage so etwas heimlich. Außerdem habe ich die Waffen einer Frau.«

Sie fragte Jimmi nach dem WLAN-Kennwort hier. *GRIMMIG1234.* Der Brasilianer hatte es für seine Spielkonsole bekommen. Unfassbar, dass er sich nie gemeldet hatte. Dass er Amira damit hätte schreiben können, war ihm wohl nicht eingefallen.

Sie hielt ihr Smartphone hoch und tippte zwei Symbole ein: ein Honigfass und einen Pfirsich. Das sendete sie an Mario. Innerhalb von zwei Sekunden pingte eine Antwort-Nachricht: Aubergine, Regentropfen. Holle verstand überhaupt nichts. Aber es funktionierte: Der Agent stimmte einem Treffen zu.

Warum hat sie das jetzt erst gemacht, fragte Schneise sich. Sie hätten Ferrari schon früher stellen können.

Dann fiel ihm die Antwort ein. »Was ist, wenn er zudringlich wird?«

»Ich habe jetzt Jimmis Aussage gegen ihn«, beruhigte Amira. »Er wird es nicht wagen. Sonst landet alles auf Instagram.«

Dann herrschte Schweigen in der Hütte, während von draußen der Wind an ihr rüttelte. Holle und Amira sahen sich mit sorgenvoller Entschlossenheit an. So musste es geschehen. Nur Jimmi saß mittlerweile wieder glücklich grinsend da.

»Kann-e ich jetzt-e wieder-e spielen?«, fragte er artig.

Holle überlegte, ob sie den Bertha-Spielmacher nicht hier rausholen, ihn anderorts verstecken sollten, bei ihm auf dem Hof, bei Gitti oder in Amiras Hotel. Aber wenn zu früh herauskäme, dass Jimmi entdeckt war, konnten sie niemanden mehr in die Falle locken. »Ist okay, Jimmi. Spiel ruhig.«

Sie setzten mit ihrem Plan eine Menge aufs Spiel. Die Riesen könnten ihn finden, Hirscher ihn woanders hinschaffen. Laake konnte Holle ein Interview verweigern und Mario Amira doch angrabbeln. Aber sie hatten wohl keine andere Wahl. Sie mussten die Freigabe erzwingen, ihn nach Brasilien bringen.

Sie konnten Jimmi ja kaum adoptieren und bei sich aufnehmen.

Holle stellte sich vor, wie so eine dysfunktionale Familie wohl aussähe: Er käme abends aus dem Newsroom nach Hause, geschafft vom endlosen Bilderstreckenbauen am Bildschirm. Jimmi saß unbetreut auf der Couch, futternd und daddelnd, während Amira Tanzroutinen übte, für Tic-Tac, oder wie das hieß.

Nein, der Brasilianer gehörte nach Hause und Holle als Reporter in den Außendienst. In die Kneipe, nicht ins Büro. Beweise gegen Bertha halfen schließlich auch seiner Story.

»So, genug geplaudert«, sagte Holle und erhob sich endlich. Amira und Jimmi sahen ihn tatsächlich mit etwas Achtung an. Schneise spürte eine große Verantwortung auf sich lasten. Er musste jetzt den Weg weisen. »Wir sollten hier runter.« Der Reporter schaute zur Tür, doch dann hielt er inne.

»Weißt du überhaupt, wo es vom Berg geht?«, fragte Amira.

Holle schüttelte zögernd den Kopf.

»Wir gehen den Weg, den Hirscher mit Jimmi hinauf genommen hat. Übers Müllereck.«

Schneise war aufgeschmissen. »Wie viele Wege gibt es auf diesem verschissenen Berg?«

»Offenbar einige«, sagte Amira. »Aber kein Klettern mehr, wir können über Wiesen wandern.«

Das Argument überzeugte Holle, der nun wieder fauler wurde. Er tippte auf die Schiebermütze, als Signal zum Aufbruch. Es war an der Zeit, vorerst Abschied von Jimmi zu nehmen. Wann würden Amira und Holle wiederkommen, um ihn zu holen?

Amira versprach, ihn nicht noch eine Nacht hier zu lassen. Sie küsste ihn auf die Hamsterbäckchen, Jimmi lächelte kurz. Die Spielerfrau und der Reporter ließen den Zocker daddeln und sich selbst auf ein Spiel ein, mit ungewissem Ausgang.

TAG 6: NACHMITTAGS

Holle ist nervös, Holle ist nervös! Holle, Holle, Holle ist nervös! Schneise konnte seine Angewohnheit kaum erklären, von sich selbst meist in dritter Person zu denken und seine Gemütszustände oft als Fußball-Sprechchöre zu formulieren.

Aber der Gesang im Kopf hatte ja Recht. Er war nervös.

Was konnte alles schiefgehen? Am Ende dieses Tages könnte er seinen Job los sein. Oder schlimmer: ihn ewig behalten. Wenn Bertha die ganze Sache mit der inszenierten Entführung nicht zugab, stand der *Bote* dumm da und sein Reporter noch dümmer.

Jimmi müsste bei Bertha bleiben und Holle ins Großraumbüro.

Er klammerte sich noch fester an das Steuer seines Granadas. Womöglich hätte er mehr trinken sollen, um sicherer zu fahren. Die Zeit hatte nur für einen kleinen Abstecher zu seinem Quartier gereicht, wo Holle sich kurz erfrischt hatte. Die Bäuerin schien nicht zu bemerken, dass ihr Gast nie hier schlief. Diese Generation hatte noch Routine im Wegsehen.

Holle konnte sich das nicht leisten: Er musste Martin Laake konfrontieren. Der Reporter wusste nicht, wann er zuletzt so aufgeregt vor einem Interview gewesen war. Vermutlich war er damals Volontär, wie in den ersten zwei Jahren beim *Boten*.

Holle durfte damals mit zitternden Knien zu Bertha fahren. Er war da gerade Mitte zwanzig, genau wie viele der Spieler, doch sie kamen ihm damals wie überlebensgroße Helden vor. Leider waren viele Fußballprofis in live eher enttäuschend. Entweder sie wollten nichts sagen oder sie hatten nichts zu sagen.

Es gab aber auch wohltuende Ausnahmen, wie den jungen Martin Laake. Der blasse Schlaks war ein nachdenklicher Typ, in Interviews wusste er sich auszudrücken und er nahm kein Blatt vor den Mund. Gleichzeitig zweifelte er hier und da am Sinn des Geschäfts. Die beiden Grübler erkannten gegenseitig ihre Selbstzweifel, entwickelten über die Jahre ein Vertrauensverhältnis, das wenig Worte brauchte, nur einige Bier nach Trainingsschluss.

All das wurde anders, als Laake seine halbwegs erfolgreiche Karriere beendete und bei Bertha ins Management wechselte. Der frühere Publikumsliebling wurde misstrauisch und bitter, witterte überall Kritiker – vor allem in den Medien. Was erwartete er nach drei Abstiegen? Er gab Schneise die Schuld.

Sie hatten seit Jahren kein normales Gespräch mehr geführt, außerhalb von Pressekonferenzen, wo Laake sprach wie ein Verwaltungsbeamter. Der Mann nahm nun alle Blätter der Welt vor den Mund, um eigene Fehler zu kaschieren und seinen Job zu retten. Wie sollte Holle ihn nun bloß zum Reden bringen?

Der erste Teil hatte schon einmal überraschend gut geklappt. Maximilian Jakobi hatte ein Interview bei Patzke beantragt und dem Pressesprecher erzählt, es gehe um die glorreiche Spielervergangenheit des Managers für ein neues Bertha-Buch. Noch für den Nachmittag wurde ein Termin im Teamhotel vereinbart.

Schneise sah das Schlosshotel auf dem Hügel aufragen, eine Trutzburg, wie sie Fußballvereine oft um sich errichteten. Berthas Lokalrivale Fusion war nicht besser, tat nur cooler. Journalisten waren feindliche Belagerer, gehörten abgewehrt. Willkommen waren nur Höflinge und zum Glück gab es davon genug.

Schneise schlitterte mit dem Granada über den Parkplatzkies. Ihm fiel auf, dass er lange nicht mehr hier gewesen war. Die Interviewrunden im Hotelgarten waren vorerst abgesagt. Umso ungewöhnlicher, dass man ihn nun ins Herz der Finsternis lud.

Aber Holle war gewappnet, hatte seinen besten Hut auf: einen Fedora, wie ihn Ermittler in Schwarz-Weiß-Filmen trugen. Allerdings sah er mit dem schwarzen Filz zum Trenchcoat eher wie ein Verbrecher aus, ein Eindruck, der dadurch verstärkt wurde, dass Holle beim Betreten der Hotellobby noch rauchte.

»Guten Tag, der Herr, Sie wollen bestimmt zur russischen Delegation«, sagte der bemerkenswert devote Rezeptionist.

Scherten ihn seine eigenen Nicht-rauchen-Schilder nicht? Irritierte drückte Holle die Kippe aus.

»Nein, ich habe einen Termin mit Herrn Laake von Bertha HSC«, sagte er.

Was Holle noch mehr verunsicherte: Nirgendwo patrouillierte Jörg Patzke, wie sonst immer, wenn Presse sich näherte.

»Herr Laake hat sein Büro in der Turm-Suite eingerichtet«, sagte der viel zu freundliche Angestellte und deutete hoch.

Holle wusste nicht, was ihn mehr überraschte: Dass der faule Laake sich hier ein Büro eingerichtet hatte?

Dass Präsident Gerhard Gramberger nicht das höchste Zimmer im Hotel bewohnte? Oder dass der Angestellte ihm einfach alles durchgehen ließ, nur weil er aussah wie ein Gangster?

»Äh, vielen Dank dann.«

Der Reporter ging direkt zum Aufzug, nach der Bergsteigerei war ein Lift mit Marmorboden und Musik eine echte Wohltat. Zumal Holle, wenn alles gut lief, noch einmal hinaufmusste, um Jimmi zu holen. Sonst müsste Amira alleine dort hoch und das wollte er nicht riskieren. Er machte sich Sorgen um sie.

Die Spielerfrau hatte sich als überraschend tough erwiesen. Die Erfolge ihrer Ermittlungen konnten sich sehen lassen. Mindestens so sehr wie ihre Beine. Doch genau die brachten sie in Gefahr. Wer weiß, ob sie sich Marios wirklich erwehren konnte. Oder, was Holle befürchtete, das überhaupt wollte.

Amira zweifelte, ob das Ganze wirklich eine gute Idee war. Ein Blick auf das Menü ließ sie als Veganerin erschaudern: Rehrücken, Rehgulasch, Rehwurst, Rehbraten und Rehroulade. Selbst einem Fleischfresser musste die Auswahl arg einseitig erscheinen beim Hacklwirt. Ihr Blick schweifte zum Gehege.

Kleine und große Bambis grasten an einem Stück Wald mit Zaun. Man konnte es zynisch oder appetitanregend nennen, dass man von der Terrasse direkt auf seinen künftigen Hauptgang sah. Offiziell leitete

Gastwirt Josef Hackl ein EU-gefördertes Refugium für Rehe, obwohl diese Tiere nicht gefährdet waren. Als Kulturfolger vermehrten sie sich dank des Menschen gar. Allein in der Steiermark wurden jährlich mehr Rehe erlegt als in der gesamten Schweiz, hatte Amira ihr Handy verraten. Dennoch hatte Hackl es geschafft, Fördermittel zu ergattern. Offenbar dank Verbindungen zur Politik: Heinz-Hubert Faschl.

Amira als Tierschützerin hätte es trotzdem lieber vermieden, in einem Hotel zu essen, wo man ihre Nachbarn servierte. Von ihrem Zimmer aus konnte sie fast in die Rehaugen sehen. Es brach ihr das Herz, dass die süßen Geschöpfe gegessen wurden.

Doch der Hacklwirt war das einzige richtige Restaurant im Ort. Zudem musste sie Mario gegenüber geringfügig gefügig wirken. Was konnte es da Verlockenderes geben, als sich direkt bei ihr im Hotel zu treffen? Zunächst natürlich nur zum Essen.

Zu mehr sollte es nicht kommen, dafür würde Amira sorgen. Ihr Handy, so groß wie die Speisekarte, lag bereits bereit, um den Spielerberater beim Gespräch heimlich aufzuzeichnen. Sobald er den Plan mit Jimmi ausplauderte, ließ sie Ferrari auffliegen. Doch gab es ein Problem: Er kam einfach nicht.

Es war schon einige Stunden her, dass sie von der Hütte aus eine Nachricht mit eindeutig zweideutigem Inhalt geschrieben hatte. Normalerweise zögerte ein Mann wie Ferrari da nicht, zumal Schweizer angeblich pünktlich waren wie ein Uhrwerk. Aber er war halber Italiener und weilte angeblich in Spanien, was Amira nie geglaubt hatten. Es gab ja gar keinen Transfer.

Warum Ferrari trotzdem Zeitungen steckte, dass Royal Madrid Jimmi wolle und dann doch nicht mehr, war ihr schleierhaft.

Ein Teil von ihr hoffte, er würde gar nicht erst auftauchen. Denn war sie sich wirklich sicher, ihn erfolgreich abwehren zu können, wenn er sie bedrohte oder sogar erneut bedrängte? So schmierig sie den Sportwagenfahrer fand, hatte er doch einen Sportwagen. Geld übte auch eine gewisse Anziehung aus. Zumindest auf Amira. Auf ihr altes Ich. Aber war sie das noch?

Dann tauchte der Agent tatsächlich in der Terrassentür auf.

Amira wusste nicht, ob es möglich war, aber Mario Ferrari schien in der kurzen Zeit noch schmieriger geworden zu sein. Vor drei Tagen hatte er sie zur Burg Misstrauenfels gebracht und war dann verschwunden. Offenbar für eine Schönheits-OP.

Mario hatte absurd viel Botox im Gesicht, was dem Agenten eine Art natürliches Pokerface verlieh, das wenig preisgab. Sein Äußeres lag zwischen Neandertaler und Schaufensterpuppe. Dazu der schwarz nachgefärbte Bart zur Fönhaartolle. Er erinnerte Amira an diesen Schlagersänger. Also: an alle. Als Mario die Sonnenbrille abnahm, wirkten seine Augen winzig.

Amira war sich nicht sicher, ob er sie überhaupt noch sah. Sie winkte ihm von einem der hinteren Tische der Terrasse. Mario stolzierte zu ihr wie ein Bodybuilder, seine Oberarme wirkten wie aus Silikon modelliert. Sah eigentlich gut aus.

Amira war beeindruckt von all der implantierten Schönheit. Die Spielerfrau hatte zu viel Zeit mit

Reality-TV-Sternchen verbracht, um einen künstlichen Look verstörend zu finden.

»Gut siehst du aus, Mario«, säuselte sie, während Ferrari sich breitbeinig setzte. Er machte auf Alpha, das war klar.

Mit einer Handbewegung bedeutete Mario dem Hacklwirt, der in der Tür lehnte wie eine Leiche, das Essen gehe heute auf ihn.

Das Gehabe setzte bei Amira alte Gefühle in Gang. Sie hatte immer noch ein Schwäche für einen verschwenderischen Lebensstil. Speziell für Rechnungen, die sie nicht selbst begleichen musste. Womöglich war es zu früh, den Luxuslifestyle abzuschreiben.

Was ein Luxus, dachte Holle. Einmal so Urlaub machen, wie du arbeitest, dachte er, als er Jörg Patzke hier wachen sah. Der Pressesprecherbär hielt im Hotelflur einen Sommerschlaf. Offenbar sollte er auf einem Stuhl vor der Suite warten, bis Maxi Jakobi zum Interview eintraf. Hatte nicht so geklappt.

Das hieß im Umkehrschluss, dass Holle tatsächlich zu Martin Laake durchdringen könnte. Der Mediendirektor hätte ihm sicher ins Bein gebissen oder zumindest eines gestellt, wenn er herausfand, dass Schneise statt Jakobi auftauchte.

Wobei sich Fußballvereine ihre Fragesteller ja offiziell nicht aussuchen durften. Holle musste selbst darüber lachen. Da Jörgchen schnarchend und leicht sabbernd im

Stuhl hing, könnte es klappen mit einem Gespräch ohne Aufpasser daneben.

Schneise konnte nun vorbeischleichen, solange er ihn nicht weckte. Mit steifer Hüfte hob Holle ein Bein über den schwer atmenden Stuhlbären, stand breitbeinig vor Patzke. Wenn er in diesem Moment aufwachte, würde es sehr unangenehm werden.

Doch Patzke wachte nicht auf und Schneise schlich sich zu den nächsten Treppenstufen, die zum Turm hinaufführten. Laake musste allein in seiner Suite sein. Als Holle aus dem Fahrstuhl kam, hatte er Gramberger im Garten golfen gesehen.

Er klopfte an die Tür des Turmzimmers. Sein Herz klopfte.

»Herein«, hörte er eine ernste Stimme von drinnen, »ich habe dich schon erwartet.« Der Manager wirkte nicht überrascht, als Holle vor ihm stand.

Auch wenn er wie immer arg leichenblass war. Laake saß, die langen Beine übergeschlagen, in einem Ledersessel am Kamin. Hinter sich ein halbrundes Fenster mit Blick über das Tal.

Jetzt verstand Holle, warum er hier sein Büro eingerichtet hatte: Es gab gar keinen Schreibtisch. Dafür eine Minibar.

»Setz dich doch, Holle, nimm dir einen Drink«, sagte Laake lächelnd.

Seine Zähne sind gruselig, dachte Holle, hoch und zu hell, wie die Fenster hinter ihm.

Holle Schneise hatte genug schlechte Agentenfilme gesehen, um zu wissen, dass das hier eine Falle des Bösewichts war. Aber er war durstig. Also setzte er sich auf einen Sessel neben Laake und schenkte sich erst mal einen Schnaps ein.

Wobei: Hier handelte es sich keineswegs um billigen Fusel, wie Holle ihn beim Discounter klaute. Er roch am Glas, in dem eine goldig glänzende Flüssigkeit schwappte. Rauchig.

»Ein echter Macallan, 44 Jahre alt. Genau wie du, Holle.« Laake wusste offenbar noch, wann Schneise Geburtstag hatte. Das war bemerkenswert, denn ihm selbst entfiel dies öfter.

Und wie so ein leichter Wind draußen am Turm entlangstrich, das Kaminholz im Feuer zerknackte und ein Tausend-Euro-Fusel in der Kehle brannte, dachte Holle: Gar nicht mal übel hier. Warum, überlegte er, warum war er nochmal genau hergekommen?

Nachdem Ferrari ihr alle vegetarischen Vorspeisen und Salate von der Karte bestellt hatte, reichte er sie dem Hacklwirt und schaute Amira lange in die Augen. »Gibt-e sonst-e noch etwas was-e du willst? Kein-e Drink? Oder ein-e Likör-e?«

Amira musste zugeben, dass Mario auch charmant sein konnte. Wenn man den albernen Italo-Schweizer-Dialekt subtrahierte. Doch wie er hier lässig lehnte, mit offenem Hemd, rasierter Brust und gezupften Brauen, wirkte Mario doch sehr männlich.

Sie verstand nun, was Fußballer in ihm sahen: Er war ein bisschen Kumpeltyp, ein Hauch Vaterfigur, dazu eine Prise Finanzberater; einer, den Investmentbanker unseriös fänden.

»Hast-e du schon-e Gedanken gemacht-e u-ber Abesicherung?«, fragte er Amira. »Falls-e Jimmi nischt komm-e zuruck-e?« Er griff nach ihrer Hand.

Ferrari kam gleich zur Sache, da wollte Amira ihm nicht nachstehen. »Oh, Jimmi kommt zurück«, sagte sie mit einem süffisanten Grinsen. »Sehr bald schon.«

Mario wären die Gesichtszüge entglitten, wenn er welche gehabt hätte. »Wie meinst du das?«, sagte er, ohne dummen Akzent.

Amira fand es bemerkenswert, wie schnell er umschaltete. Seine winzigen Augen, die vorhin glasig gewirkt hatten, funkelten sie nun blutunterlaufen an. Er wirkte, als wolle er bedrohlich die Muskeln flexen, aber die waren Attrappe.

Sie starrte, ohne zu zögern, zurück, beugte sich sogar vor. »Wir wissen, dass Jimmi in einer Berghütte ist. Wir wissen auch, wer ihn dort hinaufgebracht hat. Und dass du ihn vorher in eine Falle und aus dem Teamhotel gelockt hast.«

Mario warf mit einer Kopfbewegung eine geföhnte Strähne aus der Stirn. »Ihr könnt nichts beweisen«, sagte er akzentfrei.

»Wir haben Jimmis Aussage.«

»Die versteht keiner«, sagte er.

Amira musste nun nachfragen, die Ungewissheit quälte sie. »Wo ist denn dein Akzent auf einmal hin, Signore Ferrari?«

Der Spielerberater zog eine flache Schachtel Zigaretten aus der viel zu engen Hose und steckte sich mürrisch eine an. »Ich wollte eigentlich aufhören mit dem Scheiß«, sagte er. Sein Gesicht mühte sich, zerknirscht zu wirken. Vergeblich. Rauchend schien er den nächsten Schritt zu überlegen: Sollte er Amira drohen, sie anbaggern? Er schenkte Wein ein. »Die Mario-Nummer sollte Eindruck bei den Spielern schinden. Eigentlich heiße ich Guido Rosinski und komme aus Solingen.«

Amira war fassungslos. Der Typ vor ihr sprach völlig normal, außer einem leicht lallenden rheinischen Akzent. Fast wie Holle. »Du kommst also nicht aus der Schweiz?«, fragte sie.

Rosinski winkte mit einer Ach-hör-mir-doch-auf-Geste ab. »Ich war als Spediteur da, unterwegs ging die Firma pleite. Ich habe dann in einem italienischen Restaurant in Zürich gearbeitet. Der Akzent half, auch als ich dort Jimmi traf.«

Amira wusste, dass Jimmi in der Schweiz gespielt hatte. Er habe Mario auf einer Benefizgala getroffen, sagte er später. Dann fiel ihr ein entscheidendes Detail ein: Jimmi war naiv. »Warum erzählst du mir das alles, Ma... Guido?«, fragte sie.

Er schaute Amira mit intensivem Blick an. Irgendwo unter den dunklen Kontaktlinsen waren die Augen blau, man sah Ränder. »Weil sie uns nie in ihrer Welt akzeptieren werden, Amira. Menschen wie du und ich müssen alles aufgeben für ihr Geld: Anstand, Stil, Falten. Um so zu werden, wie sie es mögen.«

Er zeigte ihr ein Foto, das er aus seiner Hemdtasche holte: Darauf zu sehen war ein blonder Jüngling mit blauen Augen im Holzfällerhemd. Offenbar ein altes

Foto von Guido Rosinski. Die Klamotten waren furchtbar, sonst war er sogar ganz süß.

»Wir können es uns holen, Amira. Wir holen uns ihr Geld.« Ein Auge, das zuvor dunkel gewirkt hatte, war nun halb blau.

Amira konnte weder das unschuldige Grinsen auf dem Foto ertragen noch die verrutschte Kontaktlinse in seinem Auge. Sie sah herüber zum Gehege. Die Rehe wirkten fast glücklich hinterm Zaun. Sie bekamen zu fressen. Aber zu welchem Preis?

Ferrari-Rosinski gestikulierte nun wild mit seiner Kippe. »Jahrelang dachte ich, wenn ich erst einmal Jimmi und seinen Bruder berate, verschaffen sie mir neue Kicker als Klienten. Seit Jahren miete ich Anzüge und Autos. Es passiert nichts.« Er wirkte nun regelrecht aufgepeitscht. Aus einer Packung kippte er Kopfschmerztabletten mit Koffein in seinen Mund. »Damit wollte ich eigentlich auch aufhören, aber die machen wach«, sagte er. »Und sie bringen mir Ideen. Wie die mit Jimmi und dem Angebot von Royal Madrid, das es nicht gibt.«

Dann erklärte er Amira seinen Plan und bat sie mitzumachen.

Holle hielt das Glas gegen die im Fenster sinkende Sonne. Durch die trübe Flüssigkeit wirkte sein Gegenüber fast klar. »Martin, ich wusste, dass du noch irgendwo da drinsteckst«, sagte er zum Bertha-Manager, als wären sie noch befreundet.

Laake schlug die Beine übereinander, zeigte Zähne. »Ach weißt du, Holle, wenn man sich abschottet, kann man es sich drinnen gemütlich machen«, sagte er und deutete mit dem Glas in der Suite mit ihren teuren Teppichen, Sofas, Sesseln und Kronleuchtern umher.

Schneise ließ sich zwar vom Luxus einlullen, aber er lallte dennoch kritische Fragen: »Wie könnt ihr euch das leisten? Ihr seid höher verschuldet als Bernd in der *Schwarzen Krähe*.«

Laake schien Bernd und ihre Stammkneipe am Kotti nicht zu kennen, aber ging auf die Frage ein. Er gab sich ganz anders als in Pressekonferenzen. »Du weißt doch, dass uns die Hotels einladen, in dem Fall ist der Bürgermeister hier Mitbesitzer und war bisher mehr als entgegenkommend in vielen Bereichen«, sagte er grinsend. Holle dachte an die gefakte Entführung. Konnte es sogar sein, dass sie per Hotel-WLAN den Schlepptop gehackt und die Fotos von Kurt Kibitz gelöscht hatten? Ihm schwindelte. »Außerdem wird sich unsere finanzielle Lage demnächst deutlich bessern.« Der Geschäftsführer grinste.

Bertha liquide? Holle konnte es nicht glauben, lehnte sich vor. »Neue Kredite?«, fragte er skeptisch. »Oder hat Onkel Gramberger wieder das Präsidentenportemonnaie aufgemacht?«

Laake stand auf, wärmte sich am Kamin, als wäre schon Winter. »Ich muss dir wohl nicht erzählen, dass unser Präsident uns nichts schenkt«, sagte der Manager, den Rücken zum Reporter. »Auch wenn Mitglieder das denken sollen, um ihn zu wählen.«

Holle wurde allmählich hellhörig. Hier sprach jemand offen. Das war er nicht gewohnt bei Bertha. Wie ging es nun weiter?

»Tatsächlich musste *ich ihm* versprechen, Geld aufzutreiben«, fuhr Laake fort. »Und unser Trainer fordert teure Transfers. Wie schon der Trainer davor. Und davor und davor.« Er zuckte mit den Schultern, als wolle er sagen: Was will man machen?

Holle ging allmählich ein Licht auf. Und zwar nicht nur, weil Laake nicht mehr den Blick aufs Kaminfeuer versperrte. »Da seid ihr auf den Trick gekommen, Jimmi verschwinden zu lassen«, folgerte er scharf, doch die Zunge wurde stumpfer. Auch sonst war manches noch nebelig. »Aber wie verdient ihr damit Geld? Dann fehlt doch erstmal nur der beste Spieler.«

Laake trat auf ihn zu und legte ihm die Hand auf die Schulter. »Du stellst endlich die richtigen Fragen.« Dann holte er weit aus: »Es war alles meine Idee.«

Mario ... Guido redete sich jetzt richtig in Rage. »Du musst wissen, Amira, es war alles meine Idee«, sagte der Berater.

Die Spielerfrau saß ihm gegenüber und wusste nicht, ob sie überhaupt etwas glauben konnte, was dieser falsche Schweizer aus Solingen erzählte. Aber jetzt saßen sie schon mal hier.

Rosinski hatte sich mittlerweile ein Rehschnitzel bestellt und mampfte genussvoll, während er seinen Plan ausbreitete. »Weißt du, was ein immaterieller Vermögenswert ist?«, fragte er.

Amira war überfragt. »Liebe? Freundschaft?«

Der frühere Ferrari hätte sich vor Lachen fast verschluckt. »Wir reden hier immer noch von Profifußball«, prustete er. »Die Vereine haben Schulden bis über alle vorhandenen Ohren. Manchen, wie Bertha, gehört nicht mal das eigene Stadion oder Klubgelände. Und warum gehen sie trotzdem nicht pleite?«

Amira hatte in ihrem Leben genau eine Vorlesung BWL besucht. Es war, als sie Handy-Hamit von der Fachhochschule abholte. »Keine Ahnung«, gab sie zu. Wer stellte sich solche Fragen? Die meisten Fans nicht. Manager und Berater offenbar schon.

»Weil sie die Spieler als Vermögenswerte haben«, dozierte Rosinski und malte mit der Gabel Kreise in die Luft. »Die könnten sie jederzeit verkaufen und sich so sanieren.« Bei Bertha sei das Personal fußballerisch eher unvermögend, mit Ausnahme eines Spielers: Jimmi. »Der ist was wert, zwar nicht 25 Millionen aus Madrid, aber vielleicht fünf aus Freiburg.«

Amira verstand nur Schwarzwald. »Warum behauptest du dann, dass er nach Spanien geht?« Sie war mit ihrem Transferlatein am Ende.

Rosinski grinste, den Mund voll Reh. »Wenn so ein Top-Transfer in letzter Minute platzt, verlieren Vereine virtuell Millionen. Dagegen können die Klubs sich aber absichern.«

Amira fing an, die Rehe zu betrachten. Die machten sich gar keine Gedanken über ihren Marktwert. Vielleicht wurden sie deshalb bei Bedarf geschlachtet, dachte sie und erschrak. Vielleicht hörte sie ihm lieber zu.

»Marktwertversicherung«, murmelte er mampfend. »Versichert ist der Wert, den der Spieler hat, bevor ihm etwas passiert. Verletzung oder so. Nur ist die leichter nachzuprüfen als ...«

Allmählich dämmerte es selbst Amira. »... eine Entführung.«

Guido Rosinski grinste mit fettigem Mund und deutete mit der Gabel anerkennend auf sie. »Ist ein ungewöhnlicher Grund«, gab er zu, während er einen Schluck aus dem Weinglas nahm, »aber es gibt Versicherungen, die zahlen für so etwas aus.«

Amira war tatsächlich ein bisschen angetan und angetörnt, denn es ging offenbar um sehr viel Geld. »Und du hast eine Versicherung gefunden, die so unseriös ist, dass sie bei Jimmi einen Marktwert von 25 Millionen Euro absichert?«

Guido hob fast entschuldigend die Schultern. Als sage er: Sorry, ich bin eben ein Genie.

»Behauptest du deswegen, Royal Madrid wäre an Jimmi dran gewesen?« Der Berater konnte sich nun fast nicht mehr halten vor Lachen, fiel fast um, klammerte sich an die Tischkante. »Ja, was ein Quatsch«, prustete er. »Wer glaubt denn sowas?«

Amira fühlte sich ein bisschen beleidigt, dass er über ihren Verlobten lachte. Okay, Royal war schon arg unrealistisch. »Moment mal, was hast du denn davon, wenn Bertha Knete von der Versicherung kriegt und damit alte Schulden tilgt oder neue Spieler shoppen geht? Und warum macht Jimmi dabei mit?«

Der Agent hatte sich wieder gefangen, stützte sich nun auf den Tisch, argwöhnte arrogant in Amiras Richtung. »Du weißt wohl gar nicht, wie das Geschäft funktioniert. Spieler tun, was ihre Berater ihnen sagen. Und wir kriegen die Prozente.« Bei dem Wort Prozente explodierten seine Mundwinkel fast. Offenbar kassierte der Berater richtig dick mit. Bei Bertha und Jimmi. Geschickte Agenten kassierten beidseitig Prozente.

Amira wollte nicht glauben, dass es hier nur ums Geld ging. »Die Mannschaft braucht doch den besten Mann auf dem Rasen«, rief sie fast flehend, als ginge es noch jemandem ums Spiel.

»Das ist er nicht mehr lange, Schatzi«, säuselte Rosinski.

»Weil er eine Zeitbombe ist?«, fragte Amira, sich erinnernd.

Der Agent nickte. »Das Geheimnis hinter Jimmis Diät ist...«

»Doping?«, wagte Amira kaum zu fragen.

»Eine Fitness-App. Mit lustigen Trickfiguren, die zum Mitmachen animieren. Leider fliegt die aus dem App Store.«

Amira konnte es nicht fassen. War ihr Jimmi derart infantil? Leider ja. Wenn er eine Figur liebte, durfte es nur die sein. Das wäre auch das Aus für seine eigene Figur. Das einzige Business, das noch gnadenloser aussortierte als Fußball, war der App Store.

Funktionierte so das Geschäft? Waren sie alle Schachfiguren, die irgendwann matt waren, und durch neue ersetzt wurden? Es musste doch jemanden geben, der Menschen nicht als Ware sah. Einen integren Typen, der sich mit Geld nicht kaufen ließ.

Amira dachte an Holle, der gerade bei Martin Laake saß und Berthas Manager sicher die Hölle heiß machte, für ihren Jimmi.

Holle hielt es nicht mehr auf den Beinen. Er unterbrach den Vortrag von Laake: »Braucht ihr Jimmi nicht auf dem Rasen?«

Beide Männer, die dem Brasilianer jahrelang beim Faulenzen auf Fußballplätzen zugesehen hatten, mussten spontan lachen.

Es wurde allmählich Abend, oranges Licht fiel durch die Fenster ins Turmzimmer und mischte sich mit dem Kaminfeuer zu einer matschigen Melange, die fast der Farbe des teuren Whiskys entsprach und Schneise noch zusätzlich berauschte. Der Reporter war mittlerweile ziemlich besoffen. Aber der Fußballmanager war es offenbar ebenfalls, und so standen sich zwei leicht wankende Männer gegenüber, die im Vollrausch prächtig harmonierten. Außenstehende hätten ihr betrunkenes Gebrabbel wohl kaum mehr verstanden, aber aus Holles wirrer Perspektive war es ein investigatives Verhör des Managers.

Schneise strich sich Tränen aus den Augen. »Ernsthaft: Jimmi hat zwanzig Tore geschossen in der zweiten Liga. Könntet ihr ihn nicht einfach verkaufen? Dann hättet ihr doch das Geld!«

Laake begutachte den Inhalt seines Glases im Abendlicht, als würde er ihn schätzen. »Wir brauchen deutlich mehr, Holle.«

Schneise versuchte nachzudenken: So ergab es Sinn, dass sein Berater Berichte über angebliche Angebote medial platzierte. »Die Versicherung zahlt euch den aktuellen Marktwert aus«, lallte Schneise und rieb sich anerkennend sein Stoppelkinn.

»Schon ungewöhnlich, ist eine Versicherung aus Russland«, sagte Laake stolz. »Wenn die auszahlen, werden alle reich.« Der Agent bekäme seinen Anteil, der Bürgermeister auch. Faschl sei zudem am *Hotel Palais* beteiligt und würde profitieren, wenn sein vergessener Ort in die Medien käme und Touristen anzöge. Zumindest könnten wieder Vereine für Trainingslager kommen, wenn man Jimmi bald auffände und so Sicherheit demonstriere.

»Und ihr nutzt das Geld sinnvollerweise für Schuldenabbau?«, unterstellte Holle.

Laake prustete fast den guten Whisky aus. »Natürlich nicht«, sagte er, »wir erfüllen dem Trainer seine Transferwünsche.« Greensman habe ein paar kommende Weltklassespieler im Auge, die die Champions League zumindest von der Playstation kannten.

»Was ist mit Jimmi? Er muss dann doch verschwunden bleiben.« Holle dachte an den Brasilianer, der ganz allein in der Hütte hockte.

»Nur bis zur Auszahlung. Dann kann er wieder mittrainieren. Solche Versicherungen kennen keine Erstattungen oder Quittungen.«

Schneise war nicht überzeugt. Warum versteckte Jimmi sich überhaupt? Vor wem, wenn nicht mal Polizei und Presse ihn wirklich suchten? Dann dämmerte es ihm. »Sind die zwei Riesen hinter ihm her?«

Laake nickte. »Schadensfallprüfer. Üblich bei den Summen. Keine Jungs von Traurigkeit, Ex-Box- und Basketballprofis vom Balkan. Gegen die ist Moskau Inkasso ein Knabenchor.« Er winkte müde ab. »Aber sie werden Jimmi schon nicht finden.«

Holle hatte Zweifel. Sie waren schon auf dem Gipfel gewesen. Wenn sie Jimmi fanden, was ließen sie von ihm übrig? Auch so war die Saison in Gefahr, vor allem sein Sportlergewicht. »Danach spielt Jimmi wieder mit, als wäre nichts gewesen?«

Laake ging aus dramaturgischen Gründen zum Kamin, die Flammen spiegelten sich im fahlen Gesicht, das fast Farbe bekam. »Natürlich nicht. Er wird zur zweiten Mannschaft degradiert, plus fetter Geldstrafe, weil er ja unerlaubt abgehauen ist.«

Holle war schockiert. »Ihr wollt ihn vergraulen!«, rief er.

»Nein«, sagte Laake. »Jimmi muss bleiben. Er weiß zu viel. Er kriegt einen neuen Vertrag mit leistungsgerechten Konditionen. Mit hoher Einsatzprämie, ohne dass Einsatz noch nötig wäre. Allerdings mit Verschwiegenheits- und ohne Ausstiegsklausel.«

Schneise war nicht sicher, wie viel Jimmi wirklich wusste. Aber er ahnte, dass der lebenslustige Brasilianer eingehen würde, wenn er seinen Vertrag bei Bertha II absitzen musste. Er dachte an Amira. Sie würde den Deal so nie akzeptieren.

Amira dachte darüber nach, den Deal zu akzeptieren. Ferrari ... äh, Rosinski – sie konnte sich nicht an diesen dämlichen Namen gewöhnen – hatte ihr gerade angeboten, mit ihm gemeinsame Sache zu machen. Sich an Jimmi zu bereichern.

Das wäre Amira nie in den Sinn gekommen. Aber wie sie so den Salat vor sich liegen sah, den sie halbherzig geordert hatte, und Guidos pornöses Steak, musste sie schon sagen: Er hatte ein besseres Angebot auf dem Tisch.

Guido hatte der Influencerin ein attraktives Paket geschnürt: Sie könne in seiner Firma anfangen, die er gerade aufbaute. Die ersten Entwürfe hatte er auf dem Handy: *Ferrari total – Marketing 2.0 für Fußballer, Online-Gamer und Influencer.* Das Startkapital wäre sein Anteil am Versicherungsgeld.

Die Firma sollte auch die neue Videospielsparte bei Bertha betreuen. Fehlte nur noch eines: eine versierte Influencerin.

»Ich habe schon einen erfolgreichen Account«, erwiderte sie.

Der Agent verschluckte ein Lachen und fuhr mit seinem Vortrag fort. Amira würde ihren eigenen Kanal bei *Ferrari total* bekommen, dort dürfte sie Spieler interviewen, auf Galas an Guidos Seite glänzen. Jimmi hätte sie bald vergessen. Wenn sie dachte, im Luxus gelebt zu haben, solle sie nur abwarten.

Tatsächlich war Amira für einen Moment versucht zuzusagen. Sie hatte es sich so gewünscht: endlich Ruhm fürs Nichtstun. Sich von niemandem mehr abhängig machen, außer einem Agenten. Womöglich war Guido eher zu trauen als seinem Alter Ego Mario.

Sie sah nachdenklich mit an, wie sich Mario-Guido zum Nachtisch die Rehwurst-Käseplatte reinschaufelte. Die Gier dieses Mannes schien grenzenlos. Früher fand Amira das sexy. Hatte sich das nicht geändert? Hatte sie sich nicht geändert?

TaG 6: aBenDS

»Die Zeiten ändern sich«, sagte Laake mit ausladenden Armen. »Schlampige Genies wie Jimmi sind nicht mehr gefragt, Holle. Wir brauchen junge Profis, die viel laufen und wenig fragen. Und kreative Finanzierung. Genussscheine, Anleihen, Aktien.«

Ergänze noch Versicherungsbetrug, dachte Holle angewidert. Immer mehr, immer schneller. Erinnerte ihn an den Newsroom. Die Zahlen mussten stimmen, egal wie sie zustande kamen. Passten schlampige Gelegenheits-Genies wie Schneise da rein? »Warum erzählst du mir das alles überhaupt?«, rief er. »Du weißt doch, das landet später alles in meinem Artikel!«

Laake setzte sich hin und deutete auf den Platz neben sich. »Holle, ich habe ich dich heute hier empfangen, weil ich ein Angebot für dich habe. Eines, das du nicht ablehnen kannst.« Er reichte ihm einen Macallan auf Eis. Eine Sünde. Aber trinkbar.

Der Reporter war fest entschlossen, standhaft zu bleiben. Doch seine whiskyweichen Knie gaben allmählich nach, also setzte er sich schließlich. »Was denn für ein Angebot?«, fragte er beiläufig, als hätte er gar kein Interesse.

Laake schaute gedankenverloren ins Glas, dann zu Schneise. »Meinst du, ich vermisse sie nicht auch, die alten Zeiten? Als ich offen reden konnte, ohne Lügen und Herumschwurbeln?«

Schneise sah den Manager nun mit anderen Augen. Er wirkte wie gefangen in einer Rolle, die er sich selbst geschaffen hatte.

»Aber ohne Fußball können wir doch auch nicht, oder, Holle?« Laake stupste Schneise mit dem Ellbogen, schielte herzlich zu ihm herüber. Hatte er Charme oder war es nur der Whisky? »Es könnte wieder so werden, Holle. Wir beide, als Team. Du wirst mein Mediendirektor. Und künftig in alles offen eingeweiht.«

Schneise sah ihn schockiert an. Meinte der Manager es ernst? Von draußen meinte er, Patzke im Flur schnarchen zu hören. »Was ist mit Jörgchen? Er ist euer Pressedompteur«, wandte Holle ein und fasste nicht, dass er für ihn Partei ergriff.

Laake verschluckte einen Eiswürfel, sprach mit vollem Mund. »Sseine Zzeit ist vvorüber«, sagte er kalt, fest schluckend. »Du hast mir mit deiner Recherche gezeigt, dass du fit bist. Mit der gleichen Energie könntest du auch Presse verhindern. Und du kannst gut mit Simon Willert und der kann Internet.«

Schneise war überrascht, dass er von seinem guten Verhältnis mit dem *Bertha-TV*-Praktikanten wusste.

Laake hatte offenbar überall Augen und Ohren. Es wäre interessant, einmal durch sie zu sehen und zu hören, wie es im Fußball wirklich zuging. Aber war Holle wirklich bereit, mit dem Teufel zu paktieren?

Der Manager sah seinen inneren Konflikt und trank zügig aus. »Habe ich schon das Gehalt erwähnt?«, fragte Laake, stellte das Glas ab und schrieb eine lange Zahl auf einen Zettel.

Holle musste nicht einmal hinsehen. Er wusste, dass es viel war. Aus der Perspektive eines Journalisten war jedes Gehalt hoch. Aber war er bereit, für Geld seine Werte zu verkaufen? »Was ist mit Urlaubstagen und Dienstwagen?«, hörte er sich fragen.

»Gibt es beides«, sagte Laake.

Schneise schnalzte mit der Zunge. Verdammt. Laake kannte seine Schwachstellen.

Der Reporter ging in sich. Seit seiner Kindheit hatte er davon geträumt, für einen Bundesliga-Verein tätig zu sein. Am liebsten als Fußballer, zur Not als Trainer oder Manager. Natürlich nicht für Bertha. Aber aus Anschauung bei Patzke ahnte er, dass der Job entspannt war.

Holle grübelte. Er kannte die Kollegen. Alle Mitarbeiter bei Bertha. Und besser als im Newsroom versauern war es allemal …

»Nun, was sagst du?«, unterbrach Laake seine Gedanken.

Der Reporter spürte ein Kribbeln kommen, atmete ein und aus. Holle wusste, was er antworten musste. »Ich höre mich nicht Nein sagen«, sagte er und dachte: Warum sage ich nicht Nein? »Also, ich müsste drüber nachdenken«, schob er schnell nach.

»Nimm dir deine Zeit«, sagte Laake großzügig und nahm ihm das Glas aus der Hand. »Bis morgen überlegst du es dir, okay?«

Schneise fühlte sich nun zuvorkommend hinauskomplimentiert. Der Reporterinstinkt ging noch. »Warum ausgerechnet morgen?«

Der Manager sah ihn belustigt an. »Ganz der Journalist, was? Sagen wir: Es könnte sein, dass sich unsere liquiden Mittel für dein Gehalt ab morgen schlagartig verbessern.«

Holle zählte eins und eins zusammen. Die Lösung verschwamm. Er hatte schon einiges getrunken. Dann kam er drauf: Vermutlich würde morgen die Versicherungssumme bewilligt und Jimmi dann plötzlich wieder am Mannschaftshotel auftauchen. Die Frage war nur: Würde Holle als Reporter das abgekartete Spiel anprangern? Oder als Bertha-Sprecher alles abstreiten?

»Ich erwarte dann deine Antwort nach dem Testspiel morgen«, sagte Laake und schob Schneise sanft Richtung Turm-Suite-Tür.

Fast hätte Holle vergessen, dass Bertha am letzten Tag des Trainingslagers noch einmal gegen Sputnik Moskau antrat. Ein passender Rahmen für eine unauffällige Rückkehr Jimmis. Das Spiel war so uninteressant, dass kaum jemand hinsehen würde.

Holle stand schon in der offenen Tür. Auf dem Flur wachte Jörg Patzke nicht einmal jetzt aus seinem Bärenschlaf auf.

»Denk ja nicht, dass du mich zum Schweigen bringen kannst«, sagte er dem Bertha-Manager noch aufrecht ins Gesicht. Leider lallte Holle derart, dass Laake kein Wort verstand.

»Alles klar, bis morgen dann«, sagte der und schloss die Tür.

Da stand Holle nun, allein mit allen Optionen: Jimmi retten oder verraten? Geld oder Triebe? Amira oder Laake? Oder nahm er doch Tor drei in den Abgrund – den Newsroom beim *Boten*? Der Reporter hatte einmal den Satz gehört: Wer sich immer alle Türen offen lässt, der verbringt das Leben auf dem Korridor.

Sturzbetrunken noch dazu. Neben einem schnarchenden Patzke.

Amira war froh, das Richtige getan zu haben. Die Spielerfrau hatte gezögert, ob sie diese Gelegenheit ergreifen sollte. Aber es fühlte sich einfach besser an, sich nicht mehr von anderen abhängig zu machen. Scheiß auf die Konsequenzen.

Ein Ausbruch aus gewohntem Umfeld war genau das Richtige. Jahrelang in zu bequemer Position zu verharren, war lähmend. Sie spürte nun, wie Energie durch die Beine zuckte und ihr Herz hüpfte, als sie das Tor zur Freiheit aufgestoßen hatte.

Sie hatte bis zum Einbruch der Dunkelheit gewartet, bis sie sich von ihrem Zimmer hinunter zum Gehege geschlichen hatte. Kaum war der Riegel gehoben und das Gatter geöffnet, waren die Rehe frei. Sie kapierten es nur leider nicht umgehend.

Als Stadtmädchen hatte Amira keine Ahnung, welche Laute so ein Reh von sich gab. Also rief sie zappelnd

Namen von Rappern, die sie kannte: »Juju! Raf! Camora! Bra! Bra!«

Die Rehe reagierten nicht, sie mochten wohl keinen Hip-Hop. Oder Amira war im dunklen Kapuzenpulli schwer zu erkennen.

Sie ging zu einem der Rehe und schubste es hinterrücks an. Zum Glück hatte es kein Geweih, es war wohl ein Weibchen. Anstatt sie auf die Hörner zu nehmen, gab es einfach nach. Das Reh ließ sich durchs offene Tor schubsen und war frei. Umgehend hoppelte es zum nahen Wald, weitere Tiere folgten seinem Beispiel. Im Lichte des Vollmonds erkannte Amira, wie graue Geschöpfe mit weißen Sprenkeln dem Schicksal entkamen, im Hacklwirt auf Tellern zu landen. Lauft ihr Bambis, lauft!

Selten hatte Amira Brösel sich so frei gefühlt wie jetzt. Als sie die Oberstufe vorzeitig verlassen hatte vielleicht. Sie hatte tatsächlich etwas bewirkt, in der realen Welt, nicht im Fernsehen oder im Internet. Das war echt. Die echte Amira.

Wie sie im Schutze der Dunkelheit in Richtung Gasthof schlich, dachte sie an ihre eigene Befreiung vor einer guten Stunde. Das Angebot von Mario oder Guido war durchaus verlockend gewesen. Doch sie war kein naives Püppchen mehr wie vor fünf Tagen. Sie hatte gelernt, dass viel Geld zu wollen einen Preis hatte.

Sie dachte an Guidos Mundwinkel voller Fett und Blut. Sie wollte nicht auch auf dem Teller solcher Leute landen. Und auch sonst sollte niemand Raubtieren zum Opfer fallen, weder Fußballer noch Reporter noch die Tiere hier im Gehege. Also verabschiedete sie sich höflich vom falschen Ferrari.

Natürlich sagte sie nicht Nein. Das wäre Selbstmord gewesen. Sie wusste nicht, wozu dieser Spielerberater-Spediteur fähig war, aber beim Essen konnte er gut mit einem Messer umgehen. Amira sagte einen Satz, der sie schon so oft gerettet hatte: »Ich denke drüber nach, Süßer. Ich melde mich dann bei dir.«

Ferrari schaute skeptisch, sie kniff seinen Silikonbizeps. Das nahm er als Zeichen, dass noch was gehen könnte bei ihr. Er lächelte, auch wenn seine Botox-Backen nicht mitmachten. »Lass dir nicht zu lange Zeit«, sagte er, während Fleischsaft aus seinen Mundwinkeln tropfte. »Sonst verfällt das Angebot.«

Amira sah zu, dass sie Land gewann. Sie musste Holle warnen. Und Jimmi sofort aus seinem Versteck befreien. Sie glaubte dem Berater nicht, dass ihr Verlobter schon bald wieder bei Bertha kickte. Etwas in seinen toten Augen verriet, dass er ihn loswerden wollte. Etwa, dass er Jimmis Verlobte angrub.

Amira hatte sich gähnend zurückgezogen, hoch in ihr Zimmer, und hatte Holle angerufen. Sie wollte ihm alles erzählen, von dem Angebot, dem Geständnis und dass sie es auf Band hatte. Fehlte nur noch Schneises Teil. Doch sie erreichte ihn mal wieder nicht.

Was war nur mit Holle? Er musste Laake doch schon längst konfrontiert haben. Sie hatten verabredet, dass er sich melden würde. Hatte der Bertha-Manager ihn auch umgarnt? Amira hockte im Dunkeln am Gehege und begann an allem zu zweifeln. Selbst der Grimmig hüllte sich in Finsternis.

Ob es Jimmi noch gut ging?

Holle ging weiter nicht ran. Sie war also auf sich gestellt. Eine Spielerfrau als die letzte Aufrechte in diesem Spiel? Es sah ganz so aus. Ihre moralische Standfestigkeit brachte sie aber gerade nicht weiter. Denn sie hatte kein Auto mehr.

Sie hatte das pinke Cabrio seiner Besitzerin zurückgegeben. Ohne Gefährt kam Amira nicht zum Berg und nicht zu Jimmi. Sie hatte sich auf Holles Granada verlassen – und auf ihn.

Amira sah um die Ecke, Rosinski saß noch auf der Terrasse. Er telefonierte angeregt, es klang sogar fast wie Russisch. Wie viele Sprachen simulierte so ein falscher Italo-Schweizer? Sie schaute zum Parkplatz, wo sein roter Sportwagen stand. Sie hoffte, der Agent hatte seinen Schlüssel stecken lassen.

Sollte sie dem Agenten seinen Sportwagen klauen und abhauen? Oder hinübergehen, auf sein Angebot eingehen, mitkassieren? Amira sah hinauf zu den Sternen, die nun am Himmel standen. Sie erschienen und vergingen, seit Milliarden Jahren schon.

Einer mehr oder weniger, das würde doch niemandem auffallen.

Holle fuhr so schnell es ging. Er wirkte wie auf der Flucht. Das Angebot von Laake im Kopf, raste er durch die Nacht. Schneise brauchte eben Geschwindigkeit, um klar zu denken. Also atmete er ein und aus. Bei Tempo 150 auf der Landstraße.

War er am Ende genauso vom Fußball verdorben wie sie alle? Konnte er nicht ohne das Spiel? Wollte er nur dazugehören?

Geld reizte ihn weniger als die Freiheit, die es ermöglichte. Holle könnte seinem Chef endlich sagen, was er von ihm hielt. Natürlich war er dann abhängig, aber im Journalismus war er das ja auch. PR war bestimmt entspannter und Gewissen ließ sich ertränken.

Wie Holle so mit seinen Dämonen kämpfte, überfuhr er fast einen.

Er konnte aber noch bremsen. Trat aufs Pedal, es quietschte. Er starrte dem zotteligen Biest direkt in die fiese Fratze. Und der Dämon glotzte durch die Autoscheibe zu Holle zurück. Schwer zu sagen, wer hier vom jeweils anderen verstörter war.

In der Dunkelheit des Tals, wo kaum Häuserlichter brannten, hätte Holle fast übersehen, wie das Ding die Straße querte. Eine Art Teufel mit zotteligem Fell und Plastik-Hörnern, der wirkte wie das billige Maskottchen eines Drittligateams.

Für eine Sekunde schob Holle es auf den hohen Alkoholpegel, mit dem er noch am *Hotel Palais* im Granada losgefahren war. Das mochte für Außenstehende unverantwortlich wirken, war aber tatsächlich Übungssache. Man musste nur unterscheiden können zwischen dem, was man noch sah, und dem, was da war.

Doch das Ding hier war echt. Echt genug, um dafür zu bremsen.

Zum Glück reagierte der Granada oft schneller als Schneise. Die alte Rostlaube stoppte direkt vor dem verwirrten Dämon. War das der Moment, wo Holle alles einholte? Die Sauferei, das Verdrängen, die verdrängte Sauferei? Er schwitzte kalt.

Der Dämon demaskierte sich, griff ins Gesicht und nahm die Maske ab. Darunter steckte Bürgermeister Heinz-Hubert Faschl. Warum schlich der nachts kostümiert durch seine Gemeinde? Zumindest war sein Zahnstudio auf der anderen Straßenseite. Im Scheinwerferlicht wirkte Faschls gebräuntes Gesicht fahl, doch als er Holle im Auto erkannte, lächelte er ihn irre an. Sein wahres Gesicht schien noch dämonischer als seine Maske. Die Glocken am Kostüm bimmelten gespenstisch vor sich hin.

Offenbar war der Typ noch besoffener als Holle. Und zu allem fähig. Etwa, ihm den Lack mit seinen Hörnern zu zerkratzen.

Bei Gefahr kannte ein Schneise nur eine Richtung: Weg hier! Er trat aufs Gas, riss am Steuer, umfuhr Faschl gerade noch, der zudem einen Satz zur Seite tat und ihm müde nachschaute. Der Reporter sah die Gestalt im Rückspiegel auf der Straße. Die waren alle wahnsinnig hier! Er musste raus aus Irrding.

Schneise war zutiefst verunsichert. Verlor er den Verstand? Er hatte gehofft, ihn sich erst im hohen Alter wegzutrinken. Ein paar Jahre hatte er sich also noch gegeben. Oder war es eine Warnung? Konnte er jetzt noch aussteigen, die Schäfchen ins Trockene bringen und sein Konto ins Reine? Er dachte an das Angebot von Laake. Pressesprecher bei Bertha? No way!

Oder doch? Er wusste selbst nicht mehr, was gut für ihn war. Fragend sah er den Mond über den Bergrücken am Wegesrand an und der Mond schaute fragender zurück. Holle fuhr schneller. Es gab nur eine Person, die er nun noch sehen wollte: Amira.

Er musste alles gestehen. Die Zerrissenheit, die Versuchung und seine Gefühle für sie. Doch wie würde Amira reagieren? Würde sie mit ihm kommen, egal wohin Holle sie führte? Oder musste er darauf vertrauen, dass sie eher ihn retten würde?

Wahrscheinlich eher Letzteres. Ganz sicher Letzteres.

Holle überlegte, wo Amira jetzt sein konnte. Er hätte sie anrufen können, aber was er sagen wollte, ließ sich nicht am Telefon formulieren. Zudem hatte er schlechte Erfahrungen mit Drunk Dials, selbst wenn Schneise das Wort nicht kannte.

Er fingerte betrunken an seinem Urzeitknochen herum, während der Granada Schlangenlinien fuhr. Handy bedienen und Alkohol am Steuer war doch etwas viel. Es gelang ihm, es zu entsperren. Er sah mehrere Anrufe in Abwesenheit von Amira und eine SMS: *Hol mich hier ab, Holle. Das Auto steht bei Gitti. LG, A.*

Holles Herz schlug schneller, während sein Fuß fester aufs Gas drückte. Amira hatte ihn also zu einem Treffen geladen. Sie wollte es also, genau wie er. Was genau sie nun wollte, das wusste er nicht, aber es würde heute Nacht passieren.

Er sah die sündige Leuchtreklame über Gittis Etablissement, als sei sie gemacht, trunken-lüsterne Autofahrer anzulocken. Holle parkte den Granada voll Leidenschaft im Kiesbett ein.

Er nahm nun all seinen Mut zusammen, klopfte an der Tür. Schneise wusste nicht, wie spät es war, sicherlich nach acht und nach Dorfdefinition demnach bereits mitten in der Nacht. Aber er hatte keine Wahl: Das hier konnte nicht mehr warten.

»Amira, mach auf«, lallte Holle wie Romeo unter dem Balkon, »Ich bin's. Ich hab' deine Nachricht bekommen. Mach auf!«

Für einen wankenden, schwankenden Moment bezweifelte Schneise, dass seine Angebetete wirklich hier war. Vielleicht sollte er einfach nach Hause fahren und noch einmal alles überdenken.

Etwa, warum er vergessen hatte, bei dem Verhör mit Laake das Diktiergerät anzumachen. Ob Bertha ihn nur hinhielt. Ob sie Jimmi nicht lieber so schnell wie möglich aus der Hütte holen sollten. Ob es eine gute Idee war, sich Amira nun hinzugeben.

Doch für all das war nun keine Zeit. Schneise hörte Laute hinter der Tür, wie wenn eine weibliche Stimme flüsterte. Die Tür ging auf und Holle erkannte ein Leoparden-Outfit. Mit solch einem war Amira am ersten Tag in Irrding herumgeirrt, bevor Holle sie am Abend gerettet hatte. Als er ihr Held war ...

Sie schien das auch nicht vergessen zu haben. Wortlos zog sie ihn durch die Tür, hinein ins Dunkel der Spelunke. Sie hatte seine Intention offenbar gleich erkannt. Womöglich anhand des dümmlichen Grinsens, mit dem Holle sie anstarrte.

Auf dem Weg nach drinnen ließ er erst seinen Trenchcoat fallen und dann alle Hemmungen. Ihr Mund umschloss fest den seinen und diesmal spürte er keinen Jakobibart wie in diesem Traum. Das hier war echt. Das hier passierte wirklich.

»Oh, Amira!«

TAG 7
MORGENS

Verdammt, es knarzte! Dabei versuchte Schneise, so leise wie nur möglich hinauszuschleichen. Die Tür zur Freiheit war nur noch wenige Treppenstufen entfernt, doch das uralte Holz gab Geräusche von sich, bei jedem Schritt, den er nach oben tat.

Er wollte sie nicht wecken. Um sie noch schlafen zu lassen, aber in erster Linie, um unangenehmen Gesprächen aus dem Wege zu gehen. Nichts hasste Holle mehr als den Morgen danach. Nach manchen durchzechten Abenden war es schon schlimm und peinlich genug, allein mit sich und einem Kater aufzuwachen.

Aber wenn dann noch jemand oder etwas neben dir lag und du hart überlegen musstest, wer oder was oder warum das da war, dann schlug die Stunde der Scham, die Reue über das Räudige, das in der Nacht vorgefallen war. Sofern man sich erinnerte.

In Holles Kopf herrschte eine nebelige Brühe, das Einzige, was so früh am Morgen funktionierte, war der

Fluchtinstinkt. Nichts wie raus hier, reden können wir dann später oder nie. Er fuhr gut mit der Taktik, meist kamen keine Anrufe mehr.

Schneises Socken – er hatte extra die Schuhe ausgezogen – suchten vorsichtig nach eher leisen Stellen auf den Stufen. Doch kaum hatte er das Gewicht aufs Bein verlagert, knarzte es im morschen Gebälk. Mit einem Mal dachte er an die Nacht.

Der Schauder, der ihn überkam, ging ihm durch Mark und Bein. Das Grauen, das er durchlebt hatte, war unaussprechlich. Er hätte gerne stumm auf Stellen an einem Teddybär gezeigt, wo was vorgefallen war. Was war gestern nur in ihn gefahren?

Holle war betrunken gewesen und sie willens, aber das allein war doch noch kein Grund, oder? Offenbar hatte es gereicht. Also ließ er sich durch die Tür führen, halb zog sie ihn, halb kippte er vornüber. Die Gaststätte war völlig dunkel.

Er konnte nichts sehen, aber er roch ihren süßlichen Atem. Sie legte ihre speckigen Arme um ihn wie einen Schraubstock. Dann fiel sie über ihn her wie die Armeen des Zaren über den Kaukasus. Sein Widerstand war halbherzig und zwecklos. Sie packte ihn so gierig aus wie Kinder Weihnachtsspielzeug. Schneise spürte in einem Augenblick viele Dinge zerreißen, seinen Mantel und seinen Gürtel, seine Hose und seine Würde, das letzte bisschen Unschuld. Verschlungen in einem Abgrund aus Lust.

Was folgte, war eine undefinierbare Abfolge an Körperteilen.

Er spürte ihre Oberschenkel in seinem Nacken, gleichzeitig hatte er seine Nase in ihrem Bauchnabel und eine

Zunge im ... Wo war oben und unten? Er wusste es nicht mehr, er fiel und fiel, hinein in einen Orkan der Brunftlaute und Körpersäfte.

In einem Moment war er oben, dann unten, dann seltsamerweise kurz in der Mitte, er spürte mehr als zwei Hände auf seiner Haut, zwischendurch meinte er gar, Bellen gehört zu haben. Er wusste nicht mehr: War er hier Gebender oder Empfangender oder war er nur ein Medium, durch das alles hindurchfloss?

Bilder schossen nun durch Holles Kopf, wie zuckende Blitze. Er sah sich, stehend und schwitzend, angeleint und sitzend. Wo waren sie überhaupt gewesen? War das ein Schlafzimmer? Er hatte kaltes Holz am Hintern. Ein Tisch? Ein Fußboden?

Langsam erinnerte er sich: Sie taten es auf einer Kegelbahn.

Er sah Gitti vor sich hocken, mit einer Kugel in jeder Hand. Soweit er sich erinnerte, trug die Wirtin Helm und Korsett, sonst nichts. Er drohte jeden Moment erschlagen zu werden, entweder von den Kegelkugeln oder von der üppigen Weiblichkeit.

Er wusste nicht, wie er Gitti anfangs mit Amira verwechseln konnte. Sicher, es war dunkel gewesen und er sehr betrunken, aber zwischen beiden Damen lagen gut einhundert Kilo Gewicht, vierzig Jahre Altersunterschied und Welten an Attraktivität. Aber sie hatte einen Bademantel mit Leopardenmuster getragen, mit etwas Ähnlichkeit zu Amiras Outfit – wenn man besoffen war.

Und eines musste man Gitti lassen: Sie wusste, was sie tat. Das war mehr, als man von Holle in seinem Zustand behaupten konnte. Er erinnerte sich dennoch an einen Altherrenspruch: Auf alten Bahnen lernt man Kegeln. Sie führte ihm die Hand.

Er ließ es einfach geschehen. Die Kugel löste sich und flog. Kegel fielen wie Hemmungen, die abgeräumt wurden. Alle Neune!

Kurz darauf musste er das Bewusstsein verloren haben und nun stand Holle auf der Treppenstufe und schämte sich nur noch. Wie konnte er sich so gehen lassen? Es war entwürdigend. Nicht der Suff und der Sex. Aber Kegeln mit Gassenzwang? Puh.

Holle hatte sich fast schon vom Untergeschoss hochgearbeitet und musste nur noch durchs Erdgeschoss des Etablissements zur Tür, da hörte er eine schrille Stimme rufen: »Schaatzii! Kommst du runter für zweite Runde.« Es war eindeutig Gitti.

Schneise schauderte bei dem Gedanken, alles noch einmal zu durchleben. Doch seine Beine überstimmten den Kopf, drehten um und liefen hinunter in die Kegelhöhle. Zu einer echten Partie gehörten schließlich mehrere Runden. Und bisher hatten sie höchstens sechs geschafft. Also ab in die Verlängerung.

Gute zwölf Minuten später lagen Holle und Gitti rauchend auf der Kegelbahn und schauten in die schummrige Deckenleuchte. Das Flackern machte Schneise nervös und beruhigte zugleich.

»Das bleibt unter uns, oder?«, fragte er, ohne sie anzusehen.

Gitti schien solche Ansagen gewohnt. »Natürlich, Schatzi«, sagte sie. »Weiß keiner außer uns und Spritti da drüben.«

Holle nickte zufrieden, dann hielt er mit dem Rauchen inne: Hatte sie gerade Spritti gesagt? Etwa Sascha Sprittkamp?! Er schaute hoch und sah den Co-Trainer von Bertha HSC rauchend an einem langen Tisch sitzen und ins Bier aschen. Der Bürstenschnittschnurrbartschwabe starrte ihn stumm an.

Holle schreckte hoch. »Sitzt der schon die ganze Zeit hier?«

Gitti drehte sich etwas zur Seite und bedeckte sich mit einer durchsichtigen Bluse. »Schatzi, dir fallen jetzt erst auf?« Sie lächelte, als seien Zuschauer normal. Oder hatte er nicht nur zugesehen? Wie viele Spieler waren auf dem Feld gewesen? »Machst du keine Sorgen, ist er harmlos«, beruhigte Gitti.

Schneise war sich da nicht so sicher. Er stand auf, zog seine Gürtelschnalle zu und lief direkt auf Sprittkamp zu. Der zuckte nicht mal, rauchte nur stumm und trank sein Bier.

»Was hast du gesehen, du Spanner?«, herrschte ihn Holle an.

Sprittis blutunterlaufene Augen sahen ihn lustlos an. »Du hättescht besser verschieben können. Saaiitenverlagerung.« Es klang, als gäbe er Holle hier eine taktische Nachhilfe. »Aber isch eh egal. Isch eh allesch im Arsch«, murmelte er matt.

Schneise hatte langsam genug. Er packte den Sex-Assistenten am Kragen seines Trainingsanzuges. »Was meinst du damit?«

Spritti sah ihn mit glasiger Entschlossenheit an. »Jimmi.« Holle musste ganz nah ran, um sein Flüstern zu verstehen. Schnurrhaar kitzelte ihn am Ohr, in das leises Schwäbisch säuselte: »Er kommt net mehr zurück. Sie haben ihn gefunden.«

Der Reporter wollte seinen gekitzelten Ohren nicht trauen. »Woher willst du das wissen?«, fragte er und rüttelte an ihm.

Sprittkamp berichtete, man habe das Trainerteam informiert, es gebe nun Umstrukturierungen bei Bertha, auf allen Ebenen. »Des heischt i' bin rausch«, sagte Spritti melancholisch und schaute in das vollgeaschte Bier. Er trank es in einem Zug und ließ dann seinen Kopf langsam auf den Tisch sinken.

Holle wollte es nicht fassen. Warum trank er das Zeug noch? Und wieso bot er ihm nichts an? Er könnte gerade ein Bier vertragen. Die Nachricht war ein echter Schock für Schneise. Sie waren wieder zu spät. Aber wer hatte Jimmi gefunden? Die zwei Versicherungsagenten? Was würden sie mit ihm anstellen?

Er rüttelte an Sprittkamp, zog ihn am Bürstenschnitt hoch, aber der Co-Trainer war in ein Koma aus Suff und Selbstmitleid gefallen. Holle kannte diese Art von Schlaf: unweckbar. Also ließ er den Assistentenkopf auf dem Tisch liegen und sah sich um. Er musste nun Amira finden und ihr alles berichten.

Also nicht alles alles. Er sah, wie Gitti ächzend aufstand und sich ankleidete. Wenn man die Kombi aus Bluse und Schals Kleidung nennen konnte.

»Musst du los, Schatzi«, sagte sie, als habe sie bereits mit Holles schnellem Abgang gerechnet.

Er zuckte die Schultern, als wolle er zu einem »Hey, Süße …« ansetzen, sie winkte routiniert ab: Lass gut sein, Kleiner.

Schneise war angetan, Gitti hatte die Gleichgültigkeit einer echten Grande Dame. Konnte er sein Glück überstrapazieren?

»Ich suche Amira«, sagte er ehrlich. War das angemessen? »Du weißt nicht zufällig, wo sie sein könnte?«

Sie kicherte kehlig. »Schatzi, weiß ich doch alles.«

Holle war überrascht, dass ihn diese Frau so durchschaute. Dann sah er an sich herunter. Er trug noch keine Hose. Er bedeckte sich und bohrte nach: Wo sie denn dann sei?

»Ist sie unterwegs, ohne mein Auto«, sagte Gitti nüchtern, während sie zwei Sherry einschenkte. »Hat geklaut Sportwagen von Spielerberater. Sucht sie Jimmi.«

»Woher weißt du so viel?«

Sie zeigte ihm ihr Smartphone und Amiras Instagram-Account. Jeder nutzte wohl soziale Medien, außer dem unsozialen Holle.

Sie reichte Schneise ein Glas, er ließ es an ihres klirren. Stumm leerten sie sie in einem Zug. Holle verzog das Gesicht. Zu süß für ihn.

»Wo wollte sie hin damit?«, fragte er so beiläufig wie möglich. Und merkte, wie die Stimme zitterte.

Gitti grinste sherryschelmisch. »Du dir Sorgen machst, ja?«

Holle nickte ertappt.

»Sie zum Berg wollte, hat sie gesagt.«

»Sie wollte alleine zum Grimmig?«, schrie er und sprang auf.

Das hieß, die beiden Gorillas hatten sich womöglich nicht nur Jimmi gegriffen, sondern könnten auch Amira dort oben erwischen. Mit einem Knall ließ er das

Likörglas auf die Kegelbahn fallen und lief die Treppe hinauf. Er musste sofort zu ihr.

Gitti sah ihm belustigt nach, als dächte sie: Diese jungen Leute. Sie setzte sich zu Spritti und schenkte beiden ein.

Amira war am Boden. Und das in über zweitausend Metern Höhe. Sie suchte nach Spuren, nach Hinweisen auf Jimmis Verbleib, aber da lagen nur Chipskrümel herum, zertretene noch dazu. Sie nahm eines der goldgelben Knusperkleinodien in die Hand.

Sie betrachtete die Krümel am Boden wie eine Fernseh-Profilerin, ein Stiefelprofil hatte sich dort abgezeichnet, offenbar, als jemand achtlos auf den Snackvorrat des Opfers getreten war. Amira war zufälligerweise Expertin für Schuhe und Stiefel.

Und dieses Fabrikat hier war eindeutig nicht mehr in Mode. Es handelte sich um ein extrem billiges Imitat, das noch auf serbischen Schwarzmärkten als gefälscht zu erkennen war. Sie waren also hier gewesen: Dragan und Zoran.

Voll Wut ließ Amira Chipskrümel zwischen den Fingern zerrieseln. Der Rest des Raums war verwüstet wie immer. Sie hatten sich keine Mühe gemacht, die unordentliche Hütte herzurichten. Hatten Jimmi einfach geschnappt, wie er dasaß und snackte.

Amira stellte sich vor, wie verängstigt ihr Verlobter wohl gewesen sein musste. Andererseits sah sie keine Spuren eines Kampfes. Als wäre Jimmi ohne Umstände einfach mitgekommen. Sogar seine Spielkonsole hatte er mitgenommen. Hatte er also in Ruhe gepackt?

Sie wusste gar nichts mehr. Sie war zu einer Rettungsmission hier heraufgekommen und nun war hier nichts mehr zu retten. Ihr schöner Plan, Jimmi zurück nach Brasilien zu bringen, schien gescheitert. Ein Teil von ihr war sogar erleichtert.

So hatte sie die Frage vermieden, ob sie als Verlobte mitmusste. Dabei begann sie gerade, sich wohlzufühlen, nur so für sich ganz allein.

Apropos ganz allein: Wo war eigentlich Holle Schneise? Ihre Nachricht war doch klar gewesen: Mein Auto steht bei Gitti, hol mich am Hacklhof ab. Oder hatte sie letzteres vergessen?

Die wieder mal alleingelassene Spielerfrau setzte sich auf eines der Betten und schnaufte durch. Zu ihrer Verzweiflung mischte sich nun Müdigkeit. Es war eine kurze Nacht gewesen. Die Betten in der Grimmighütte waren doch arg unbequem.

Am liebsten hätte Amira sich noch gestern Abend zum Gipfel begeben, doch das wäre Wahnsinn gewesen. Also hatte sie auf halber Strecke übernachtet, so kurz wie möglich. Holle hatte sich nicht gemeldet. Sie musste morgens allein hochwandern.

Bei Sonnenaufgang brach sie an der bewirteten Holzhütte auf, am Vorabend hatte sie direkt davor geparkt. Dafür war sie verbotenerweise Wanderweg gefahren, aber es war ja Guidos Auto. Sollten sie es ruhig abschleppen, sie musste rasch zur Gipfelhütte.

Unter den irritierten Blicken der Wirtin ließ Amira am Morgen den Wagen dort und wieselte steil hinauf, überkletterte auf zwei Leitern die erste Felswand, überwand Geröll, stieg über Felsstufen hoch zum Müllereck, ignorierte dort die herrliche Aussicht aufs Tal, folgte einem gespanntem Seil, rannte über einen bewiesten Bergrücken und erreichte die Hütte am Gipfel in der Rekordzeit von drei Stunden, die aber niemand stoppte.

All das für nichts, denn als Amira endlich oben ankam, fand sie die stählerne Schutzhütte leer vor. Die Tür stand offen, niemand reagierte auf ihre Rufe. Ihre finsteren Vorahnungen hatten sich bewahrheitet. Jemand war vor ihnen hier gewesen.

Aber was hieß schon »ihnen«? Holle war wieder einmal nicht hier. Sie hatte mehrmals versucht, den Reporter anzurufen. Danach hatte sie auf dem Berg selbst kein Netz mehr gehabt. Aber das war noch lange keine Ausrede, sich nicht zu melden.

Für Schneise scheinbar schon. Warum verließ sie sich auf ihn?

In Wutränen über das Verschwinden ihres Verlobten mischte sich bald der verlaufene Lidstrich des Verrats. Sie hatten vereinbart, ihre Aufnahmen abends auszutauschen. Warum hatte er sie nicht abgeholt? Hatte er seine Meinung noch geändert? Hatte er die Story einfach so gebracht? Sich kaufen lassen? Womöglich war er nur einfach wieder über Schnaps versackt.

Sie hatte in dem Lumpenreporter eine Art Vaterersatz gesehen und tatsächlich enttäuschte er sie wie ihr eigener Erzeuger. Jetzt war aber nicht der Moment für irgendwelche Aussetzer, es ging nun ums Ganze. Was würden die Entführer Jimmi antun?

Amira trat aus der Gipfelhütte und schaute über die Schwelle in die Ferne, wo Bergspitzen den blauen Himmel anritzten. Wo war nun ihr Platz in alldem? Das Angebot von Mario-Guido galt wohl nicht mehr, da Jimmi wirklich verschwunden war. Statt Spielerfrau oder Influencerin war sie nur noch sie selbst.

Gut so.

Mit diesem so beunruhigenden wie befreienden Gefühl begab sie sich zum Abstieg, die Gedanken stets um Jimmi kreisend. Wenn Dragan und Zoran wirklich für eine dubiose Versicherung arbeiteten, dann würden sie ihn kaum behalten. Wenn der Fall geprüft war ... Ja, was machten sie dann mit ihm?

Sie sah einen Segelflieger über Baumkronen am Berg gleiten. Das motorlose Flugzeug musste von einem anderen Gipfelpunkt gestartet sein. Es schwebte völlig schwerelos in der Luft, bevor es jäh abstürzte, senkrecht Richtung Erdboden raste, hinter Bergkuppen verschwand und plötzlich wieder aufstieg.

Fast wie im Leben: Mal bist du oben, dann am Boden oder am Arsch. Am Ende ging es ja immer weiter. Zumindest meistens.

In derart düstere Gedanken versunken, stapfte Amira durch die pralle Sonne den Abhang entlang, ihre schweren Beine zogen sie fast von allein nach unten. Sie achtete gar nicht mehr auf die Schilder und Kritzeleien an den Weggabelungen. Das Mädchen aus Berlin-Britz kannte die Berge mittlerweile gut.

Ihrem Magenknurren nach musste es schon Mittag sein, als sie die Grimmighütte erreichte. Sie sah die Wirtin mit Tracht und Schürze, wie sie Tagestouristen ihr

Schnitzel auftischte. Eine Mahlzeit könnte nicht schaden, bevor ich ins illegal geparkte Auto steige, dachte Amira. Dann sah sie Schneise.

Vor zwei Tagen hatte sie Holle noch in der Hütte getroffen, wie er mehrere Krüge Bier leerte. Nun saß er wieder auf der Terrasse der Gaststätte, in aller Biergartengemütlichkeit. Ließ sich ein Schnitzel auf den langen Holztisch stellen, den Trenchcoat in der Sommersonne über die Sitzbank gelegt. Er rieb gerade freudig die Hände, als er Amira erblickte.

Sofort stand Schneise auf und kam zu ihr. »Ich habe dich überall gesucht«, sagte er, während er sich Bierschaum vom Mund wischte. »Ich wollte gleich hinauf zur Gipfelhütte.«

Amira glaubte ihm gar nichts mehr, wie er auf sie zustolperte. Wütend schubste sie ihn beidhändig von sich. »Wo warst du?«, rief sie. »Wir wollten uns gestern treffen, Jimmi holen. Nun ist er weg und du sitzt hier, säufst und futterst. Beim ersten Mal war's noch witzig. Jetzt ist es nur noch … « Sie wollte es nicht, aber sie weinte wieder vor lauter Wut.

Holle hob beschwichtigend die Hände. »Amira, es ist alles ganz anders, als du denkst«, setzte er an, zu ihr gehend.

»Ach ja? Du hast also nicht gesoffen und bist versackt?«

Schneise knickte ein. »Na gut, genau so war es eigentlich.«

Amira drehte sich weg, wollte vor dem Wirtshaus keine Szene. »Es ist nicht mehr witzig, Schneise. Schon lange nicht mehr. Jimmi ist endgültig verschwunden.«

Ihre Stimme versagte. Holle trat einen Schritt auf sie zu, doch sie wich ihm aus, auch weil er seit ungefähr zwei Tagen nicht geduscht hatte.

Offenbar sah er sich genötigt, etwas Beruhigendes zu sagen. »Laake hat versichert, dass Jimmi zurück ins Team kommt«, sagte er und versuchte ein charmant-schiefes Schneiselächeln.

Amira drehte sich um. »Wann hat Laake das gesagt? Gestern?«

Schneise schaute sie schuldbewusst an.

»Warum erzählt Laake dir das? Warum macht er dir überhaupt Zusicherungen? Worüber habt ihr geredet?« Amira schubste ihn erneut. »Habt ihr was ausgedealt und macht gemeinsame Sache?«

Der Reporter rang offensichtlich um die richtigen Worte. »So ist es nicht, Amira. Aber es ist nur eine kleine Betrügerei.«

Sie trat nun drohend, mit erhobenem Finger, auf Holle zu. »Bei der du etwa mitmachst? Weil das so läuft im Fußball? Alte Männerfreundschaften, die sich gegenseitig aushelfen?« Bevor Schneise etwas dazu sagen konnte, brach sie zusammen. Sie setzte sich auf eine Bank neben der Hütte und schrie in ihre Faust. »Dir ging es doch nie um Jimmi oder um mich. Alles, was du wolltest, war deine Story«, schluchzte Amira. »Und bevor du die nicht kriegst, verkaufst du uns einfach.«

Holle wusste offenbar nicht, was er sagen sollte, jedenfalls sagte er nichts, sondern setzte sich stumm neben Amira. Sie schwiegen eine Weile.

Irgendwann sprach der Reporter in die Stille hinein. »Ich habe nie ernsthaft darüber nachgedacht«, versicherte er und gab zu: »Aber ich hatte Angst, mit nichts dazustehen.«

Das Eingeständnis seiner Untätigkeit war zumindest ehrlich. Und Amira erkannte an, dass Holle halbwegs nüchtern wirkte. »Ich hatte auch ein Angebot, weißt du«, gestand sie ihm und erzählte von Mario-Guido. So saßen sie also und beichteten die Versuchungen, denen sie widerwillig widerstanden hatten.

Bis Holle plötzlich aufsprang und folgenschwer feststellte: »Warum bieten die uns beiden zeitgleich an, da mitzumachen?« Die Frage hatte Amira sich tatsächlich noch nicht gestellt. Schneise ging nun aufgeregt auf und ab. »Bis wann solltest du dich entscheiden?«, fragte er.

»Bis heute Mittag«, sagte sie.

»Genau wie ich«, sagte Holle. Seine Hände zitterten nun. Er suchte etwas im Trenchcoat. Einen entscheidenden Beweis? Sie sah, wie Schneise eine Schachtel Zigaretten herauszog. Leer. Er warf sie wütend weg. »Warum ausgerechnet jetzt?«

Als wären beide Offerten nur dazu erdacht, Zeit zu schinden, überlegte Amira.

In diesem Moment klingelte Holles Knochen.

Erneut fingerte er am Mantel herum, bis er die richtige Tasche gefunden hatte. »Schneise am Apparat«, raunte er professionell-reibeisern. Umgehend hielt Holle sich das scheppernde Handy vom Ohr weg.

Amira konnte bis dahin, wo sie saß, alles Gesagte verstehen. Es war offenbar Schneises Chef. Er erzählte etwas von einem Liveticker, alles sei geschaltet, der Newsroom warte schon.

Als Holle ein verschlafenes »Was?« erwiderte, brach am Hörer die Hölle los. Amira hatte einige der Schimpfwörter noch nie gehört und sie war immerhin in Berlin aufgewachsen. Anders ausgedrückt: Der Chef war wohl äußerst ungehalten.

Denn Holle als Reporter hätte wissen sollen, dass bei Bertha jeden Moment eine Pressekonferenz beginnen werde. Ob er denn keine Einladung bekommen hätte. Ja, noch vor dem Testspiel heute. Man hätte kurzfristig früher ins Vereinsheim geladen. Noch vor Anpfiff sollten, Zitat Pressemitteilung, der Presse »große Neuigkeiten« verkündet werden. Möglicherweise sei ja Jimmi gefunden worden, tot oder lebendig. Oder Bertha war endgültig pleite. Das Internet überschlug sich bereits mit Spekulationen. Und Schneise habe davon nichts mitbekommen?

Der winzige Lautsprecher am Plastikknochen drohte vollends zu platzen. Alles, was Holle erwiderte, war nur: »Ja, Chef.«

Amira meinte, das Rückgrat des Reporters knacken und brechen zu hören. Er ging während des Gesprächs krummer und krummer, als passe sich seine Wirbelsäule bereits einem Bürostuhl an. Bei all seinen Makeln und seiner gleichzeitigen Prahlerei hatte sie vergessen, was für eine arme Sau er im Grunde war.

Vor ihrem geistigen Auge schnitt sie ihn aus dem Bergwäldchen aus und setzte ihn in ein Großraumbüro mit Flackerlicht ein. Holle würde keine Woche überleben, da war sie sicher. Wie konnte sie ihm verdenken, dass er davor fliehen wollte?

Am Ende eines entwürdigenden Gesprächs, in dem der Reporter wimmernd um seinen Job flehte und als

Antwort nur ein Tuten erntete, kam Schneise als gebrochener Mann zu Amira zurück.

»Alles in Ordnung?«, traute sie sich kaum zu fragen.

Holle schüttelte den Kopf. »Jetzt sind wir wirklich am Arsch«, sagte der ausdruckslose Schnapsdurst in seinen Augen.

Tag 7: nachmittags

Es wimmelte von Kameras, großen und kleinen, auf Stativen und in Händen, sodass man kaum ins Vereinsheim hineinkam. Die Einladung war ja durchaus kurzfristig erfolgt, erst am Tage des Testspiels Bertha HSC gegen Sputnik Moskau, das im Anschluss an diese Pressekonferenz stattfinden sollte. Und der Ort Irrding im Irrtal war nicht gerade zentral gelegen.

Dennoch hatten fast alle relevanten Medien in Deutschland und Österreich, vor allem aber die irrelevanten, Reporter geschickt. Etwas in dem Ton der eiligen Pressemitteilung, die »Großes« versprach, hatte allenthalben Newsgier geweckt.

Obwohl ein Freundschaftsspiel gegen ein russisches Team sonst maue Quoten und Klicks versprach – heute zog Bertha. Womöglich waren einige der Newsteams gar nicht abgereist, die seit der Entführung täglich ohne Neuigkeiten sendeten.

Bis jetzt, womöglich.

So saßen sie alle vor dem Podium wie für ein Gruppenbild: Rolf Haberer, tief über Doppelkinn und Liveticker gebeugt, Timur Lang, verschlagen unter der

Baseballkappe abtauchend, und Maxi Jakobi, Zettel und Stift im Lederranzen suchend.

Eine PK als letztes Hurra, dann war es das mit Journalismus.

Holle würde sie vermissen, wenn er bald Bilderstrecken baute oder arbeitslos auf der Couch saß oder einfach in der Kneipe. Mit Wehmut nahm Schneise seinen Stammplatz links außen ein, wo er immer saß. Amira musste sich danebenstellen. Während Schneise seufzte über das nahende Ende einer Ära, fiel ihm nicht ein, der Frau neben sich Platz zu machen.

Was alle im Raum einte: die Neugier, was nun verkündet würde.

Auffälligerweise waren hier nicht nur Journalisten anwesend. Nahe den Ein- und Ausgängen standen schrankartige Männer in schwarzen Anzügen, mit Sonnenbrille und tätowierten Händen. Sie sprachen kein Wort mit niemandem, schwiegen bedrohlich.

Holle fragte sich, warum Bertha Sicherheitsleute engagierte – diesmal sogar richtige, nicht einfach Fans in Ordnerjacken. Wozu all die Vorkehrungen? Weder Laake noch Patzke gingen vorab ans Handy. Wollten sie mitteilen, dass Jimmi plötzlich wieder auf- oder endgültig abgetaucht wäre? Beides denkbar.

In diesem Moment kamen mehrere Männer aus dem Hinterzimmer.

Sie traten zum langen Tisch, der als Podium aufgebaut war. Dahinter stand eine Leinwand, noch mit einem Tuch verhüllt. Platz nahmen: Jörg Patzke, Martin Laake, Gerhard Gramberger, Heinz-Hubert Faschl und zwei Männer, die Holle nicht kannte.

Moment, der eine der beiden hatte gewisse Ähnlichkeit mit ... Mario Ferrari. Nur, dass der Spielerberater nicht blond war und keine Kastenbrille im Gesicht trug. Und nicht derart viel Botox. Er hörte Amira neben sich schnappatmen. Was hatte sie? Der Reporter hätte sie flüsternd fragen können, was los war. Aber er war zu fasziniert von dem Podiumsgast in der Mitte.

Der Mann musste um die 60 sein, hohe Stirn, tiefe Augenbrauen und einen Anzug, der tatsächlich noch Nadelstreifen hatte. Mit gelangweilt hängenden Wangen und grausamen, blauen Augen wirkte er wie die Karikatur eines Mafiabosses aus Osteuropa.

Ein seltsamer Ernst lag über der gesamten Runde, außer bei dem Mann in der Mitte und dem blonden Botoxburschen rechts. Sie schienen sich auf die kommende Ankündigung zu freuen, auch wenn ihre Gesichter es nicht so recht zeigen konnten.

Nur Manager Laake schien blasser denn je. Nachdem er gestern noch bei Holle aufgetaut war, wirkte er nun wie eine Leiche. Wenn er sich über den Termin freute, versteckte er es gut. Gerhard Gramberger schaute mürrisch in die Runde wie immer.

»Geben wir ihnen noch Gelegenheit für ein, zwei Fotos«, sagte Jörg Patzke und nickte hin zu den klackernden Kameras. »Ich bitte nun die Kollegen, das Fotografieren einzustellen.« Wie so oft bei Patzke klang es wie ein arg genervter Befehl. »Wir danken Ihnen, dass Sie so zahlreich erschienen sind«, holte er aus. »Wir versprechen Ihnen, es wird sich lohnen.« Alle Anwesenden auf dem Podium grinsten, nur einige gequält. »Bevor wir Ihnen unsere Gäste vorstellen, geht das Wort an unseren Präsidenten Gerhard Gramberger«, sagte Patzke devot.

Der Bertha-Patriarch war, sein Image pflegend, bemerkenswert schlecht gelaunt und gekleidet. Karo-Jackett, Streifen-Krawatte.

»Wie Sie alle wissen, ist die Bertha HSC AG ein Unternehmen, dem die Zukunft gehört«, sagte er monoton. »Mittelfristig ist unser Ziel, als HauptStadtClub Champions League zu spielen.«

Guter Witz, dachte Holle. Und für den alten Text lud man noch die Presse ein?

»Bisher hielten gewisse Liquiditätsengpässe uns davon ab, in unseren Kader zu investieren«, untertrieb Gramberger etwas. Er grinste. »Daher sind wir als Bertha HSC umso stolzer, den Einstieg eines strategischen Investors verkünden zu können.«

Ein Raunen ging durch den Saal. In der Bundesliga galt es bisher als No-Go, dass sich Firmen, Mäzene und Milliardäre Profi-Klubs kauften wie ein Rennpferd. Ausnahmen gab es nur für einige Automobil- und Pharmafabrikanten, für Brause- und Softwarehersteller. Aber ansonsten galt da eine rote Linie.

Man wolle in Deutschland keine Verhältnisse wie in England, wo ausländische Investoren Vereine zu Spielbällen machten, dozierte Holle für Amira, die zum Dank mit den Augen rollte.

Als sich die Unruhe im Raum legte, hüstelte Gramberger laut. Klang ungesund. »Meine Herren«, sagte er, Damen ignorierend, »ich kann die Bedenken verstehen. Ich kann Ihnen versichern, dass es sich hier um ein top-seriöses Unternehmen handelt.«

Mit diesen Worten nickte er in Richtung Mitte zum Mafiaboss.

Der schwergewichtige Gaunertyp verzog keinen Gesichtsmuskel.

»Michail Newinow gilt als größter ... Geschäftsmann Russlands. Sein Unternehmen, die Newinnost AG, umfasst über 100 Zweige, von Ölpipelines in der Ostsee über Kohlekraftwerke im Kongo bis hin zu Versicherungen und Vereinen wie Sputnik Moskau.«

Das war der heutige Testspielgegner. Ziemlich großer Zufall. Holle zählte eins und eins plus 100 Firmenzweige zusammen. Ihm schwirrte der Kopf. Versicherungen? Das klang unseriös.

»Wirkt vernünftig, der Typ«, raunte Jakobi leise zu Holle.

Schneise hätte fast vergessen, dass sein Kollege im Grunde Fan war und wie ein Fan dachte. Solange sein Herzensverein Top-Spieler kaufte und gewann, war egal, woher das Geld kam. Auch die übrigen Journalisten nickten und notierten artig.

Bisher war nur noch keine Investitionssumme genannt worden.

»Mit ihrem großzügigen Investment von 25 Millionen Euro hat die Newinnost AG heute 49 Prozent unserer Anteile erworben«, verkündete Gramberger stolz.

Schneise rieb sich die Ohren. Hatte Gramberger gerade wirklich nur 25 Millionen Euro gesagt?

Doch der neue Investor schwieg nur und nickte genüsslich. Wie hatte er Bertha zu so einem schlechten Deal überredet? Mit Unbehagen musterte Holle die Schlägertypen an den Türen. Außer ihm störte sich niemand an ihnen. Wohl sicherer so.

»Ein solch beträchtliches Investment führt selbstredend zu Umbrüchen auf allen Ebenen bei Bertha«, sagte Gramberger. »Die Zukunft ist digital und dafür stellen wir uns neu auf. Ich darf vorstellen: Unseren Brand-Manager Guido Rosinski!«

Amira, die schon die ganze Zeit an Schneises Ärmel zupfte, zerriss fast den Trenchcoat. »Das ist Mario!«, zischte sie.

Holle schaute genauer hin. Das konnte nicht Ferrari sein. Statt brünett und schmierig war der Typ blond und aalglatt.

»Vielen Dank, Herr Präsident«, sagte Rosinski, die betonierten Mundwinkel kaum hebend. Er trug Rollkragen wie ein Werber und war ganz im Schwarz, zum freudigen Anlass. »Wir befinden uns in einem großen gesellschaftlichen Wandel, einem Kulturwandel. Digitalisierung ist eine Riesenchance.«

Holle fragte sich, was der Typ mit den Phrasen meinte, außer: irgendwie Internet. Vermutlich wusste er es selbst nicht.

»Wir wollen bei Bertha HSC eine Start-up-Kultur aufbauen«, dozierte Rosinski weiter und lauschte dem Hall seiner Worte. »Deswegen denken wir die Markenkommunikation komplett neu. Keine Pressekonferenzen mehr, kein Training vor Zuschauern.«

Durch die Medienmeute ging ein Raunen. War es Erleichterung?

»Wir streamen bald 24/7 live im Internet, auf allen Kanälen. Produzieren eigene Hochglanz-Dokus, senden ganz nah am Fan.«

Holle hatte immer geahnt, dass dieser Tag bald kommen würde: Es war der Moment, in dem der Fußball endgültig durchdrehte. In dem er weder Medien noch Fans brauchte. Nur noch Kunden.

Guido ließ den Vorhang fallen: Auf der großen Leinwand enthüllte er ein Logo. Es handelte sich um die schwarz-weiße Bertha-Kanone. Doch wurde sie von einem Greifvogel getragen, einem blauen Adler.

Holle fiel auf, dass die Sicherheitsleute an den Türen auch Adlerabzeichen trugen. Es war das Logo der Newinnost AG.

In wessen Klauen hatte sich der Verein hier nur begeben? Der Reporter schaute hinüber zu Laake, der noch gar nichts gesagt hatte. Oder hatte der Manager hier nichts mehr zu sagen? Er wirkte krummer denn je, rutschte fast unter das Podium.

»Champions League, neue Stars, eine ruckelfreie Website – mit unserem neuen Partner gibt es keine Grenzen mehr«, schwärmte Rosinski. Dabei wirkte alles so improvisiert, als hätte er die Präsentation erst in der Nacht zuvor eilig zusammengestellt.

Schließlich hatte der Markenmensch ausgeschwafelt und gab das Mikrofon an Bürgermeister Heinz-Hubert Faschl. Auch das noch.

Der hatte ebenfalls eine Powerpoint-Präsentation vorbereitet. Faschl lobte, österreichisch ausgesprochen, »Obhortunittis«, die sich kurzfristig durch ein Engagement der Newinnost AG in der Region ergäben. Er zeigte Entwürfe von Skipisten und einen Umbau des *Hotel Palais*, das bald den Russen gehöre. Offenbar pumpte der Investor sein Geld auch in die Region. Holle hatte mehr gehalten von der österreichischen Politik. Faschl führte gerade Urlaubsvideos mit Newinow auf Ibiza vor.

Mitten in dem Vortrag des Business-Bürgermeisters stand Amira einfach auf und räusperte sich so laut, dass er unterbrach. »Was ist eigentlich mit Jimmi, dem verschwundenen Fußballer? Haben Sie ihn gefunden oder die Suche einfach aufgegeben?«

Faschl, der gerade steile Kurven und Pisten präsentierte, sah irritiert zu Amira, dann zu Polizeimeister Adi Hirscher, der am Rand des Raumes stand. Er hob entschuldigend die Hände.

In diesem Moment schnappte sich Guido Rosinski das Mikrofon. »Vielen Dank für diese Frage.« Der frühere Mario starrte sie mit seinen eiskalten Augen an. »Wie Sie sicherlich der Presse entnommen haben, weilte Jimmi zu Vertragsgesprächen im Ausland. Ohne Wissen des Vereins.« Er log offensichtlich, ohne eine Miene zu verziehen. Ging ja auch nicht mehr. »Für das unerlaubte Verlassen des Trainingsquartiers müsste man Jimmi nun suspendieren. Zumal der Wechsel geplatzt ist.« Rosinski ging genüsslich am Podium auf und ab, das Mikrofon am Mund wie ein Schlagersänger. »Eine vertrackte Situation, in der unser neuer Investor entschieden hat einzuspringen.«

Berthas Digitaldirektor nickte herüber zum Oberoligarchen, der nickte zurück. Das Signal, dass er es verkünden durfte.

»Daher wechselt Jimmi mit sofortiger Wirkung nach Russland: zu Sputnik Moskau. Das Testspiel heute ist sozusagen seine Abschiedsvorstellung.«

Amira sah Holle entsetzt an und er schaute entsetzter zurück. Jimmi ging nach Russland? Was sollte das? Er wollte doch heim, ins warme Brasilien! Und jetzt wechselte Jimmi freiwillig in den ewigen Winter? Na gut, Moskau, aber: kalt.

Auch im Publikum herrschte nun merkliche Unruhe. Von all den Zahlen und Finanzen waren die Sportjournalisten gelangweilt gewesen, aber Transfergerüchte? Das war endlich ihr Metier!

»Heißt das, Jimmi läuft heute noch einmal für Bertha auf?«, fragte Rolf Haberer livetickernd. »Oder für … die Russen?«

Rosinski, der nun eindeutig das Sagen hatte auf der Bühne, wiegelte die vielen Fragen mit beschwichtigenden Händen ab. »Weder noch. Er wird sich vor dem Anpfiff von den Bertha-Fans verabschieden«, sagte er und schob schnell hinterher: »Alles live, nur bei *Bertha-TV*. Für 19,99 Euro im Monat.«

Amira kamen die Tränen. Offenbar realisierte sie, dass es das letzte Mal war, dass sie ihren Verlobten Jimmi sehen würde.

Das bekam Holle immerhin mit und beschloss zu handeln. Mutig stellte Schneise eine gewagte Frage und das ganz nüchtern: »Möchte Herr Newinow nun vielleicht auch etwas dazu sagen? Mir sind die Modalitäten nicht ganz klar. Sind die seriös?«

Der Oberboss knöpfte sich in aller Seelenruhe das Jackett zu und erhob sich. Sofort ging merkliche Anspannung durch die Sicherheitsleute an den Ausgängen, sie sahen sich nervös an. Was würde ihr Chef anordnen? Sie schienen zu allem bereit.

Der knorrige Oligarch holte tief Luft. »Da!«, sagte er nur. Und setzte sich wieder hin. Damit schien ihm wohl alles gesagt.

Die Pressekonferenz war offiziell beendet, Patzke ließ keine weiteren Fragen zu, die Runde wurde aufgelöst und nur noch auf das im Anschluss stattfindende Testspiel verwiesen. Dort werde es Gelegenheit für Fotos und Fernsehbilder geben.

Fragen würden ohnehin keine mehr beantwortet, auf unbestimmte Zeit. Einzelheiten seien künftig den Klubmedien zu entnehmen.

TaG 7: aBenDs

Es war ein Trauerspiel. Gerade weil es so fröhlich daherkam. Amira hatte schon viele Fußballspiele im Stadion ertragen, als Spielerfrau auf der Tribüne, genervt am Handy spielend. Doch von diesem Spektakel konnte sie kaum den Blick wenden.

Die Newinnost AG präsentierte das Testspiel als Sponsor: Die Holztribüne in Irrding hieß nun South-Stream-Drei-Arena. An den Eingängen verteilten Newinnost-Mitarbeiter Ballons an Kinder, mit dem Aufdruck: *Viel Spaß – mit Kohle, Öl und Gas!*

An der Seitenlinie vor der Tribüne stand neben dem Bertha-Maskottchen Bärito ein blauer Adler mit Schaumstoffmuskeln, der aussah, als sei er auf Steroiden. Mit den ausladenden Flügeln drängte er den Bären ständig beiseite.

Berthas Spieler trugen ein geflügeltes N auf ihren Trikots, genauso wie die Profis von Sputnik Moskau ihnen gegenüber. Beim Aufwärmen sahen sich die Teams zum Verwechseln ähnlich.

Die Fans störte es nicht. Amira checkte die sozialen Medien. Es gab massenweise Reaction-Videos mit Dollars in den Augen. Auf Twitter bekeiften sich Gegner und Befürworter des Deals. Publikumsliebling Jimmi schien keinem Bertha-Fan zu fehlen.

Amira seufzte laut und schaute dann hinüber zu Schneise. Der Reporter hatte seit der Pressekonferenz stumm gegrummelt. In der familienfreundlichen South-Stream-Drei-Arena gab es nur alkoholfreies Bier.

Amira glaubte zu wissen, was Holle zusätzlich den Rest gab: Direkt nach der Präsentation des neuen Investors hatte der Reporter mit der Redaktion telefoniert und angekündigt, eine Abrechnung zu schreiben und Berthas Ausverkauf anzuprangern. Doch Holles Chef hatte ihn umgehend gebremst: Was sei denn schlecht an neuen Wegen? Der Wegfall von Pressekonferenzen und Interviews spare der Redaktion einige Reporterhonorare. Berthas Livestreams könne man nun auf der Website verlinken und überhaupt: Kritische Analysen, das bringe keine Klicks.

Schneise hatte sich furchtbar aufgeregt und seinem Chef mangelnde Integrität vorgeworfen, in unschöneren Worten. Tretmann hatte kühl entgegnet, die Newinnost AG befände sich gerade in aussichtsreichen Gesprächen, den Verlag zu kaufen.

Noch während sein Chef ihm die Vorteile von Synergien und vollautomatischem Softwarejournalismus erklärte, hatte Holle den Hörer vom Ohr genommen und das Handy weggelegt. Er suchte nun Trinkbares. Weil er nichts fand, wurde er unausstehlich.

Amira wollte ihn aufmuntern, aber hatte ihre eigene Trauer zu tragen. Sie war derart deprimiert über Jimmis Abgang, dass sie nur halbherzig Selfies ihrer Schmolllippen knipste. Wer würde nun noch einer Spielerfrau folgen, ohne Spieler?

Es war nun so weit, die Sonne senkte sich hinter dem Grimmig. Die Teams sollten gleich den Rasen betreten. 300 Zuschauer plus ungefähr 500 Ordner um sie herum klatschten höflich.

Dann kam der große Moment, noch vor Anpfiff. Durch ein Spalier applaudierender Bertha- und Sputnik-Profis betrat Jimmi den Rasen, um sich emotional zu verabschieden. Der Brasilianer trug schon das neue Trikot mit dem N darauf.

Begleitet wurde er links und rechts von zwei Riesen, die ihn in ihren Schatten stellten: Dragan und Zoran.

Aufgeregt riss Amira am Arm des melancholisch rauchenden Holle neben sich. Seine Entführer eskortierten ihn aufs Feld! Wenn das hier ein freiwilliger Abschied war, dann fraß sie ihr Smartphone. Jimmi lächelte gequält, winkte unglücklich.

Auch Schneise schaute interessiert hin, wie der Spielmacher nun mitten auf dem Rasen stand und ein Mikro gereicht bekam.

»Lieb-e Fans«, setzte Jimmi mit monotoner Stimme an, während Simon Willert von *Bertha-TV* ihm mit der Kamera ganz nah kam.

Gestenreich feuerte der Dauerpraktikant ihn an: mehr Gefühl!

An der Kamera hing offenbar ein Monitor mit Teleprompter, denn Jimmi las eine Rede in einwandfreiem Schriftdeutsch vor. Die Bewacher hielten derweil gerade so weit Abstand, dass sie nicht im Bild auftauchten. Am Spielfeldrand stand Guido Rosinski und sprach den Text mit geschlossenen Augen mit.

Jimmi bedankte sich ausführlich bei Bertha, den tollen Fans, die wirklich toll seien, vor allem aber bei der Newinnost AG, die ihm den Traum erfülle, endlich mal in Russland zu spielen. Er freue sich sehr auf die Aufgabe. Seine Stimme brach ab. Die Tränen, die er weinte, schienen wirklich echt zu sein.

Amira brach es das Herz. Sie zwangen Jimmi, für viel Geld irgendwo Fußball zu spielen. Wer konnte nur so herzlos sein? Und er durfte wohl nicht einmal seine Verlobte mitnehmen! Warum eigentlich nicht? Was sollte all die Geheimhaltung? Da waren doch finstere Mächte am Werk.

Was sollten sie und Holle tun? Sie könnten einfach sitzen bleiben und die Show genießen. Zusehen, wie das Premiumprodukt auf dem Feld im Flutlicht fürs Fernsehen funkelte. Beste Unterhaltung, theoretisch zumindest.

Amira war keine Fußball-Puristin, aber das hier fand auch sie fake. Klar, sie konnten den Klub und Jimmi eben einfach so kaufen. Aber Fans und Verlobte verdienten wenigstens eine Erklärung. Denn sie hatten mehr investiert. Echte Zuneigung. Jahrelang.

Sie würde nicht zusehen, wie sie den unbeholfen winkenden Spielmacher vom Feld führten, in die Kabine brachten und nach Russland verfrachteten. Und ganz sicher würde sie keine 90 Testspielminuten Bertha HSC gegen Sputnik Moskau anschauen. Nicht, wenn sie es verhindern konnte. Amira sprang nun auf.

»Komm mit«, sagte sie entschlossen zu Holle, der neben ihr drohte, in Selbstmitleid, Asche und Entzugsschweiß zu versauern.

»Wo willst du hin?«, fragte er, wie aus einer Trance erwacht.

»Jimmi retten!«, rief sie.

Ein Ruck ging durch Schneise, mitgerissen von ihrer Energie und der Hand, mit der sie den Reporter hinter sich her zog.

Amira schaute suchend durch das Halbrund der Holzarena. Im Hintergrund hatte der Berg das letzte Abendlicht geschluckt. Sollte er das tun, die Spielerfrau gab hier noch nicht auf.

Schließlich erblickte Amira die zwei Riesen, wie sie Jimmi am Vereinsheim vorbei Richtung Parkplatz eskortierten. Noch konnten sie sie einholen. Sie drängelten sich durch die Pressetribüne, die Pressemeute sah ihnen nur fragend nach.

Nur Jakobi nickte beiden zu, als wolle er ihnen nachrufen: *Lasst euch nicht nehmen, was ihr liebt!* Jedenfalls schaute der alte Mann mit glasigen Augen in die Ferne. Womöglich sah er nur nicht mehr gut. Oder aber er glaubte noch an den Fußball.

Amira bewies nun eine von Schneise abgeschaute Wieseligkeit, als sie zwischen den vielen Zuschauersitzen hindurchhuschte. Schneise kam kaum hinterher. Atemlos eilte er Amira nach. Dabei war er der Stadionveteran. Wo war seine Energie hin?

Sie waren fast am Ausgang und sahen, wie die Gorillas mit Jimmi zum Wagen gingen, als jemand das Blickfeld versperrte. Ein russischer Ordner, die Hände und das Gesicht tätowiert. Er bedeutete mit sehr langsamem Kopfschütteln: Hier kein Durchgang. Er war gut einen Kopf größer als Holle und doppelt so breit. Auch Amira konnte ihn unmöglich überwältigen, doch die Zeit drängte.

Da kam Leben in den Reporter: »Wodka?«, fragte er. Seine Hand machte Trinkbewegungen. Der Ordner nickte stumm.

»Was machst du da?«, zischte die Spielerfrau den Reporter an.

»Eine Herausforderung«, flüsterte Holle, »die kann er nicht ablehnen.«

Der Russe kannte augenscheinlich die internationalen Regeln. Aus einem Geheimvorrat holte der Hüne eine Flasche hervor, goss erst Holle einen Becher ein, dann sich. Stumm prostend kippten sie Köpfe in Nacken und machten wohlige Zischlaute.

Der Schurke schenkte nach. Offenbar hielt er Holle für ein Leichtgewicht. Er legte sich mit dem falschen Reporter an.

Zwei Minuten und zwölf Schnäpse später wankte Schneise über den am Boden liegenden Verlierer hinweg. Er hielt sich noch auf den Beinen. Amira, die ungeduldig beim Duell zugesehen hatte, wusste nicht, ob sie beeindruckt oder besorgt sein sollte.

Das unerwartete Gelage hatte Holle und Amira aufgehalten, doch zum Glück waren die Gejagten noch nicht weit gekommen. Offenbar war die Batterie ihres schwarzen Elektro-SUVs wieder einmal leer und so mussten die Agenten erst aufladen. Gelangweilt standen sie vor der Ladestation am Vereinsheim.

Als die zwei in schwarz gekleideten Zweimetermänner sahen, dass ein wankender Reporter und eine wütende Spielerfrau auf sie zuliefen, ergriffen sie erst Jimmi und dann die Flucht. Sie schoben den Brasilianer in den Geländewagen und gaben Gas. Mit quietschenden Reifen surrte der SUV vom Parkplatz.

Amira sah, wie Jimmi sie flehend anschaute wie ein Hund auf dem Weg ins Tierheim. Seine potenziellen Retter erreichten den Granada, den Holle quer in eine Rettungsgasse gestellt hatte.

»Kannst du noch fahren?«, fragte Amira den gerade noch so gerade stehenden Reporter.

Bevor Schneise eine Antwort lallen konnte, schubste sie ihn auf den Beifahrersitz und stibitzte seine Schlüssel aus der Trenchcoattasche. Wo war noch einmal der Anlasser? Ach ja. Kaum den Choke gezogen, schoss der Granada aus der Einfahrt.

Was folgte, war eine filmreife Verfolgungsjagd. Zumindest hätte es das werden können. Doch zahlreiche Lastwagen und Traktoren verstopften die Landstraße. Amira hatte fortan mehr damit zu tun, verstörte Fahrer anzuhupen und fluchend zu überholen, als dem Fluchtauto auf den Fersen zu bleiben.

Doch als waschechte Versicherungsagenten fuhren die Riesen bemerkenswert umsichtig, hielten sich an jedes Tempolimit. Offenbar nahmen sie so oft Schadensfälle auf, dass selbst bei diesen Gangstern die Devise »Safety first« zu gelten schien.

»Schneller, schneller!«, lallte Schneise, als Beifahrer fraglos eine Katastrophe. Wo wollten die Typen überhaupt mit Jimmi hin?

Plötzlich erkannte Amira den Weg. Das endlose Herumirren in den Tagen zuvor machte sich nun bezahlt. Sie fuhren direkt auf die Burg Misstrauenfels zu! Dahin hatte Mario sie auch gebracht, um sie mies anzugraben. Was wollten die zwei dort? Amira fiel ein, dass sich die Straße an der Burg gabelte. Nach Westen ging es Richtung Salzburg, nach Norden zur bayerischen Grenze und gen Osten tief ins Innere Österreichs. Sie hatten von dort alle Optionen, wenn auch keine guten.

Kaum ließen sie die letzten Ausläufer der Ortschaft Irrding hinter sich, gaben selbst die Gorillas im Geländewagen Gas. Plötzlich fuhren sie fast 90. Auch Amira beschleunigte nun.

In dem Moment hörte sie Sirenen. Das musste Polizeimeister Hirscher sein. Auf einmal schien er es genau mit dem Gesetz zu nehmen. In Österreich durften Polizisten selbst schätzen, ob das Tempolimit überschritten wurde, hatte Amira gelesen.

Offenbar hatte Hirscher Lautsprecher am Dach, sie hörte ihn rufen: »Hoalt, juange Doame! Sain's Sie doch vearnünftig.«

Auf so einen Spruch reagierte Amira sofort. Mit mehr Gas.

Hirschers silber-blau-roter Polizeikombi hielt da nicht mit. Kein Wunder, dass er Fußballer lieber im Mietwagen entführte.

Der Granada bretterte Richtung Burg und Berg, den schwarzen Wagen jagend, den die nahende Nacht zu verschlucken drohte.

»Da!«, lallte Holle.

Er hatte den SUV tatsächlich entdeckt. Das Gefährt stand säuberlich geparkt zwischen verschlafenen Bauernhöfen und hohen Hecken. Dahinter ragte die Burg Misstrauenfels empor.

Warum hatten sie das Fluchtauto so plötzlich angehalten? Amira dämmerte, dass die Batterie wieder leer sein musste. Sie hatten die beiden Öko-Gangster ja beim Aufladen gestört. Warum musste ein Kohle-, Öl- und Gaskonzern auch so grün tun?

Sie parkte den Granada daneben, sprang hinaus und rief: »Komm, Holle!« Doch Schneise war eingeschlafen. Zwölf Schnäpse waren auch ihm zu viel. Sie hörte ein Rascheln in der Hecke. In die Enge getrieben, flohen die zwei Gorillas nach oben, mit Jimmi als Geisel. Was wollten sie dort oben mit ihm tun?

Sie fragte sich, ob sie es allein mit zwei je zwei Meter großen Verbrechern aufnehmen konnte. Sie hatte keine Wahl.

Amira stieg seufzend aus, während Holle sich nicht rührte. Also lief sie allein den finsteren Feldweg zur Burg hinauf, die kaum beleuchtet auf einem Felsvorsprung am Grimmig ruhte. Das Heimatkundemuseum, das hier überall ausgeschildert war, hatte sicher längst geschlossen und interessierte sie auch nicht.

Sie überquerte die hölzerne Zugbrücke. Nichts war zu sehen.

Es war fast Nacht und totenstill. Eine gruselige Zeit, um in alten Gemäuern herumzuspuken. Ein Vorhof wie der zur Hölle. Auf einmal öffnete sich die Tür. Amira blieb das Herz stehen. Die Schiebetür funktionierte automatisch und war noch aktiv.

Das Museum hatte also doch auf. Um diese Zeit? Nach 20 Uhr? Die Riesen waren nirgends zu sehen, sie mussten drinnen sein.

Sie schlich durch die Tür ins unbeleuchtete Innere.

Amira fand das dunkle Museum unheimlich – unheimlich langweilig. Das »Baujuwel am Grimmig« zeigte, so ein Schild, »die Natur- und Kulturgeschichte des Irrtals«. Dreizehn Themenräume quälten Besucher mit wenig Wissenswertem zu Berg, Tal und Leben auf der Alm.

Die Spielerfrau folgte Abdrücken im Modell des toten Gebirges, das am Boden lag. Als wären Riesen durchgelatscht.

Im Dunkeln schlich sie zwischen Rehgeweihen, Obstlerdestillen und Waffenvitrinen umher. Wie ein Worst-of ihrer Woche in Irrding. Fehlten nur noch Zahntechnik und Fußballer. Was zog zwei Gangster ausgerechnet in eine Dauerausstellung? Als Amira Bergsteiger-Ausrüstung und Bilder des Grimmig sah, wurde sie jedoch wehmütig. Wie sich alles gewandelt hatte, vor allem sie. Die Natur hatte es ihr sogar fast angetan. Vor sechs Tagen hatte die Berlinerin mit Bergen nichts am Hut.

Keine Zeit für Wehmut, sie hatte einen Verlobten zu finden.

Sie durchquerte lange Flure und folgte Fresken an der Decke: Engel und Heilige, die zum Ausgang deuteten. Sie erreichte schließlich den Innenhof, von wo eine Treppe zum Turm führte. Ob sie Jimmi nach oben gebracht hatten? Es war totenstill.

Amira ging nochmal zurück und sah sich im letzten Raum um. Das Jagdzimmer der Burgherren. Seltsam, die Samtstühle schienen durchgesessen, die Schränke standen offen und ein Morgenmantel am Haken wirkte frisch zerknittert. Lebte hier jemand? Den tiefen Abdrücken im Samt nach jemand Schweres.

Sie ging weiter zurück, diesmal mit offenen Augen und Ohren.

Dann hörte sie ein Rascheln. Es kam aus einem der Heuhaufen. Und die beiden Bergbauern, die ihn per Schlitten schoben, bewegten sich. Amira erkannte sie unter Hüten und Mänteln: Das waren keine Wachsfiguren, das waren Dragan und Zoran!

»Hab' ich euch!«, rief sie triumphierend.

Bis sich die Riesen aufrichteten und ihr klar wurde: Die haben eher mich. Bisher hatten sie sich wohl versteckt, aus Angst, sie würden von Horden Reportern oder Polizisten gejagt. Aber da war nur sie.

Allein.

»Nee, jetzt nicht, hier!«, rief jemand aus dem Hintergrund.

Wieder Holle, der zu Hilfe eilte. Er lernte wohl nie dazu. Durch Flure stolpernd und wankend, kam er schnaufend bei ihr an. Dann erst fiel ihm wohl auf, dass die Gorillas größer waren.

Er riss die trüben Augen auf, als sie ihre Spitzhacken hoben ...

»Sofort aufhor-e!«, hörte Amira eine Stimme flehen. Jimmi!

Sie sah, wie ihr Verlobter sich aus dem Heu wühlte, das auf dem Schlitten der Bergbauern lag, und vom

Podest kletterte. Warum hatte er das Versteckspiel der Riesen brav mitgemacht?

Überraschenderweise gehorchten ihm die Schläger aufs Wort. Sie ließen die Spitzhacken sinken, kurz vor Schneises Kopf. Der entführte Brasilianer dackelte auf Amira zu. Sie erkannte Trauer in Jimmis dunkel glänzenden Augen. Und Gewissensbisse.

»Jimmi, was machst du hier?«, stotterte sie nur. »Ich dachte, du wurdest wieder entführt, diesmal wirklich. Ich dachte, du wirst nach Russland verschifft. Und jetzt hockst du im Heu?«

»Amira«, setzte er bebend an, »muss-e ich et-was gesteh-e.«

Er wollte nach ihrer Hand greifen, aber sie zog sie zurück.

Dann beichtete Jimmi alles. Er lief im Raum auf und ab und löste nun alles auf, soweit man ihn verstand. »Iss-e gewesen alles nich-e meine Idee«, sagte er.

Amira dachte gleich: Aber Marios ... Guidos ... wie auch immer.

»Meine-e Agent-e spiel-e doppelte Spiel-e«, bestätigte Jimmi.

Der Agent hatte Bertha zwar überhaupt erst auf den Betrug an der Versicherung gebracht, von dem alle profitieren sollten. Also alle außer der Newinow-Gruppe, die ja auszahlen sollte. Aber dann kamen Holle, Amira und die Schadensfallprüfer der Versicherung, Zoran und Dragan, Jimmis Versteck viel zu nahe. Also hatte der Berater kurzerhand beschlossen, die Betrüger mit dem Betrogenen zu betrügen. So weit, so einfach – böse.

Es war eine Nacht- und Nebelaktion, in irrsinnigem Tempo: Rosinski hatte dem in Irrding urlaubenden Oligarchen Newinow den Betrug gebeichtet – und dass es Laakes Idee gewesen war. Weil Bertha Geld brauche, verschuldet und somit käuflich sei, was praktisch wäre, für Firmengeflechte mit Geldwäschebedarf. Newinow hatte daraufhin seine Schläger zu Gramberger und Laake geschickt. Sie schlugen freundlich eine feindliche Übernahme vor, der die Vereinsspitze stumm zugestimmt hatte.

Offiziell kaufte Newinow nur 49 Prozent der Vereins-Anteile, konform mit den Ligastatuten, inoffiziell 100 Prozent einer Bertha HSC GmbH, an die alle Rechte am Verein ausgelagert waren. Eine Konstruktion, mit der sich gut Geld verschieben ließ.

Bei über 100 Firmenzweigen gab es einiges zu verschieben. Der Ganove konnte zudem neue Geschäfte machen. In den VIP-Logen der Fußballwelt trafen sich Politik und Wirtschaft und kamen bei Krimsekt, Kaviar und Lachshäppchen ungezwungen ins Gespräch.

Gramberger und Laake blieben offiziell Präsident und Manager, das Sagen im Verein hatte jetzt aber Brand-Manager Rosinski, der zwar völlig inkompetent, jedoch loyal zum Investor war. Als letzte Aktion fädelte der Ex-Agent einen Transfer ein: Er hatte Jimmi dazu überredet, zu Sputnik Moskau zu wechseln.

Amira sah ihren Verlobten voll mit verheultem Lidstrich an. »Warum hast du da mitgemacht? Du wolltest doch nach Brasilien!«

Er sah ihr kaum in die Augen. »Amira, wenn du nur wusstest …«

»Wieviel Geld sie dir geboten haben?«

Er nickte schluchzend.

Sie hatte genug gehört. Diese Scheinwelt war nichts für sie. Nicht mehr. Sie ließ ihren Verlobten wie eine Wachsfigur stehen. »Viel Spaß in Russland!«, rief sie ihm hinterher.

Holle, der gerade dabei war, mit Zoran und Dragan über russischen Fusel fachzusimpeln, und darüber, warum die Versicherung sie lieber heimlich im Museum einquartiert hatte als im Hotel, lief ihr nun eilig hinterher.

Als er sie auf der Außenterrasse im Mondlicht erreicht hatte, fürchtete er wohl, sie könnte von der Balustrade stürzen. Jedenfalls eilte er zu ihr und packte sie, woraufhin sie beide ins Wanken gerieten und fast vom Burgwall fielen. Amira krallte ihre Nägel ins Mauerwerk und stieß Holle von sich.

»Was soll das?«, schrie sie. »Musst du mich immer retten?«

Schneise schien sie nicht zu verstehen, also nickte er nur.

»Ich habe es so satt, ihr und euer Männergehabe. Vielleicht liebt ihr das am Fußball: dass kaum Frauen dabei sind, die Dinge in Frage stellen. Euch und euer schönes Scheiß-Spiel.«

Holle schwieg.

Hatte er sie im Halbsuff überhaupt verstanden? Oder konnte er nicht eingestehen, dass es im Fußball selten sauber zuging? Womöglich war er doch zu lange ein Teil davon gewesen?

»Du hast ja recht«, sagte er schließlich. »Es geht im Grunde nur ums Geld.« Schneise schien endlich auszunüchtern. Oder im Suff zu dozieren. »Spieler und Agenten fordern immer mehr, weil die Vereine am Ende zahlen. Woher das Geld kommt, schert keinen.« So kämen Investoren, Mäzene oder Sponsoren ins Boot. »Wer da nicht mitmacht, ist raus«, raunte der Reporter. »Kein Präsidenten-Ego hält es aus, nur Regionalliga zu spielen.« Er ging zu Amira. »Bertha ist da nicht schlimmer als andere.«

Sie war verwundert.

»Nur verschuldeter und verzweifelter.« Dass dann irgendwann Gangster kämen, sei so unvermeidlich.

War ihr Jimmi für immer verloren? Am Ende konnte man niemandem helfen, der das nicht wollte. Womöglich konnte jeder immer nur einem helfen: sich selbst.

Amira stand da und weinte in die Faust. Weil Holle nichts Besseres einfiel, lehnte er sich daneben und rauchte stumm. Eine Weile sagten sie nichts. Die Nacht beruhigte sie beide. Der Himmel war sternenklar, man sah von hier das ganze Tal.

Was für eine verrückte Woche hinter ihnen lag, dachte Amira. Für eine Weile hatte sie wirklich geglaubt, sie könne alle retten. Jimmi. Sein Geld. Den Insta-Fame. Das Loft. Dann auch Holle. Bertha. Den Fußball. Sie lachte laut in Holles Rauch.

Wäre sie überhaupt glücklich gewesen in ihrem alten Leben? Schneise suhlte sich im Gestern. Wirkte er etwa zufrieden?

»Sieh zu, dass du wegkommst, solange du noch kannst, Amira«, riss sie eine raue Reporterstimme aus dem Gedankental.

Amira sah ihn lange an. Und nickte dann nur.

»Was hast du jetzt vor?«, fragte Schneise geradeaus rauchend.

»Du wirst lachen, aber ich glaube, ich mag die Gegend hier«, sagte sie und deutete auf das Tal, das silbern schimmerte. »Es muss nicht Irrding sein. Aber ich kann mir vorstellen, in Österreich zu bleiben. Es wächst einem irgendwie ans Herz.« *So wie du, Holle.* Sie sagte es nicht, sondern schaute auf eine Landschaft, die ihr vor einer Woche noch so fremd gewesen war wie Altruismus. »Vielleicht hole ich ja das Abi nach und gehe studieren. Tiermedizin oder so.« Sie lächelte.

Holle nickte. »Das würde passen. Einem alten Esel hast du schon mal Beine gemacht.« Er grinste, bis er husten musste. Schneise zog seine Schachtel aus dem Mantel. Einen Moment sah es aus, als würde er die Packung über die Mauer werfen. Dann zündete er sich doch noch eine an.

»Und was ist mit dir, Holle?«

Er starrte lange ins Nichts, während die Schatten wanderten. Dann lehnte er sich zurück und betrachte den Berg hinter sich. Amira sah ebenfalls hin und dachte an die Schautafeln im Museum, all die Legenden, die dort vom Grimmig gestanden hatten. Dass dort Gold sei, tief in seinem Innern versteckt.

»Wem mache ich was vor? Ich kann nicht ohne Fußball«, sagte Holle schließlich. »Und was anderes habe ich nie gelernt.«

»Aber ich dachte, du hasst das alles.«

»Tue ich ja auch.«

»Warum machst du dann weiter?«

»Immer noch besser als die echte Welt.«

»Aber der Newsroom?«

»Ich werde es schon überleben, Süße.«

Die Ex-Spielerfrau sah ihn voll Mitleid und Bewunderung an. Amira legte dem Reporter, der bald keiner mehr war, die Hand auf die Schulter.

»Vielleicht mache ich ja einen Computerkurs«, scherzte er.

»Hier hast du schon mal ein richtiges Handy«, sagte sie und reichte ihm ihr Riesen-Smartphone. »Ich brauche es nicht mehr.«

Holle nahm das Ding in die Hand und wog das Gewicht. Schwer. Das war die Zukunft, damit musste er sich wohl arrangieren. Dann standen die beiden auf und schlenderten die Burgmauer entlang, Richtung Auto, zum Hotel. Die Abreise war morgen.

»Hey, die zweite Halbzeit läuft noch«, sagte Amira, wie um Holle aufzumuntern. »Wollen wir dein letztes Trainingslager mit einem Testspiel von Bertha beschließen?«, fragte sie.

Schneise sah sie lange an, lächelte dann. »Scheiße, nein.«

EPILOG
ABENDS

Bei schönem Wetter gab es in ganz Berlin keinen besseren Ort als die *Schwarze Krähe* am Kotti. Sie hatte stets geöffnet. Eine Zuflucht für all die abgesoffenen Seelen dieser Stadt.

Nirgendwo schmeckte der Futschi fluffiger und furchtbarer, nirgendwo ließ es sich so schweigen und vielsagend rauchen. Oder auch mal drüber reden, mit anderen, mit sich selbst. Man durfte nur nicht lauter sein als der Fernseher, wenn Fußball lief. Was heute zum Glück mal nicht der Fall war.

Holle Schneise genoss die Stille, die schon bald vorbei war. Am nächsten Wochenende begann die Bundesliga, schon wieder. Nach Irrding hatte der Reporter seinen gesamten Resturlaub genommen, aber nun war der aufgebraucht. Montag ging es los.

Dann würde er im Newsroom sitzen, Reporter sein war dann vorbei. Ständig würde *Pay News Live SD* auf dem Fernseher flimmern. Jede nichtige Meldung müsste in einen Live-Block eingepflegt werden oder wie sie das im Content-Knast nannten.

Dabei waren die Arbeitszeiten dort gar nicht mal so übel. Die Frühschicht begann morgens um 7 Uhr, da käme Holle gerade aus der *Krähe*. So könnte er pünktlich ab 15 Uhr wieder am Tresen sitzen. Meistens säße er wohl schon ab mittags wieder hier.

Es würde irgendwann auffallen, wenn Holle aus Pausen nicht zurückkehrte. Aber scheiß drauf, sollten sie ihn rauswerfen. Er sah rüber zu Bernd Adler, dessen Kopf in einer Lache lag. Wenn sein Freund so durchkam, dann ein Schneise sicher auch.

Holle schaute sich sein neues Smartphone an, das er seit der Rückkehr aus Österreich nicht einmal eingeschaltet hatte.

Er hatte nicht viele Nachrichten verfolgt, aber natürlich hatte er mitbekommen, wie Bertha im Pokal rausgeflogen war. Erste Runde, gegen einen Achtligisten im Elfmeterschießen. Trainer Greensman hatte getobt und war dann zurückgetreten. Noch vor Saisonstart suchte Bertha also einen neuen Trainer.

Nur ließen sich manche Dinge nicht so einfach ausblenden. Die Erinnerungen an Irrding etwa. Seitdem hatte Holle sich nicht getraut, Amira anzurufen. Er hatte gehört, sie gehe auf eine Abendschule in Graz und jobbe tagsüber im Tierheim. Auf Instagram warb sie für Tierrechte, posierte mit süßen Rehbabys. Schneise wusste nicht, ob er den Anblick aushielt. Womöglich war es an der Zeit, das Ding doch mal anzuschalten. Er setzte seine Lesebrille auf und legte einen Schnaps nach.

Kaum war das Smartphone eingeschaltet, überforderte es ihn. Ständig pingte ein Push-Alarm, den Schneise nicht verstand.

»Mann, Holle, mach mal leise!«, raunte Bernd aus der Pfütze.

Holle hatte herausgefunden, wie man damit ins Internet kam.

Er schaute nach, ob der Verkauf der Zeitung schon durch war. Es erzählt einem ja keiner was, wenn man nicht ins Büro kam. Die Newinnost AG stand kurz vor der Übernahme des *Boten*, es fehlten nur Details, wie generell ein Finanzierungsmodell. Ohne größere Reichweite würde der *Bote* sicher bald aufgelöst und mit schlecht übersetzten Texten aus Russland befüllt.

»Mensch Holle, hab' dich nicht so, jetzt hier mit Trübsal«, lallte Bernd von der Seite, den Kopf halb auf dem Tresen.

Manchmal musste der Reporter an die Berge denken. Vor allem wenn er auf das Gemälde der Alpen hinter der Theke schaute. Meist stellten sich diese Träume ab dem dritten Obstler ein. Die unberührte Natur, die Schlösser, Amira im Mondlicht ...

Nun riss ihn wieder ein Ping aus schönen, schweren Gedanken. Leider hatte Amira vor der Abfahrt noch seine Mails eingerichtet. Kein Wunder, dass er seitdem das Ding gemieden hatte, auch wenn es ihn an sie erinnerte. Er setzte die Lesebrille auf und hielt das Handy weit weg. Offenbar handelte es sich um eine E-Mail, die er auch am Schlepptop im Urlaub selten las.

Vermutlich wieder Post von Gitti. Sie schickte ihm immer wieder Fotos von sich und Sascha Sprittkamp in der

Karibik. Wie sich die Wirtin und der frühere Co-Trainer das leisten konnten, war ihm schleierhaft. Vermutlich Sprittis Abfindung.

Holle schüttelte den Kopf und öffnete angeekelt die E-Mail. Seltsam, sie ging an die Dienstadresse, die er selten sichtete. Was er dort fand, waren keine Bilder von Gittis Badeanzügen. An der Mail hing nur eine Textdatei: *Greensman-Tagebuch.doc.*

Holle gelang es tatsächlich, die Datei ganz allein zu öffnen. Es handelte sich um eine detaillierte Abrechnung mit Bertha. Ein Mix aus harten Fakten und weinerlichem Selbstmitleid. Jede Intrige der letzten Wochen war detailliert aufgelistet.

Der sonst so positive Greensman nahm hier kein Blatt vor den Mund, der Coach beschwerte sich, beim Versicherungsbetrug sei er leer ausgegangen, und nun forderte er, in den Vorstand berufen zu werden wie dieser Spielerberater Mario Ferrari. Zitat: »Wo Ihnen ja die gesamte GmbH gehört, Herr Newinow.«

Wo kam dieses Dokument her? Schneise scrollte in der Mail nochmal hoch. »Mit besten Grüßen von Gitti und Spritti ;-)« Mit dem Tagebuch des Trainers könnte Holle belegen, dass der Verein doch von feindlichen Investoren übernommen wurde.

Interessant, was man so in E-Mails fand, wenn man nachsah. Holle scrollte runter, sah sogar in die Eingänge vom Sommer, alles noch ungeöffnet. Da war eine E-Mail von Kurt Kibitz. Der Edelfan hatte nochmal Fotos der Entführung geschickt.

Er scrollte weiter. Eine E-Mail von Amira, vom vorletzten Abend in Irrding. Eine Audiodatei: *Mario-Guido.mp3.*

Er hörte das ganze Gespräch ab. Ein komplettes Geständnis. Damit waren Rosinski, Newinow und die Bertha-Führungscrew erledigt. Holle hatte es die ganze Zeit alles in der Hand. Er hätte sich, den Job und den *Boten* längst retten können.

Noch war es nicht zu spät. Noch konnte der Noch-Reporter seinen Noch-Chef Stephan Tretmann anrufen, die Druckerpresse anhalten lassen und die Dinger, womit man Internet machte. Er konnte am Ende tatsächlich den Tag retten. Holle grinste.

Alles, was er tun musste, war nun, in die Redaktion zu eilen. Wenn der *Bote* mit der Meldung kam, war der Verkauf geplatzt. Holle schmeckte den süßen Schaum des Erfolges schon am Mund. Schneise bekam Durst und bestellte ein Bier. Dann noch eins.

Morgen war auch noch ein Tag. Was sollte schon schiefgehen?

Marc Bensch
**Die unverhoffte Genesung der
Schildkröte**
Roman

Hardcover mit Lesebändchen
304 Seiten

ISBN 978-3-943709-70-4

Der Journalist Paul Gram hat ein ambivalentes Verhältnis zum
Begriff der Wahrheit. Seine jüngste Story über Mauscheleien
zwischen lokaler Wirtschaft und Stadtverwaltung ist komplett
erfunden – und doch wahr. So wahr jedenfalls, dass sie das
Leben eines kriminellen Unternehmensbosses, eines frustrierten
Detektivs, eines rachsüchtigen Schwindlers und eines Buchhalters
mit gesichtslähmungsbedingtem Dauerlächeln komplett aus den
Fugen bringt. Es entspinnt sich ein rasantes und intrigenreiches
Verwirrspiel – bis einer der Protagonisten erkennt, dass sie alle nur
Teil einer Geschichte sind. Die Figuren gehen auf die Barrikaden,
und der Erzähler ruft in seiner Not den Leser zur Hilfe.

Ein ungewöhnlicher und intelligenter Roman über Schein und Sein,
über Selbstbestimmung und Fremdsteuerung und über den Kampf
des Erzählers mit seinen Geschöpfen..

Mehr unter: *cptvl.de/dugds*

Alle Bücher sind auch als E-Book erhältlich.

Lothar Becker
Als Großvater im Jahr 1927 mit einer Bombe in den Dorfbach sprang, um die Weltrevolution in Gang zu setzen
Roman

Hardcover mit Schutzumschlag
256 Seiten

ISBN 978-3-943709-85-8

Eigentlich hätte Großvater lieber per Dekret die Dummheit verboten. Doch sein Freund Herbert, der im Dorf die Hühner schlachtet und wie er eher versehentlich in die Kommunistische Partei eingetreten ist, hat eine andere Idee, wie man die Weltrevolution in Gang setzt: natürlich mit einer Bombe in einer Machtzentrale der herrschenden Klasse!

Nachdem ein erster Anschlag auf eine unschuldige Rathaustreppe im Nachbarort noch nicht ganz den gewünschten Erfolg erzielt, flüchtet er mit seiner neuen Freundin Else nach Wien und gerät in die Fänge von Genosse Schmidt und Genossin Olga, die einen weitaus größeren Beweis für seine Loyalität zur Partei einfordern: Er soll den Stephansdom sprengen.

Lothar Beckers liebevoll-grotesker Roman ist eine ironische Abrechnung mit Ideologien, Weltanschauungen und den mit ihnen verbundenen Heilserwartungen.

Mehr unter: *cptvl.de/1927*

Alle Bücher sind auch als E-Book erhältlich.

Jan Bratenstein
Alles Arschlöcher überall
Roman

Hardcover mit Schutzumschlag
344 Seiten

ISBN 978-3-98630-000-5

Es ist ein denkbar schlechter Abend, das *Café Exquisit* zu besuchen: Nach einem schweißtreibenden Konzert sucht und findet Klarinettist Tom Peter den scheinbar genau richtigen Ort, um in guter Gesellschaft das verbliebene Bühnenadrenalin mit Bier auszuwaschen. In Windeseile lernt er Enno, Borste und den Arschbären kennen, versteht sich prächtig mit den ansässigen Saufnasen und fühlt sich eigentlich pudelwohl.

Doch es gibt auch Kneipenbesucher mit einer anderen Agenda. Die Stimmung kippt, als Toms Instrument als Flaschenöffner missbraucht wird und die xenophoben Kickerspieler zu einer böswilligen Belagerung des Cafés mobilisieren. So bleibt den Belagerten nichts anderes übrig, als sich vor der blutrünstigen Meute zu verschanzen, ihre Todesängste weiter mit Alkohol zu betäuben und nach einem Plan zu suchen, um diese lange Nacht irgendwie zu überstehen.

Mehr unter: *cptvl.de/aa*

Alle Bücher sind auch als E-Book erhältlich.